U0529074

Practice and Innovation of
Poverty Alleviation in Guangxi

广西脱贫攻坚的实践与创新

唐宁 覃娟 梁艳鸿 等◎编著

中国社会科学出版社

图书在版编目（CIP）数据

广西脱贫攻坚的实践与创新／唐宁等编著 .—北京：中国社会科学出版社，2020.9

ISBN 978-7-5203-6919-0

Ⅰ.①广… Ⅱ.①唐… Ⅲ.①扶贫—概况—广西 Ⅳ.①F127.67

中国版本图书馆 CIP 数据核字（2020）第 141195 号

出版人	赵剑英
责任编辑	马 明
责任校对	王福仓
责任印制	王 超

出 版	中国社会科学出版社
社 址	北京鼓楼西大街甲 158 号
邮 编	100720
网 址	http://www.csspw.cn
发行部	010-84083685
门市部	010-84029450
经 销	新华书店及其他书店
印 刷	北京君升印刷有限公司
装 订	廊坊市广阳区广增装订厂
版 次	2020 年 9 月第 1 版
印 次	2020 年 9 月第 1 次印刷
开 本	710×1000 1/16
印 张	19
插 页	2
字 数	298 千字
定 价	108.00 元

凡购买中国社会科学出版社图书，如有质量问题请与本社营销中心联系调换
电话：010-84083683
版权所有　侵权必究

前　言

消除贫困、改善民生，逐步实现共同富裕，是社会主义的本质要求。我国党和政府历来高度重视扶贫工作，特别是党的十八大以来，以习近平同志为核心的党中央把脱贫攻坚作为全面建成小康社会的底线任务和标志性指标，坚持精准扶贫精准脱贫基本方略，举全党全国全社会之力向贫困宣战，带领数亿人口摆脱贫困，成功走出了一条具有中国特色的脱贫攻坚道路，为世界减贫事业提供了中国经验、中国方案和中国智慧，展现了人类减贫史上的大国担当。

广西壮族自治区（以下简称"广西"）是革命老区、民族地区、边疆地区、大石山区、水库移民区与贫困地区叠加重合的区域。作为全国脱贫攻坚主战场之一，广西脱贫攻坚取得的成就和经验既有全国性意义，也有地方亮点和特色，是中国脱贫攻坚的一个真实缩影。党的十八大以来，广西党委、政府团结带领全区各族干部群众，坚决贯彻落实党中央、国务院的决策部署，把打赢打好脱贫攻坚战作为最大的政治责任和第一民生工程，按照"核心是精准，关键在落实，确保可持续"要求，举全区之力攻克脱贫攻坚重点难点问题，从2016年起连续四年获得脱贫攻坚成效考核综合评价好的优异成绩，为全国脱贫攻坚工作贡献了"广西样本""广西经验"，充分彰显党和国家打赢脱贫攻坚战"一个都不能少"的承诺和决心。同时，大批倾情投入在广西脱贫攻坚一线的扶贫干部践行初心使命，勇于担当奉献，用满腔热情和实际行动在脱贫攻坚的伟大实践中激扬青春梦想、书写人生华章，涌现出了黄文秀、蓝标河等一批时代楷模和先锋模范，成为新时代精神的光辉典范。

为了全面系统地记录广西脱贫攻坚的奋斗历程，展现广西脱贫攻坚探索的有效做法、拓展的实践创新、取得的突出成效、积累的有益经验和凝聚的精神力量,并为进一步探索后小康时代巩固脱贫成果和解决相对贫困问题提供经验启示与借鉴,我们组织编写了《广西脱贫攻坚的实践与创新》一书。全书通过描述广西打赢打好脱贫攻坚战的奋斗图景,全景式展现广西在基础设施建设、产业扶贫、易地搬迁、转移就业、教育扶贫、健康扶贫、党建扶贫、电商扶贫、社会扶贫、村集体经济、脱贫攻坚成效监测与评估等领域的主要做法、优异成绩、亮点经验,并对广西未来解决相对贫困问题的减贫思路和发展策略进行前瞻性分析。在篇章结构上,全书共分为十四章,按照"合—分—合"的基本框架思路进行研究,除了第一章、第二章、第十四章为"合"的研究外,其余十一章均为关于广西脱贫攻坚重要领域的举措及成效、经验与启示等相关内容的"分"研究。其中,前两章分别为广西扶贫开发实践的历程回顾、广西脱贫攻坚总体部署及成效,系统梳理广西决战决胜脱贫攻坚的指导思想、历史积淀、现实基础。第三章至第十三章,围绕"八个一批""十大行动"等内容进行专题研究,全面展示广西脱贫攻坚在各领域的生动实践和创新探索,科学总结在各领域工作开展过程中积累的宝贵经验,前瞻分析和研究未来解决相对贫困问题的基本思路及努力方向。第十四章作为"合"的研究,从总体上提炼广西脱贫攻坚的基本经验、启示意义,并基于相对贫困问题的形势研判,提出后小康时代广西减贫与发展策略的调整思路。

总之,本书研究内容比较丰富,数据资料较为翔实,融综合性、实践性、创新性和前瞻性于一体,将为当前和今后各级党政机关、企事业单位及社会各界人士全面了解广西的脱贫攻坚历程提供翔实的资料和数据,为精准研判广西未来减贫趋势、优化选择减贫策略提供研究基础和决策参考,对我国后小康时代探索巩固脱贫攻坚成果和解决相对贫困问题也具有参考价值和启示意义。

本书由广西壮族自治区人民政府副秘书长唐宁策划、提出总体框架要求并审定全书,广西社会科学院科研处处长兼减贫与发展研究中心主任覃娟、广西社会科学院减贫与发展研究中心副主任梁艳鸿共同负责组织编写和统稿工作并对有关章节贡献了自己的研究成果。写作团队汇聚了广西社会科学院、广西大学、广西民族大学等科研机构和高校的专家学者。各章执笔人为:第一章,柯丽菲;第二章,覃娟、梁艳鸿、陈禹静;第三章,王红梅、温顺生;第四章,曾艳华;第五章,刘东燕;第六章,潘文献;第七章,覃娟;第八章,李侑峰;第九章,李侑峰;第十章,覃娟;第十一章,吕玲丽;第十二章,谢国雄、梁艳鸿;第十三章,梁艳鸿;第十四章,覃娟、梁艳鸿。本书篇章构架宏大,内容丰富,数据资料收集和更新难度较大,写作团队倾注了大量的精力和心血,高效精诚合作,历时两年完成编纂。虽经数易其稿,反复修改,书中也难免有疏漏和谬误之处,恳请读者批评指正!

广西壮族自治区扶贫开发领导小组办公室、国家统计局广西调查总队等有关部门以及相关县市对本书的编撰工作提供了大力支持和帮助,在此致以诚挚的谢意!本书在编纂过程中亦参考了相关专家学者的许多数据资料和研究成果,广西社会科学院民族研究所张健、冼奕、潘文献三位同志参与了后期修改和编辑工作,中国社会科学出版社编辑马明同志克服新冠疫情期间的工作不便,积极推动本书的编辑出版。对各位的支持和努力,在此一并表示衷心感谢!

2020年是打赢脱贫攻坚战、全面建成小康社会收官之年。习近平总书记在2020年3月6日决战决胜脱贫攻坚座谈会上的讲话中强调:"脱贫摘帽不是终点,而是新生活、新奋斗的起点。"我们有幸成为这场人类历史上最大规模作别绝对贫困的参与者和见证者,希望通过本书的出版,能够为时代写真,为历史留痕,为人民高歌,并期望通过回顾性和前瞻性研究,总结经验之道、开启智慧之门、凝聚历史之光,为照亮未来新生活、新奋斗之路贡献微光。

编　者

2020年7月20日

目　录

第一章　广西扶贫开发实践的历史演进 ……………………………（1）
　第一节　救济式扶贫战略阶段（1949—1977 年）………………（1）
　第二节　体制改革推动扶贫阶段（1978—1985 年）………………（4）
　第三节　救济与开发式扶贫阶段（1986—1993 年）………………（6）
　第四节　"八七"扶贫攻坚阶段（1994—2000 年）………………（9）
　第五节　综合型扶贫开发阶段（2001—2011 年）…………………（12）

第二章　广西脱贫攻坚总体部署及成效 ……………………………（16）
　第一节　广西脱贫攻坚的现实基础 ………………………………（16）
　第二节　广西脱贫攻坚的工作部署 ………………………………（19）
　第三节　脱贫攻坚取得显著成效 …………………………………（33）

第三章　加强基础设施建设 …………………………………………（40）
　第一节　广西推进贫困地区基础设施建设历程回顾 ……………（40）
　第二节　广西脱贫攻坚阶段推进基础设施建设情况 ……………（44）
　第三节　广西基础设施建设大会战模式的重要启鉴 ……………（49）
　第四节　夯实基础设施建设　筑牢乡村振兴之基 ………………（52）

第四章　大力推进产业扶贫 …………………………………………（57）
　第一节　广西产业扶贫的发展回顾 ………………………………（57）
　第二节　广西脱贫攻坚阶段产业扶贫发展情况 …………………（63）
　第三节　广西产业扶贫的模式创新 ………………………………（74）
　第四节　产业扶贫可持续发展的对策建议 ………………………（89）

第五章　实施易地扶贫搬迁 (97)
第一节　广西实施易地扶贫搬迁历程 (97)
第二节　广西脱贫攻坚阶段易地扶贫搬迁工作成效 (100)
第三节　广西易地扶贫搬迁主要经验 (103)
第四节　若干思考 (107)

第六章　促进转移就业 (112)
第一节　广西转移就业扶贫的发展历程 (112)
第二节　广西脱贫攻坚阶段的转移就业扶贫 (116)
第三节　广西转移就业扶贫实践创新及益贫效应 (118)
第四节　激发转移就业扶贫新动能 (126)

第七章　深化教育扶贫 (131)
第一节　教育扶贫的理论阐释 (131)
第二节　教育扶贫的发展脉络和政策体系 (132)
第三节　广西推进教育扶贫经验与成效 (139)
第四节　深化教育扶贫的思考与前瞻 (144)

第八章　开展健康扶贫 (152)
第一节　广西推进健康扶贫的历史轨迹 (152)
第二节　广西脱贫攻坚阶段健康扶贫做法及成效 (157)
第三节　广西实施健康扶贫的经验亮点 (166)
第四节　完善健康扶贫的有效路径与战略衔接 (170)

第九章　抓党建促脱贫 (177)
第一节　广西党建促脱贫的主要做法 (177)
第二节　广西党建促脱贫的重要经验 (184)
第三节　强化广西党建促脱贫的关键领域 (188)
第四节　思考与启示 (191)

第十章　提升电商扶贫 ……………………………………………（197）
　　第一节　电商扶贫的作用和意义 …………………………………（197）
　　第二节　广西电商扶贫的主要做法及成效 ………………………（198）
　　第三节　广西电商扶贫模式及创新 ………………………………（204）
　　第四节　巩固提升电商扶贫效能 …………………………………（210）

第十一章　强化农村集体经济发展 ………………………………（216）
　　第一节　发展农村集体经济的重大意义 …………………………（216）
　　第二节　广西农村集体经济发展现状 ……………………………（218）
　　第三节　广西农村集体经济发展的主要模式 ……………………（220）
　　第四节　推进农村集体经济可持续发展 …………………………（224）

第十二章　广泛动员社会扶贫 ……………………………………（231）
　　第一节　广西推进社会扶贫的主要做法及成效 …………………（231）
　　第二节　广西推进社会扶贫的经验与启示 ………………………（241）
　　第三节　持续动员社会力量参与解决相对贫困 …………………（244）

第十三章　脱贫攻坚成效监测与评估 ……………………………（248）
　　第一节　广西脱贫攻坚成效监测与评估的基本原则 ……………（248）
　　第二节　广西脱贫攻坚成效监测与评估的主要做法 ……………（251）
　　第三节　广西脱贫攻坚成效监测与评估的宝贵经验 ……………（255）
　　第四节　完善脱贫成效监测与评估长效机制 ……………………（257）

第十四章　决胜脱贫攻坚的思考与展望 …………………………（266）
　　第一节　广西脱贫攻坚的基本经验 ………………………………（267）
　　第二节　广西脱贫攻坚的经验启示 ………………………………（274）
　　第三节　后小康时代的展望 ………………………………………（279）

参考文献 ………………………………………………………………（289）

第一章

广西扶贫开发实践的历史演进

新中国成立以后,党和政府一直致力于农村扶贫的探索和创新。尤其是改革开放以来,通过成立专门的扶贫机构,进行有组织、有计划、大规模的扶贫开发,从《国家八七扶贫攻坚计划(1994—2000年)》到《中国农村扶贫开发纲要(2011—2020年)》的实施,再到打赢脱贫攻坚战的全面部署,我国反贫困事业取得了巨大成就。联合国2015年发布的《千年发展目标报告》显示,中国对全球减贫的贡献率超过了70%,为世界反贫困工作作出了突出贡献,探索出了一条具有中国特色的扶贫开发道路。作为我国扶贫开发的主战场之一,广西紧跟国家一系列战略部署,展开落实扶贫开发工作,并不断探索新一轮工作创新,取得了卓越成效。

第一节 救济式扶贫战略阶段 (1949—1977年)

在这一阶段,我国主要实施的是以救济为主的扶贫战略,这是根据当时我国经济与社会发展环境的实际情况而定的。

新中国成立伊始,我国刚经过长期的战争破坏,生产消停、人口锐减,百废待兴;农村人口占全国人口的90%以上,绝大多数处于贫困状态。随着人民政权的建立,人民的生活状况逐渐改善,特别是进行土地改革以后,穷苦的农民分到了土地,成了土地的主人,他们的劳动积极性大增,农作物收成不断提高。社会制度发生的深刻变革,消减了因社会分配不公而造成的大规模农民贫困,农民的贫困状态得到了较大改善。20世纪50年代中期开始进行社会主义改造,改造的主要方式是将农民的土地收归集体所有,改造过程中出现了一些不利于改善农业生产和农民生活的措施。例如:1958年的人民公社社会化运动和全民大炼钢铁,对农业生产和农村的生活产生了一些不利影响。由于计划经济所带来的激励不足和农村生产效率低下、资源分配不均衡等问题的出现,造成工农产品之间的"剪刀差",变相剥夺了农民的劳动所得。从20世纪50年代到70年代,尽管中国的工业化取得了一定成就,但是由于农民的积极性受到影响,农业生产率很低,粮食产量更低,加之人口的快速增长,使得中国经济发展速度十分缓慢,人民生活长期未能得到根本改善。总体而言,从新中国成立初期到1978年改革开放前,中国农民仍处于普遍贫困状态,这一阶段的扶贫也只是解决农民的生存需求,真正意义上大规模的减贫扶贫是在改革开放以后进行的。

在这一阶段,广西在国家救济式扶贫的大背景下,相应开始了本地区的扶贫工作。1949年12月11日广西全境解放后,区内百废待兴,粮食不能自给,一些地方的生产方式还非常原始、落后,加上受到各种自然灾害和匪患的影响,人民群众陷入贫困当中。面对如此局势,广西党委、政府在组织力量进行大规模剿匪的同时,千方百计采取措施开展扶贫工作。

一 制定济困方针政策,使贫困群众从苦难中解脱出来

1950年3月,广西党委、政府决定开展减租退租运动,要求各级政府要贷粮贷款扶助农民生产,开展副业,奖励积极开荒种粮者,以解决吃饱饭问题。1950年10月,广西党委发出《关于少数民族工作的指示》,针对刚从土匪手上解放出来的少数民族生活极端困难的实际,省委要求各级政府务必做好发放赈款救济粮食等优抚工作,在经济、政治、文化教育卫生等方面给予少数民族优厚待遇,强调要贯彻执行好少数民族特殊贸易政策,提高山货收购价格,而对他们所短缺的日常必需品要低价推销,对当地手工业进行扶助。在农业生产方面,省委、省政府提出了"加强领导,因地制宜,逐级规划,全面发展"的方针,有力地促进了民族地区生产的发展。此外,广西党委、政府制定政策，鼓励和组织群众异地搬迁，凡搬迁的移民每人给予一定的补助。

二 扶助贫困地区发展生产，解决贫困农户生活困难

新中国成立初期的广西，贫困群体数量较大。广西党委、政府成立救济分会，通过推广南宁试点经验，采取发放紧急救济款物与组织生产自救相结合的办法来接济城市贫民。广西土改以后，全省约有50%的贫雇农缺乏口粮、耕牛、农具、资金等，广西党委、政府下达了一系列文件，出台了政策措施，大力推进农业生产，为农民提供贷款，帮助贫困农民解决口粮、种子、耕牛、农具等困难。各个部门密切配合开展扶贫工作，对群众生活尤为困难的桂西壮族自治区[①]，广西民政厅给予特殊照顾，拨付救济款、救济粮等，支援桂西山区发展生产。

从新中国成立初期到党的十一届三中全会以前，广西党委、政府从救济穷困为主到生产扶助和生活救济并举，从运送农具、种子、化肥到解决人畜饮水、交通出行等困难，扶贫工作取得初步成效。特别是从新中国成立初期到实现农业合作化时期，在党和政府领导下，通过民主改革，许多地方的少数民族以前所未有的速度，跨越几个世纪进入社会主义，这一扶贫成果是巨大的。从合作化以后，自治区党委、政府也领导一些贫困地区进行大胆探索。比如从1969年到1974年，动用各方力量大搞"两个建设"（即农田基本建设和"三线"建设），开展"五大会战"（即钢铁、煤炭、化肥、农机、电能），进行深耕改土，削山头、战石海、搞人造小平原等，但由于受"左"的思想影响，缺乏科学态度，收效甚微。总之，这一阶段扶贫工作的方针、政策主要是救济型，这种分散使用扶贫资金、偏重于给贫困农户发钱发物的扶贫办法，固然无法从根本上缓解贫困，但在当时国际国内特定的历史背景下，贫困群众缺粮给粮、御寒给衣，这种雪中送炭的做法充分体现了党和政府对贫困地区贫困农户的亲切关怀。

---

① 广西壮族自治区于1958年成立，在这之前，民族区域自治已经在广西实行，当时广西区域成立了7个自治县和相当于行署一级的桂西壮族自治区。

第二节 体制改革推动扶贫阶段
（1978—1985 年）

1978 年，党的十一届三中全会开启了我国改革开放的历史进程。最初的改革从农村的联产承包责任制开始，实施一系列制度性减贫工作，这是农民普遍减贫的开始。安徽的家庭联产承包责任制先行试点，再推广到全国，用了三年多的时间，各地农村结束了实行 20 余年的人民公社制度，实行了联产承包责任制，促使农民获得了土地的使用权和管理权，农业生产积极性大增，农业劳动生产率也得到大幅提高，其直接结果是粮食产量连年增收，到 1984 年新中国成立 35 周年时，中国已经实现了粮食基本自给，解决了温饱问题，扶贫工作取得跨越式的发展。

与此同时，中国政府着手改革价格制度，尤其是降低了工农产品之间的"剪刀差"，较大幅度地提高了农产品价格，增加了农民收入。随着城市化、工业化的发展，中国农村的市场化进程不断加快，带动了农产品交易市场的发展繁荣，更加有利于提高农民家庭的收入水平。1984 年 9 月 30 日，中共中央、国务院联合发出了《关于帮助贫困地区改变面貌的通知》，这是作为执政的中国共产党和中央人民政府第一次明确将扶贫作为一项党和国家的重要任务提出来，中国的大规模扶贫减贫工作正是在此基础上得以展开，这也表明中国共产党和政府的扶贫理念由原来的救济式扶贫向以促进贫困地区发展为目标转变。该文件对贫困地区放宽了政策，采取了减轻负担、搞活商品经济等重要措施。

在此期间，全国农村贫困人口减少大约一半，由 1978 年的 2.5 亿人减少到 1985 年的 1.25 亿人，也使得中国贫困人口的分布范围大为缩小。农村的这种制度性变革不仅为城市改革创造了前提，提供了富余的劳动力，也为城市发展提供了经验、奠定了基础，为中国的扶贫开发开了一个好头。这在某种意义上说是减贫与改革效应叠加的成果，促使经济快速发展直接惠及农村居民，贫困人口的生活得到了一定程度的改善。

这一阶段的广西扶贫工作，主要是通过推进农村经济体制改革、逐步放开市场、提高农产品价格、大力发展乡镇企业、制定专项扶贫政策等多项改革和调整来进行，同时向贫困地区投入大量专项扶贫资金，为贫困人口开辟了解决温饱问题的广阔门路。

一　变革土地经营制度，实行家庭联产承包责任制

广西自治区党委、人民政府制定了系列政策文件，大力推动家庭联产承包责任制的实施。1980年，制定了《广西壮族自治区农村生产队统一经营联产承包责任制试行办法》和《广西壮族自治区农村生产队统一管理包干到户责任制试行办法》，并就如何贯彻落实这两个办法下发通知，提出具体而明确的要求，从此人民公社的集体经营制度被家庭联产承包经营制度全面取代。广西土地制度的变革，彻底扭转了人民公社集体生产时出工不出力、生产力低下的"大锅饭"局面，较好地激发了全区广大农民的劳动热情，极大地提高了土地的产出率，使广西粮食产量连年增加。其中，1982年全区粮食总产量达270.6亿斤，比上年增长40.7亿斤，增长17.7%，是广西历年来增产粮食最多的一年。

二　认真总结经验教训，对扶贫资金投放模式进行调整

自治区人民政府于1984年1月31日发出《关于支援最贫困公社发展生产的通知》，资金主要投在能尽快解决群众温饱的短、平、快项目上，重点扶持全区43个山区县155个最贫穷的公社。自此，广西扶贫从早期分散救济转到捆起来统筹安排，转到扶持贫困公社发展生产、增强自身活力的层面上。

三　调整山区农业生产方针，改变山区生产指导方式

党的十一届三中全会以后，自治区党委、人民政府重新确定山区生产方针，明确提出"治山、养山、靠山、吃山"的建设方针，要求各地扬长避短，积极发展林业、牧业和土特产，调整产业结构。1984年，自治区党委和人民政府又采取措施，帮助山区逐步实现"三个转变"：由只抓一分田、单打一粮食生产向重点抓八分山、发展多种经营转变；由单纯抓种养向既抓种养又抓加工增值转变；由只抓生产向既抓生产又抓流通转变，放手发展集体、个体运销业，允许农民从事长途贩运农副土特产品。1984年9月，在党中央、国务院《关于帮助贫困地区尽快改变面貌的通知》指引下，自治区党委、人民政府对开发贫困地区经济实行统

一规划、分级负责、分类指导的办法，划定并明确48个贫困县由自治区重点扶持，零星的贫困乡、村、户由所在县采取互助互济办法扶持。

四　制定执行"减负"政策，让贫困群众休养生息

1980年2月20日，自治区人民政府作出《关于发展山区若干经济政策问题的规定》，确定天等、马山等28个县（自治县）为山区县，鼓励这些地区根据实际情况在林业、牧业、土特产等方面为国家多做贡献；适当提高山区县林、牧、土特产的粮食、化肥奖售标准。通过拨出专款建设山区公路，以便减少运输成本。1981年1月，自治区人民政府对民族县、革命老区和边境地区县调减粮食征购任务，实行购销包干办法，一定三年不变。1984年9月1日，自治区人民政府又作出了《关于解决部分贫困地区群众生产生活困难若干问题的规定》，明确了"四个免除""四个改为"。由于强农支农政策落实到位，农民收入不断增加，扩大再生产的能力逐步增强。

五　投入大量资金，扶助贫困农户发展种养业

1979年，自治区农业办公室发布了《关于扶助困难生产队发展养牛、养羊、养蜂的意见》，自治区民政局、财政局、农业局联合发出《关于从社会救济事业费中拨给养牛、养羊、养蜂专款的通知》，这些文件都促进了种养业的发展。1980—1985年，国家先后拨给广西扶贫资金5.13亿元，其中无偿资金3.27亿元。这些资金主要用于林业、畜牧业、农业、渔业等种养方面的生产建设，以及直接为农村生产发展创造条件的公共设施建设，如小水利、小水电、道路桥梁、农副产品加工等。

第三节　救济与开发式扶贫阶段（1986—1993年）

这一阶段的国家扶贫模式是以贫困县为主要瞄准对象和载体的扶贫形式。改革开放后，由于区域之间的经济发展不均衡，我国已经由原来的普遍性贫困向区域性贫困转变，贫困人口呈现又分散又集中的特征，由过去的普遍面上贫困转变为点（贫困村）、面（连片贫困区）、线（边

境贫困带）相结合的状态，特别是那些自然条件差、交通不便、地理位置偏僻的农村地区、革命老区、少数民族集中的地区和边疆地区发展越来越落后。这种状况促使我国政府改变扶贫减贫方式，由原来单靠经济的整体发展为主转变为集合人力物力财力集中解决绝对贫困人口，于是将扶贫的重点落实到县这一行政单元。

为了缩小差距、实现共同富裕，党中央、国务院决定加大投入，于1986年成立贫困地区经济开发领导小组及其办公室，在全国范围内有计划、有组织、大规模地实施扶贫开发，要求从1986年起实施特殊政策、采取有力措施，集中力量重点解决连片最贫困地区的温饱问题。在20世纪最后五年中，我国的扶贫减贫工作重点集中在县域范围内的农村地区。1986年全国共确定贫困县331个，与国家的做法相对应，各省又确定了省级重点贫困县368个。1987年，国务院根据18个集中连片贫困带共划定了592个国家重点贫困县，并对贫困县出台了一系列优惠政策，主要表现在增加贫困县的基础设施建设，培育特色产业以提高贫困县农民减贫能力。1994年，我国历史上第一次在五年计划和经济社会发展长期规划之外，专门制订了扶贫攻坚计划，即《国家八七扶贫攻坚计划（1994—2000年)》，这个计划再次确认592个国家级贫困县。贫困县模式的扶贫政策开始实施后，从1986年到1994年，我国的绝对贫困人口从原来的1.25亿人减少到8000万人，平均每年减少640万人左右。贫困人口占比大幅度下降，贫困人口分布大面积缩小，国家重点贫困县数量也有所减少。

这一阶段，广西把扶贫开发作为一项重要内容，列入国民经济和社会发展计划，建立了专门的扶贫领导机构，增加了扶贫投入，而且对传统的扶贫方式进行了根本的调整和改革，实现由单纯救济式扶贫向开发式扶贫的转变。

一　建立健全扶贫机构，切实加强对扶贫工作的领导

1984年2月，广西成立了老少边山穷地区建设办公室，而在此之前的扶贫工作主要是由民政部门和集体经济组织等来具体负责。1986年3月，根据中央精神，自治区党委、人民政府成立了扶贫工作领导小组，将原老少边山穷地区建设办公室改为扶贫开发办公室，由自治区人民政府直接领导。随后，48个贫困县都建立了相应机构，全区自上而下形成

了扶贫工作网络。

二 把握扶贫形势，确立开发式扶贫方针

在改革开放政策的推动下，广西绝大多数地区凭借自身优势快速发展起来。但是，受到民族地区、边境地区发展滞后等诸多因素的制约，至1985年全区仍有900多万人处于贫困状态。1986年3月，自治区六届人大常委会第十九次会议通过了《关于扶持贫困地区脱贫致富的决定》，为扶贫工作逐步纳入制度化、规范化奠定了基础。随后，自治区党委、人民政府又作出了《关于加强扶贫工作的决定》，明确提出用五年左右的时间，基本解决全区贫困地区群众的温饱问题，为脱贫致富打下基础。这一阶段的工作标志着开发式扶贫方针在广西初步确立。

三 优惠政策延续利好，为贫困地区贫困农户减压助力

自治区党委、人民政府出台《关于扶持贫困地区脱贫致富的决定》，要求继续实行对贫困地区的休养生息政策，即对处于温饱线下的贫困户，免征农业税，直到其温饱问题得到解决为止；对人均生活水平处于温饱线下的乡村，不给农民购买国库券的任务和粮油定购任务，除国家规定统一收购的产品以外，其他一律实行自由销售。该文件还要求管好用好国家支援不发达地区的发展资金以及各项扶贫资金，继续抓好"以工代赈"工作，开展科技扶贫，重视智力开发，努力从根本上解决贫困地区的人才缺乏问题。

四 认真组织力量，推动扶贫工作大规模开展

自治区党委、人民政府要求党政机关和社会各界把帮助贫困地区群众脱贫致富当作义不容辞的责任，发挥各自优势，从各个方面支援贫困地区的建设。区直各部、委、办、局、大专院校、科研单位和地、县（市）各部门，要把扶贫工作列入议事日程，和贫困县、乡、村挂钩，各单位组织干部、科技和管理人员轮流深入到挂钩点去帮助工作，宣传政策，发动群众，选准突破口，切实抓出成效。经过全区广大干部群众五年的艰苦努力，"七五"期间广西贫困地区的经济有较大发展，人民群众的生产生活条件得到较快改善，农民收入明显增加，49个贫困县（市）

1990年工农业总产值比1985年增加43.7%，农民人均纯收入346元、比1985年增加151.34元，为实现群众脱贫致富奠定了基础。但是，已初步解决温饱问题的地方，由于生产条件尚没有根本改善，一遇到大灾害也容易返贫。自治区党委、人民政府于1992年2月2日作出了《关于"八五"期间扶贫开发工作的决定》，要求进一步扶持革命老区、大石山区、边境地区、水库淹没区，争取在"八五"期间基本解决这些地方群众的温饱问题。经过艰苦努力，全区贫困问题得到进一步缓解，未解决温饱问题的农村人口从1986年的1500万人减少到1993年的800万人，平均每年减少87.5万人，农村贫困发生率由44.6%下降到21.3%。

第四节 "八七"扶贫攻坚阶段（1994—2000年）

1986年至1994年，我国以贫困县为主要载体的扶贫工作取得很大成效，特别是缓解了连片特困地区的贫困状况。但是，许多老少边穷地区的贫困人口仍占相当比重。1994年颁布的《国家八七扶贫攻坚计划（1994—2000年）》，明确用七年时间基本解决8000万贫困人口的温饱问题。为了实现这一政策目标，党和政府采取了一系列相关措施。国务院扶贫开发领导小组于1995年以国家统计局的计算标准确定了贫困线标准，并从1997年开始对贫困县及其贫困农户进行监测；1996年出台了《关于尽快解决农村贫困人口温饱问题的决定》，并配套了一批专项扶贫开发项目，增加了扶贫资金的投放；另一重大举措是建立起东西协作对口帮扶机制。东部省份在人力、物力、财力方面对西部贫困省份进行对口帮扶；此外，将特殊困难人群作为扶贫重点，如残疾人、失学儿童等。这一时期国际国内社会的众多民间团体也积极参与，展开了一系列扶贫工程和相关计划，如"希望工程""春蕾计划"等。到2000年底，中国的农村贫困人口已经从1994年的8000万减少到3209万人，农村贫困人口的比例也从1994年的8.7%下降到3.4%。

这一阶段，广西扶贫区域集中呈现边缘化的特点，呼唤着更有针对性的扶贫方式、更优惠的扶贫政策、更得力的扶贫措施尽快出台。广西贫困人口主要分布在桂西北的大石山区、少数民族地区、革命老区和边境地区的贫困乡镇、特困村及非贫困县中的特困乡，其中少数民族占未解决温饱人口的70%以上，贫困问题凸显出边缘化、民族化特征。与前一阶段扶贫工作相对比，解决这些地区群众的温饱问题难度更大，广西为此进行了大量实践探索。

一 制定《广西实施"国家八七扶贫攻坚计划"方案》，明确扶贫攻坚的任务与奋斗目标

该方案制定了开发式扶贫，以就地开发为主、就地与异地相结合等五条扶贫工作方针，把就地开发、异地开发、劳务输出、"借船出海、借体造血"、对贫困残疾人进行康复扶贫等作为扶贫工作的基本途径。以28个国家确定的贫困县为攻坚重点，从1993年开始实施异地安置，至1999年共下达安置计划50310户251550人。项目涉及12个市55个县，共建立异地安置场268个、居民点1172个。

二 出台系列地方性扶贫法规，推动扶贫工作由随机性、突击性向稳定性、法规性转变

自治区人大于1995年11月14日颁布了全国第一个省人大通过的地方性扶贫法规——《广西壮族自治区扶贫开发条例》，从此，广西扶贫工作由随机性、突击性向稳定性、法规性转变。此后，自治区党委、人民政府先后制定了《广西壮族自治区贫困县扶贫验收标准及奖励办法》《广西壮族自治区特困村扶贫标准及验收办法》《广西壮族自治区石山地区部分群众小额信贷扶贫实施管理办法（试行）》，下发了《广西壮族自治区石山地区部分贫困群众异地安置工作若干规定》《关于全面实行干部帮扶贫困农户的通知》《关于贯彻落实〈中共中央、国务院关于尽快解决农村贫困人口温饱问题的决定〉的意见》《自治区党委、自治区人民政府关于力争1999年基本解决全区农村贫困人口温饱问题的通知》，从制度上保障了做好扶贫开发工作，确保实现全区扶贫攻坚目标。从1998年开始，自治区层面每年都以《广西扶贫实施方案》的形式，对全区扶贫工作作出部署，明确年度工作思路、目标任务、工作重点和具体措施。全区各级党委、政府积极采取措施贯彻落实自治区党委、人民政府的指示，组织力量做好扶贫攻坚工作。

三 就地开发和异地开发相结合，加强扶贫规划和责任制

广西采用就地开发和异地开发相结合的模式，通过异地开发解决大石山区人地矛盾问题。继1993年7月印发《广西贫困石山地区部分群众异地安置试点方案》之后，又制定了一系列鼓励劳务输出、搞好异地安置的政策、措施，使这两项工作得以迅速开展。1994—2000年，全区共组织60万贫困地区群众外出劳务，年增加劳务收入18亿元；建立异地安置场267个，居民点1167个，搬迁了23万人。此外，实行扶贫攻坚项目一次性规划和"四到县"的扶贫攻坚责任制。1994—1996年下半年，全区从区到地、县集中有关部门力量，对28个国家级贫困县要实施的扶贫项目进行一次性规划，建立了未来四年的扶贫项目库。自治区党委、人民政府决定实行扶贫任务、资金、权力、责任等"四到县"的扶贫攻坚责任制。

四 增加扶贫资金投入，大力引进外资扶贫

1994—2000年，中央给广西投入扶贫资金达67亿元。自治区也逐年增加扶贫资金，特别是1988年以后投入扶贫的资金每年不少于1.2亿元。自治区党委、人民政府还吸收和借鉴国外扶贫经验，积极开拓与国际组织在扶贫领域的合作，先后争取到世界银行、联合国开发计划署、宣明会等组织的大力援助。此外，按照中央部署，积极、主动配合中直机关和广东帮扶广西工作，1997—2000年，广东无偿援助广西百色、河池2.4亿元，帮助异地安置8万人并解决温饱问题，在经贸合作及安排劳力务工、教育扶贫、培训干部等方面都取得良好的成绩。

五 以大会战方式加强贫困地区基础设施建设，进一步改善贫困群众的生产生活条件

自治区党委、人民政府从1997年开始，先后开展人饮工程、茅草房改造、村级道路建设、村村通电、村村通广播电视、改善行政村办学条件、完善村级医疗卫生条件、石山地区地头水柜建设、万屯道路大会战，推动贫困地区基础设施建设取得了突破性进展。到2000年底，全区以大会战方式兴建15万余处饮水工程，解决了430多万人的饮水难问题；改

造 7 万户贫困户的茅草房，使 30 多万群众住上了瓦房；架通了近 1000 个村的输电线路，使几十万户群众用上电；新建 5000 多个村广播电视地面接收站，使近 200 万群众听到广播、看到电视；修建 1000 多个村级卫生室等。

第五节 综合型扶贫开发阶段（2001—2011 年）

进入 21 世纪后，随着中国经济形势的变化，全国贫困状况也发生了一系列变化，呈现出一些新的特点。一是贫困人口边缘化程度上升，20 世纪的普遍贫困，到连片地区的贫困，再到县级农村地区的贫困，已经演变成为村一级并直接到户到人的贫困。2001 年，国家级重点贫困县贫困人口所占比重下降到 61.9%。二是由于贫富差距加大，其直接结果是经济增长的减贫效应降低，贫困地区的贫困人口贫困程度反而进一步加深。2003 年以后，基尼系数一直处于全球平均水准 0.44 以上，2008 年达到峰值 0.491。三是致贫返贫因素逐步多元化，包括温饱问题没有解决的贫困，但更多的是因疾病、孩子上学、伤残、自然灾害、农产品价格低等因素造成的贫困。

这种贫困的新特征，加剧了贫困人口的瞄准难度，同时也加大了扶贫的监督成本，使用传统的区域瞄准方式已经不能准确确定贫困村以及贫困户的具体情形。因此，我国这一时期的主要扶贫措施是整村推进开发扶贫和农业产业化开发扶贫。"雨露计划"就是一个有代表性的扶贫开发新政策。它是一项旨在提高贫困人口素质、增加贫困人口收入、加快扶贫的一套培训计划，主要培训贫困地区的三类人员，一是扶贫立卡的 16 岁至 45 岁的青壮年农民；二是贫困户中的复员退伍军人；三是扶贫开发重点村的村干部和能够帮助困难户的致富骨干。从中可以看出，扶贫政策已经更多地向贫困人口的健康、教育、劳动技能和社会福利等方面转化，特别注重加强贫困人口劳动技能和创业本领方面的培训，以利于从根本上帮助贫困群众脱贫致富。

因此，这一时期的扶贫政策和策略有重大变化，政府更注重利用市场机制来扶贫减贫，更注重提高贫困人口的劳动技能和职业素质，通过城乡流动和市场资源配置，使贫困人口更容易利用市场机会脱贫致富。2001年，《中国农村扶贫开发纲要（2001—2010年）》出台，试图在21世纪最初的10年内消除20世纪留下的3000万农村绝对贫困人口。扶贫开发有了较大幅度的变化，主要表现在将国家级贫困县调整到中部地区，将扶贫的重点由贫困县延伸到贫困村，全面展开以村为单位的扶贫开发和整村推进的参与式扶贫开发，并将扶贫工作的重点放在农业技术推广、义务教育和农村医疗卫生的改善方面。同时，加大了产业扶贫力度，目的在于提高农民减贫能力；对居住环境恶劣的农村居民，进行了扶贫搬迁和生态移民工作，也开展了小额扶贫贷款的试点工作。

从2001年开始，广西以国家扶贫开发工作重点县、贫困村为主战场，以农村未解决温饱问题的贫困人口和低收入相对贫困人口为对象，扎实推进扶贫开发。2005年，全区对新阶段扶贫开发战略进行了调整，决定从2005年起到2010年，在动员和组织贫困群众自力更生、艰苦奋斗的基础上，进一步整合各类财政扶贫资金、有关涉农资金、社会扶贫及外资扶贫资金，集中投向全区4060个贫困村，并按先难后易的原则实施"整村推进"战略。

经过持续七年的合力攻坚，广西农村未解决温饱人口从1993年的800万人下降到2000年的150万人，农村贫困发生率从21%下降到3.8%。在此基础上，自治区党委、人民政府决定把扶贫开发提高到一个新水平，使全区农村贫困人口在稳定解决温饱的基础上逐步摆脱贫困，进而在稳定脱贫的基础上向富裕的目标迈进，要求继续坚持以稳定解决群众温饱为中心，以贫困村为主战场，以改善基本生产条件和发展种养业为重点，多渠道地增加扶贫投入。根据《中国农村扶贫开发纲要（2001—2010年）》精神，广西厘清了新阶段扶贫开发"123456"工作思路，即始终瞄准1个对象（贫困户），开展2个整体推进（整体推进贫困村和特困区域），确立3条开发路子（就地开发、异地开发、异地就业），明确4个开发重点（改善基础设施条件、覆盖贫困农户的优势产业、生态建设、提高综合素质），整合5大资金和力量投入（专项财政扶贫资金投入、社会投入、贷款投入、境外投入、群众投入），建立6大制度（资金投向制度、集体讨论制度、政策把关制度、公告公示制度、专户报账制度、奖罚制度），确保扶贫工作健康发展。

一　调整扶贫任务及对象，进一步明确扶贫工作新目标

自治区党委、人民政府根据《中国农村扶贫开发纲要（2001—2010年）》精神，对全区扶贫开发策略进行调整，即将工作任务从解决温饱调整为解决温饱与巩固温饱并重，将工作对象从绝对贫困人口调整为绝对贫困加低收入人口，明确了新阶段扶贫工作要坚持"两手抓"的要求，即一手抓好减贫，一手抓防止返贫。

二　组织力量进行监测，准确识别贫困区域和贫困目标群体

自治区党委、人民政府组织人员对全区49个贫困县的经济发展情况进行综合考察，确定了罗城等28个县为全区新阶段扶贫开发重点县。组织力量对全区99个县（市、区）农村15项经济社会发展指标进行综合评价，把贫困人口集中的少数民族地区、革命老区、边境地区和特困地区作为扶贫开发的重点，确定全区4060个贫困村为新阶段扶贫开发工作的重点村。

三　深入群众调查研究，制定新阶段扶贫开发规划

自治区人民政府在试点的基础上，组织有关部门协同作战，用了近一年时间，编制了全区县级及4060个重点村新阶段十年扶贫开发规划，包括贫困县扶贫开发规划、贫困村扶贫开发规划、行业部门扶持贫困村规划、机关单位帮扶贫困村工作规划。这些规划全面、具体，体现了科学性、权威性和可操作性，有利于保证新阶段扶贫开发工作有序开展。

四　创新扶贫机制，分批"整村推进"贫困村扶贫开发工作

针对新阶段贫困人口更多地表现出大分散、小集中的格局，自治区党委、人民政府及时调整扶贫方式，把扶贫工作重心放到村一级，把整体推进作为"三农"各项工作的基础，加强农村基层政权建设，提高农民综合素质。从2003年起以贫困村扶贫规划为载体，集中资金和力量，采取整村推进的综合治理方式，分三批实施4060个贫困村的扶贫开发工作。

五 以大会战为载体，集中力量解决特困区域贫困问题

革命老区、民族地区、边疆地区既是贫困人口比较集中的地区，又是关系全国稳定和谐大局的重点地区。新阶段扶贫工作开始后，自治区党委、人民政府把这些地区作为扶贫的优先地带，采取大会战的方式，集中解决制约发展的瓶颈问题。2000 年 8 月至 2002 年 10 月，全区集中投入 21 亿元资金开展边境地区基础设施建设大会战，为 240 多万边境各族群众办了 24 件实事。2003—2004 年，全区集中 20.09 亿元资金开展东兰、巴马、凤山三县基础设施建设大会战，为 70 多万革命老区人民办了 34 件实事。2007 年，全区集中 16.25 亿元资金开展了都安、大化、隆安、马山、天等五县基础设施建设大会战，大力改善这些国家扶贫开发工作重点县的发展条件。2008 年 5 月开始，自治区党委、人民政府又组织力量实施桂西五县基础设施建设大会战。这些大会战有效地改变了贫困区域的落后面貌，加快了全区扶贫开发的进程。

第二章

广西脱贫攻坚总体部署及成效

党的十八大以来,以习近平同志为核心的党中央把脱贫攻坚看作全面建成小康社会的底线目标和突出短板,并将其上升到治国理政的突出位置,举全党全社会之力打响脱贫攻坚战。2015年11月,党中央、国务院出台关于打赢脱贫攻坚战的决定;2017年10月,党的十九大明确把精准脱贫作为决胜全面小康必须打好的三大攻坚战之一;2018年6月,党中央、国务院又出台《关于打赢脱贫攻坚战三年行动的指导意见》,为打赢脱贫攻坚战作出部署、指明方向、提供遵循,促进我国扶贫开发进入了历史上扶贫力度最大、任务最重的脱贫攻坚时期。

作为全国脱贫攻坚的主战场之一,广西坚定不移把打赢打好脱贫攻坚战作为最大的政治责任和第一民生工程,按照"核心是精准,关键在落实,确保可持续"的要求,持续采取非常政策、非常举措、非常力度,举全区之力集中攻克脱贫攻坚重点难点问题,确保如期完成脱贫攻坚任务,努力实现与全国同步迈进全面小康社会的目标。

第一节 广西脱贫攻坚的现实基础

广西集老、少、边、山、库于一体,境内山多田少,俗称"八山一水一分田",自然条件对经济社会发展的约束非常明显,贫困状况比较突出。从1986年正式实施大规模、有计划、有组织的专项扶贫行动以来,广西扶贫开发工作取得了显著成效,全区农村贫困发生率从1985年的44%下降到2012年的17%,为推进脱贫攻坚打下了良好的基础条件。

一 贫困状况

广西的贫困区域主要集中在滇桂黔石漠化片区、南岭山区、边境地区、水库移民区和自然保护区。这些区域自然条件的宜用性差，生产生活设施落后，部分地区甚至是不适宜人类居住。经过多年的扶贫开发，广西的贫困地区、贫困群众获得了长足、稳定发展，基础设施不断完善，贫困县域经济增强，贫困户收入不断增加。然而，从全面建成小康社会的要求来看，广西仍存在比较明显的差距，脱贫攻坚任务非常艰巨。截至2012年底，按照人均年纯收入2300元（2010年不变价）的贫困线标准，广西贫困人口总量755万人，贫困发生率17%，贫困人口绝对数排全国第4位，贫困规模仍然比较大；全区105个县有扶贫任务，占全部县市的94.6%；扶贫开发工作重点县54个，其中国定贫困县28个、区定贫困县21个、天窗县2个、享受待遇县3个，贫困县占全部县市区的48.6%；有5000个贫困村，占全部行政村的34.9%。

为深入贯彻落实习近平总书记关于扶贫工作的重要论述和中央、自治区关于打赢脱贫攻坚战、支持深度贫困地区脱贫攻坚的实施意见以及自治区关于极度贫困地区脱贫攻坚的决策部署，广西在2017年确定了20个深度贫困县、30个深度贫困乡镇、1490个深度贫困村基础上，于2018年底又进一步确定了大化瑶族自治县、都安瑶族自治县、隆林各族自治县、那坡县4个县为极度贫困县，同时确定100个极度贫困村和10000户以上的极度贫困户，进一步聚焦脱贫攻坚重点难点。

二 贫困特征

一是自然条件恶劣，区域性贫困特征明显。广西贫困人口主要聚集在自然条件相对恶劣的地区。桂西北石漠化地区自然生态脆弱，植被覆盖率低，岩溶漏斗遍布，水土流失严重，土壤贫瘠，易涝易旱，灾害频繁，群众生产生活条件差，河池、百色两市贫困人口占全区50%以上；桂西南中越边境地区除了自然条件限制以外，受多年战争影响，资金和项目投入不足，经济社会发展滞后，边民贫困问题突出；南岭贫困山区耕作条件较差，位置偏僻，信息不灵，致富不易；水库移民区因大中型水库建设淹没大量良田，可利用土地资源锐减，再加上补偿不合理及其他历史遗留问题，造成大面积库区贫困，矛盾较多；自然保护区农户利用自然资源谋求发展的权利受到严格的法律限制，也出现许多贫困现象。

总体来说，广西贫困区域发展受自然条件限制较大，交通、通信等基础设施建设和教育、医疗等公共服务的"最后一公里"难题还需进一步解决，经济社会发展总体还比较滞后，贫困户家庭经济脆弱，增收难度大，具有明显的区域性贫困特征。

二是少数民族贫困人口占比高，民族贫困的群体性特征突出。广西是全国五个少数民族自治区之一，少数民族人口占38%，是全国少数民族人口最多的省区。由于历史原因，广西的贫困区域与少数民族聚居区高度重合，少数民族占贫困人口的80%以上，少数民族贫困的群体性特征比较突出。广西54个扶贫开发工作重点县绝大部分都是少数民族聚居县；在全区12个少数民族自治县中，除恭城瑶族自治县于2012年被摘掉国定贫困县帽子以外，其他11个民族自治县都属于国定贫困县；3个享受民族自治县待遇的县有2个是国定贫困县，1个是区定贫困县；全区59个民族乡均为扶贫开发的重点乡镇。

三是贫困人口素质低，自我发展能力弱，返贫率高。广西农村人口受教育水平普遍偏低，文化程度不高，对于自然条件较为恶劣、地处偏远的贫困地区来说，教育和文化投入更是严重不足，贫困人口综合素质低，生产技能水平整体不高，接受新事物、新技术的能力不强，小农意识和"等、靠、要"思想比较严重，自我发展能力弱，抗风险能力差，再加上抗灾、医疗卫生等公共服务设施和保障跟不上，返贫率高，尤其是因灾、因病、因学、因老返贫现象特别多。实践证明，自然条件越恶劣、经济发展水平越低、"硬骨头"越多的贫困区域，越容易陷入脱贫与返贫的恶性循环。一些地区甚至出现"返贫跟着脱贫走"的现象。

四是地区发展不平衡，收入差距大。从全国来看，广西属于西部欠发达地区。一是经济总量较小，总体实力不强。2012年广西GDP在全国排第17位，排位偏后；2013年广西28个国定贫困县人均GDP为14254元，仅为全国的37%、全区的47%，其人均财政收入1053元，仅为全国的12%、全区的30%。二是农民收入不高，差距明显。2012年广西农民人均纯收入6008元，比全国平均水平低1909元；14个地级市的农民人均纯收入无一达到全国平均水平，在全国排名都比较靠后；广西贫困村的农民人均纯收入比全国平均水平差距更大，且增收速度差距仍在扩大。

从广西区内来看，地区发展明显不平衡，贫困空间分布呈现出由东到西递增、由西北到东南递减的趋势，地区间农民收入差距不断扩大。各贫困县由于资源基础、区位条件的差别以及空间近邻效应的影响，县域经济总体发展水平不均衡，对于扶贫开发的需求也表现出较大的差异性和复杂性。如桂东、桂东南地区基础条件相对较好，县域经济辐射带动力强，对产业扶持的需求较大，连片产业开发容易推进；桂西北山区条件相对较差，仍然急需加大改善基础设施条件，连片产业开发推进相对比较困难；桂西南边境地区需要在改善基础设施条件的同时活跃边贸经济，增加边民收入，稳边固边。广西各地区发展不平衡，对精准扶贫的差异化扶持提出了更高的要求。

五是贫困人口居住分散，移民搬迁任务重。广西贫困人口居住较为分散，一些村屯之间相距很远，有的需要翻山越岭几公里甚至十几公里。特别是扶贫难啃的"硬骨头"，大多都是分散居住在生存条件恶劣、生态环境脆弱的偏远地区。对于这些"一方水土难养一方人"的区域，移民搬迁是脱贫致富的必然选择。搬迁对象主要以扶贫成本极高的贫困群众为主，兼顾部分因生态和地质灾害搬迁的群众。广西移民搬移的任务历来很重，2012—2020年，广西预计要搬迁25万户100万人左右，其中扶贫对象占比近80%。地处桂西北大石山区的河池市和百色市移民搬迁任务最重，搬迁人口都超过25万人，需要搬迁超过4万人的有7个县。

此外，从贫困的发生机理和内在特点来看，广西这一时期的贫困特征已经发生重大变化，即由经济落后导致的贫困转变为"资产和福利剥夺"为特点的贫困；由"资源型"贫困转变为"能力型"贫困；由"外生性"贫困转变为"内生性"贫困。

第二节 广西脱贫攻坚的工作部署

党的十八大以来，广西与全国同步进入了"啃硬骨头、攻坚拔寨"的脱贫攻坚冲刺期。在这一时期，中国经济的增长模式发生巨大变化，发展呈现为中低速的"新常态"，不能再依靠高投入、低产出、高能耗的要素投入增长为主，而是要走创新发展的道路。广西认真贯彻落实党中央、国务院关于打赢脱贫攻坚战的决定及指导意见，坚定不移把打赢打好脱贫攻坚战作为最大的政治责任和最大的民生工程，按照"核心是精准，关键在落实，确保可持续"的要求，就完善顶层设计、强化政策措施、加强统筹协调等方面作出全面部署，不断推进精准扶贫、精准脱贫工作方法和模式创新，切实把脱贫攻坚抓紧抓准抓到位。

一 建立健全精准识贫方法体系，提高脱贫攻坚工作针对性

精准识别，是开展精准扶贫与精准脱贫的必要前提，识别准确与否决定了整个脱贫攻坚工作是否具有针对性和有效性。为了有效解决扶贫对象精准问题，广西在2012年和2014年两次贫困户识别和建档立卡的基础上，推进新一轮精准识别工作机制创新，在全国首创"一进二看三算四比五议"入户调查评分和划定分数线的精准识别方法体系，于2015年10月至2016年3月开展了拉网式大规模的精准识别和建档立卡工作，要求贫困村对所有农户都进行入户调查识别，非贫困村对在册贫困户和新申请贫困户的农户开展入户调查识别。同时，全面采集5000个贫困村及其所有自然村（屯）以及部分非贫困村自然村（屯）的基本情况和发展需求信息，为贫困村贫困户建档立卡。

一是科学建立识贫指标体系。广西统筹专业部门力量，对照国家"两不愁三保障"标准，结合广西具体实际，精心设计涵盖农户人口、耕地、住房、劳动力、子女入学、病残成员、农机、家电、饮水安全等18类98项内容的指标体系，形成全区统一的入户调查评分表，以此统一全区识别标准。

二是务实开展识别调查工作。2015年10月中旬，自治区通过"视频会议和分头讨论"的形式，召开全区精准扶贫攻坚动员大会暨贫困村党组织第一书记培训会，按照《精准识别贫困户贫困村工作方案》的要求对入户调查评分工作进行精心培训，自治区四大班子成员全部参加，总人数超过25000人，规格和规模均前所未有。自10月下旬以后，按照自治区、市、县、乡、村、屯六级联动的要求，全区共组织了25万名工作队员和干部，按照"一进二看三算四比五评议"的方法，全面细致地调查了全区488万农户、2000多万农民群众，累计录入427.45万户、1889.93万人的信息。

三是严格设定和执行识贫程序。统一将入户评分结果录入广西建档立卡信息系统，建立全区精准识别贫困户数据库，以县为单位，按照国家统计局核定的贫困人口数划定各县贫困人口分数线。各地根据分数线，按照"两入户、两评议、两审核、两公示、一公告"程序，确定本县贫困户名单。经过数轮数据核查和农户家庭成员财产检索，全区共识别出634万贫困人口、5000个贫困村、6.94万个自然村（屯）、2.46个移民搬迁村（屯）并建档立卡，全区精准识别准确率达98%以上，成为全国先进典型。

四是动态管理建档立卡信息数据。建立健全贫困户动态调整机制，不断完善广西建档立卡信息系统，对贫困户、脱贫户、贫困村的信息数据做到每半年更新一次，同时加强对新贫困户、返贫户的重新认定、跟踪帮扶和动态管理，做到应扶尽扶、应纳尽纳、应退必退，不断提升真扶贫、扶真贫的整体水平。

广西新一轮的精准识别在方法和程序上构建了相对科学、开放的工作机制，有利于最大限度地避免优亲厚友和乱戴"贫困帽"的现象，力图在县级层面实现贫困人口的统筹，避免层层分解贫困人口带来的弊端。整个识别过程覆盖面大、工作流程设计科学、工作措施要求严格，被称为广西"史上最严"的精准识贫，为深入开展精准帮扶工作打下良好基础。2016年6—7月，在国务院扶贫开发领导小组组织的对中西部22个省（区、市）精准扶贫成效第三方评估中，广西综合得分居全国第一位；贫困人口识别准确率居全国第一位；贫困人口退出准确率居全国第二位；帮扶工作群众满意度居全国第三位。对此，习近平总书记给予充分肯定，指出广西脱贫攻坚工作成绩不小，是省级党委和政府脱贫攻坚工作成效考核综合评估最好的8个省份之一，特别是精准识别工作做得比较细。

二 持续完善脱贫攻坚政策措施，压紧压实工作责任

习近平总书记指出，打赢脱贫攻坚战，实现到2020年农村贫困人口全部脱贫、贫困县全部摘帽、区域性整体贫困全部解决，是当前民生工作的重中之重。自治区党委、人民政府坚持把脱贫攻坚作为最大的政治责任、最大的民生工程来抓，举全区之力打赢打好脱贫攻坚战。

2014年，党中央、国务院提出精准扶贫与精准脱贫方略，同年6月6

日，广西全区扶贫开发暨农民工工作电视电话会议召开，时任自治区党委书记、自治区人大常委会主任彭清华同志在会上发表讲话，强调要认真贯彻落实党中央、国务院的决策部署，加快树立精准意识，按照扶贫对象精准、项目安排精准、资金使用精准、措施到户精准、因村派人精准、脱贫成效精准"六个精准"要求，大力推动政策扶贫、产业扶贫、旅游扶贫、教育扶贫、科技扶贫、智力扶贫、金融扶贫"七大扶贫"工程。自治区党委、人民政府出台了《关于创新和加强扶贫开发工作的若干意见》《关于整合资源支持和推进扶贫生态移民工作的实施意见》《关于开展教育精准扶贫 扶持贫困家庭子女上学就业的实施意见》《关于加强金融支持扶贫开发的实施意见》《关于改革财政扶贫资金管理机制的实施意见》，形成了"1+4"文件，为全区深入推进精准扶贫与精准脱贫工作提供了政策支撑。其中，《关于创新和加强扶贫开发工作的若干意见》明确县委书记、县长、乡镇书记、乡镇长是扶贫开发工作第一责任人。

2015年，自治区扶贫开发工作领导小组成立。自治区党委书记、自治区主席同时担任自治区扶贫开发工作领导小组组长，并在全国开创性地在领导小组下增设了综合协调、资金政策、基础设施、产业开发、移民搬迁、公共服务、组织保障7个专责小组。同时，37位省级领导每人挂点联系一个贫困县，一定六年直至脱贫摘帽。全区确定市级干部476人联系559个贫困村、县级干部2883人联系2708个贫困村，8000多个单位参与定点扶贫，6500名贫困村第一书记实现全覆盖。

2015年10月，广西召开全区精准扶贫攻坚动员大会，随后迅速建立了自治区、市、县、乡、村、屯六级联动机制，组织全区25万各级干部组建精准识别工作队，开展了被称为"史上最严"的精准识别工作。同时，出台20个精准脱贫配套实施方案，形成了具有广西特色的"1+20"脱贫攻坚政策体系，并且对国家"两不愁三保障"标准进行了细化、量化，结合实际分别制定了贫困户"八有一超"（有固定住房、有饮用水、有电用、有路通自然村、有义务教育保障、有医疗保障、有电视看、有收入来源或最低生活保障，家庭年人均纯收入超过国家扶贫标准）、贫困村"十一有一低于"（有硬化路、有水喝、有稳固住房、有电用、有服务设施、有电视看、有网络宽带、有医疗保险、有集体经济收入、有特色产业、有好班子，贫困发生率低于3%）、贫困县"九有一低于"（有特色产业、有住房保障、有基本医疗保障、有义务教育保障、有安全饮水、有路通村屯、有电视、有基本公共服务、有社会救助，农村贫困发生率低于3%）退出标准，并且创造性地提出"双认定"做法，解决了基层干部最为困扰的贫困户收入"一笔糊涂账"，有效杜绝争当贫困户或"被脱贫"现象的发生。

2015年11月，中央扶贫开发工作会议提出要坚决打赢脱贫攻坚战，确保到2020年所有贫困地区和贫困人口一道迈入全面小康社会。同年12月初，自治区党委十届六次全会作出了《坚决打赢"十三五"脱贫攻坚战的决定》，在中央提出的"五个一批"工程基础上，提出实施符合广西实际的"八个一批"（即扶持生产发展一批、转移就业扶持一批、移民搬迁安置一批、生态补偿脱贫一批、教育扶智帮助一批、医疗救助解困一批、低保政策兜底一批、边贸政策扶助一批）和"十大行动"（即特色产业富民行动、扶贫移民搬迁行动、农村电商扶贫行动、农民工培训创业行动、贫困户产权收益行动、基础设施建设行动、科技文化扶贫行动、金融扶贫行动、社会扶贫行动、农村"三留守"人员和残疾人关爱服务行动），扎实推进精准帮扶工作。

2016年，广西进一步强化党政"一把手"负总责的脱贫攻坚责任制，明确各市、县（市、区）、乡（镇）党政主要领导作为本辖区脱贫攻坚工作第一责任人，突出强调县级作为脱贫攻坚的主体责任，充分发挥各级扶贫开发领导小组职能作用，形成一个上下贯通、层层落实、横向到边、纵向到底的责任体系。自治区与市、市与县、自治区与25个区直部门分别签订了《脱贫攻坚责任书》，预脱贫县及对应的设区市党委、政府主要负责人向自治区递交了《脱贫摘帽承诺书》，更加强化了脱贫责任。

2017年5月起，广西又在全国率先出台一套管理办法，对建档立卡的贫困户和5000个贫困村、54个贫困县的信息数据进行及时采集更新，通过建立精准扶贫台账，实行有进有出的动态管理。全区各层级建立"挂图作战、清单管理、滚动集成、精准摘帽、带奔小康"的精准管理模式，在更大程度上保障精准识贫扶贫脱贫的工作质量。

2017年10月，党的十九大将脱贫攻坚作为决胜全面建成小康社会的三大攻坚战之一。中央一号文件把2018年作为脱贫攻坚作风建设年，决定从2018年至2020年持续在全国范围内开展扶贫领域腐败和作风问题专项治理。2018年4月，广西召开了2018年脱贫攻坚推进大会暨业务培训会，要求扎实开展扶贫领域腐败和作风问题专项治理，做到阳光扶贫、廉洁扶贫；5月以后，先后召开了2018年全区易地扶贫搬迁工作现场推进会、2018年全区产业扶贫现场推进会、粤桂扶贫协作工作推进会、全区发展壮大农村集体经济工作经验交流座谈会、全区县级脱贫攻坚项目库建设现场推进会暨业务培训会、全区脱贫攻坚作风建设年推进电视电话会等全区性会议，部署推进脱贫攻坚重点工作；从6月起每月召开1次脱贫攻坚工作调度会，专题研究和协调解决工作中遇到的困难和问题。与此同时，自治区组织起草了《关于打赢脱贫攻坚战三年行动的实施意见》，并且根据国家最新要求，组织修订2018年设区市、县级党委和政府扶贫开发工作成效考核办法以及扶贫对象脱贫摘帽标准，印发了《关于发展壮大村级集体经济的若干措施》《关于进一步调整完善脱贫攻坚有关政策的通知》等文件，不断完善脱贫攻坚的政策支持和制度保障。

2019年，广西全面贯彻落实习近平总书记关于扶贫工作的重要论述和对广西工作的重要指示精神，以中央脱贫攻坚专项巡视反馈问题整改倒逼"三精准""三落实""三保障"。为着力破解影响实现"两不愁三保障"的突出问题，广西按照"核心是精准、关键在落实、确保可持续"的总体要求，积极推进脱贫攻坚战三年行动，全面打响义务教育、基本医疗、住房安全"三保障"和饮水安全"四大战役"，持续打好产业扶贫、易地扶贫搬迁、村级集体经济发展、基础设施建设和粤桂扶贫协作"五场硬仗"，扎实开展就业扶贫、生态扶贫、综合性保障扶贫、贫困残疾人脱贫、扶贫扶志"五大专项行动"。其中，成立了"四大战役"作战总指挥部，由自治区党委副书记担任总指挥长，自治区人民政府3位分管副主席担任副总指挥长并兼任各战役指挥长，将原有的综合协调、资金政策、基础设施、产业开发、移民搬迁、公共服务和组织保障7个专职小组调整设置为综合协调、教育保障、医疗保障、住房保障、饮水安全、资金保障、基础设施、产业开发、扶贫搬迁、公共服务、组织保障11个专责小组，压实打好"四大战役"的责任，推动脱贫攻坚取得决定性进展。

2020年，全国进入了决胜全面建成小康社会、决战脱贫攻坚的最为关键的时期。但是，突如其来的新冠肺炎疫情，带来了诸多新困难和新挑战。2月12日，国务院扶贫开发领导小组发布了《关于做好新冠肺炎疫情防控期间脱贫攻坚工作的通知》，提出坚决打赢疫情防控阻击战和脱贫攻坚战、努力克服疫情对脱贫攻坚的影响、扎实推进脱贫攻坚重点工作、加强疫情防控和脱贫攻坚宣传引导工作、转变作风关心贫困群众和扶贫干部等要求。广西认真贯彻落实习近平总书记重要指示精神，切实增强"四个意识"、坚定"四个自信"、做到"两个维护"，完善出台相应政策措施，统筹兼顾，切实把各项工作抓实、抓细、抓落地，举全区之力坚决打赢疫情防控阻击战和脱贫攻坚战。

三 扎实推进"八个一批"，创新精准帮扶模式

精准帮扶，是打赢脱贫攻坚战的核心和关键。广西坚持实行差异化、精细化、"滴灌式"帮扶，根据资源禀赋、发展条件、致贫原因、帮扶需求等差异，因地制宜，因贫施策，在中央提出的"五个一批"工程基础上，提出了符合广西实际的"八个一批"脱贫攻坚路径。

（一）扶持生产发展一批

广西通过扶贫项目和企业示范带动，引导贫困户积极参与，形成了一批发展前景好、科技支撑和辐射力强的地方特色扶贫产业，增强产业扶贫带贫成效。一是强化规划指导作用，打造特色优势主导产业。从自治区层面编制了《广西"十三五"产业精准扶贫规划》及养殖业、林业、特色加工业、旅游扶贫等分项规划，将特色化、专业化、规模化、标准化作为扶贫产业发展的主攻方向，要求每个县遴选确定5个县级重点优势特色主导产业、2个备选优势特色产业，1—3个村级重点优势特色主导产业，自治区在政策、资金、项目上给予重点倾斜扶持，着力培育发展壮大，确保扶贫产业带动贫困户实现持续增收。二是积极培育新型农业经营主体，推进经营模式创新。大力推进新型农业经营主体培育，建立农民合作社发展厅际联席会议制度和农业产业化联席会议制度。探索和发展了股份合作经营、"企业+劳务"、"企业+合作社+基地+农户+市场"联动发展、订单农业、委托生产等经营模式。三是抓好贫困村产业发展规划落实和产业引导。引导贫困村按照特色化、组织化、多元化和"大中小""长中短"相结合的要求来发展扶贫产业。加强培养贫困村致富带头人，大力引进龙头企业，引导和带动贫困户参与到扶贫产业当

中，不断增强贫困户自我发展能力。四是抓好农业科技创新及产业扶贫教育培训。深入实施新型职业农民培育工程和农村实用人才培养工程，组织开展"广西产业脱贫春季大行动"和"广西产业脱贫秋冬季大培训活动"。打造新型职业农民示范村，启动新型职业农民学历提升工程，遴选优秀新型职业农民接受在职中专学历教育。五是强化展会和电商扶贫，拓宽产品销售渠道。组织筹划好每年一届的中国—东盟农业合作论坛、中国—东盟农业国际合作展、广西名特优农产品交易会、广西"第一书记"扶贫农产品展示会等，组织开展"党旗领航·电商扶贫""微助八桂"扶贫公益活动，大力推广"空中农贸市场"的电商扶贫模式。

（二）转移就业扶持一批

一是完善职业培训、就业创业服务、劳动维权"三位一体"工作机制。持续推进全区技工院校结对帮扶贫困家庭"两后生"职业培训和鉴定工作，加强对岗位需求信息的精准推送；组织开展"春风行动、民营企业招聘周"等贫困劳动力专场招聘行动，提供公共就业服务；重点建设24个贫困县农民工创业园，提高创业金融扶持力度，帮扶一批贫困劳动力返乡创业就业；加强村级就业社保服务窗口建设，实现"就业社保服务全覆盖，群众办事不出村"。二是以"托底安置"帮助贫困劳动力就地就近就业。落实新增就业岗位社会保险补贴政策，鼓励各级政府开发乡村公益性岗位，优先安排无法输送到企业就业的贫困劳动力，推进"三支一扶"计划加大扶贫类服务岗位开发力度；建立就业扶贫基地，定向招收贫困劳动力，部署就业扶贫车间试点工作，在每个贫困县重点建设扶贫车间示范试点，帮助贫困劳动力就近就地转移就业。此外，对建档立卡贫困家庭人员，实行公务员考试费用减免。三是深化粤桂扶贫劳务协作。广西与广东签订省际劳务扶贫协作协议，建立跨省贫困劳动力劳务协作机制，在河池、百色两市举办对口帮扶广西劳务协作专场招聘会；开展在粤务工贫困劳动力统一返乡过年活动，支持建档立卡贫困人员免费乘坐火车（动车）返乡过年。

（三）移民搬迁安置一批

一是加强工作规划和平台建设。编制《广西易地扶贫搬迁"十三五"规划》，绘制全区移民搬迁"红线图"，在全国率先组建了移民搬迁的省级投融资主体——广西农投集团，采取"统贷统还"模式进行融资。二是通过实施分批搬迁安置和提高搬迁补助标准确保"搬得出"。尊重搬迁户意愿，以集中安置为主、分散安置为辅，对有劳动力且有转变就业方向或创业意愿的贫困户，引导其进县城、进园区、进集镇安置；对劳动力相对较弱的贫困户，以进中心村就近安置为主。提高搬迁补助标准，减低贫困户自筹压力。三是通过提高社会保障和社区管理水平确保"稳得住"。提高服务移民群体的教育、医疗、最低生活保障、社会救助等社会保障水平；对整体搬迁按照"人地分离"、引进社区化管理，移民群体由安置地居委会负责管理，原迁出地的土地、山林、宅基地等资源由村委会负责统一管理。统一对搬迁移民实施免准迁证，对暂时不想把原户籍户口迁入城镇的移民，允许保留农村户口，支持他们继续享受原来的政策待遇。四是通过促进就业和股权收益实现"能致富"。实行"一扶四免三优先一确保"就业扶持政策，通过扶持符合条件的搬迁移民按规定申请创业担保贷款进行自主创业，以及系列免费培训和优先推荐就业，确保移民户至少有一人实现就业。支持移民土地、扶贫资金、营利性物业折股量化到户，推行物业合作社，增加移民的财产性收入。

（四）教育扶智帮助一批

广西 2016 年开始精准实施农村学前教育、义务教育薄弱学校、高中阶段教育、县级中专、高等教育、特殊教育、学生学业、教师队伍等八大帮扶计划。一是强化基础教育发展。实现所有建档立卡贫困户子女享受 15 年免费教育，包括学前教育阶段免保教费和普通高中阶段免学杂费；义务教育从"两免一补"扩大到"三免两补"（免学杂费、免教科书费、免农村寄宿生住宿费、补助寄宿生生活费和发放营养膳食补助）；加大对贫困地区义务教育薄弱学校的扶持，如 2016 年投入贫困地区义务基本教育建设资金 28.74 亿元，占总投入的 55.6%。二是大力推进职教扶贫。支持贫困家庭子女免费接受中职教育，并实现 100% 就业。在全国率先实施中职学校教师特设岗位计划、中职学校教师"非实名制"人事制度改革、校企合作等政策，下放职业院校设置审批权和专业设置审批权限，启动新一轮全区中职学校布局调整和专业结构优化工作，设置若干高职专业和中职专业，开设"巾帼励志班""百川励志班""博世励志班""励志圆梦班"等，基本实现"上学一人、就业一个、脱贫一家"。三是搞好学业就业帮扶。积极推进贫困户家庭学生 100% 纳入国家助学金资助范围，就业帮扶实现两个 100%，对建档立卡的毕业生实施 100% 帮扶，有就业意愿并愿意接受帮扶的建档立卡毕业生 100% 就业。

（五）生态补偿脱贫一批

生态扶贫的扶持对象为居住在生存条件差但生态系统重要、需要保护修复地区的贫困人口，广西积极创造条件，帮助他们通过参与生态环境保护和治理，提高受益水平，加快脱贫步伐。一是在贫困地区深入实施石漠化综合治理、退耕还林等重点生态工程。引导贫困群众发展特色经济林产业，开展贫困地区生态综合补偿试点；加强统筹利用各项生态补偿和生态保护工程资金，特别是在重点生态功能区转移支付资金中专门安排了资金，用于推进生态扶贫工作。二是大力推进贫困人口从事生态公益岗位。引导推进市县安排有劳动能力贫困人口转为生态保护人员，努力为建档立卡贫困人口探索生态脱贫路子，实现脱贫攻坚与生态建设的互相促进。2016 年广西共安排 6579 名贫困人口从事生态护林员、护渔员、护堤员等生态公益岗位，至 2017 年 6 月底，这一数字增加到 31298 人，增长了 53 倍。发展至 2019 年底，全区共创设公益性岗位 2.78 万个，选聘续聘生态护林员 3.74 万名。

（六）医疗救助解困一批

广西贫困人口中因病致贫返贫的人数占有不小比例，每个这样的贫困家庭均有一名以上家庭成员患有各类大病或慢性疾病。广西通过实施健康扶贫工程，针对贫困人口采取源头扶贫、集中救治、慢性病管理、兜底保障等措施，推动健康精准扶贫。一是巩固农村贫困人口医疗卫生保障网。针对农村贫困人口因病致贫、因病返贫的问题，广西多部门联合出台了《健康扶贫攻坚行动计划（2017—2020）》，提出围绕推进健康广西建设，筑牢农村贫困人口医疗卫生保障网，实现人人享有基本医疗卫生服务。通过实行城乡居民基本医疗保险参保缴费补助、提高基本医保和大病保险保障水平、建立健康扶贫商业补助医疗保险、加大医疗救助力度和建立医疗兜底保障机制等措施，突出源头健康扶贫特色。如规定贫困人口参加城乡居民基本医疗保险的，个人缴费部分由财政按个人缴费标准 60% 以上给予补助；参保贫困人口在统筹区域内及经转诊到统筹区域外定点医疗机构就医，住院医疗费用报销比例提高 5 个百分点；大病保险起付线降低 50%，报销比例提高 10 个百分点。二是实行贫困人口"先诊疗、后付费"。从 2016 年起，广西在 15 个贫困县（市、区）试点"先诊疗、后付费"模式，规定参加新农合的贫困人口住院不用交押金，出院只需缴纳个人应承担的医疗费用部分，实在无法付清还可以向医院申请分期付款。贫困人口县域内定点医疗机构逐步全面实行"先诊疗、后付费"和基本医保、大病保险、医疗救助"一站式"综合服务，实现家庭医生签约服务全覆盖。

（七）低保政策兜底一批

截至 2016 年底，广西农村低保对象为 290 万人，其中属于建档立卡的贫困人口 155 万人，占全部低保人口的 53.45%，占贫困人口的 34.29%。广西充分发挥城乡最低生活保障制度在脱贫攻坚工作中的兜底保障作用，积极做好最低生活保障与脱贫攻坚的有效衔接工作，努力做到"应保尽保、按标施保"，不断编密织牢困难群众救助托底安全网。一是推进农村低保与扶贫开发的有效衔接。通过加快政策、对象、保障标准、动态管理、信息数据、主体责任、社会力量和绩效考评等"八个有效衔接"实现农村低保对脱贫攻坚的兜底保障。二是提高保障标准和补助水平。截至 2016 年 12 月底，广西全区农村低保平均保障标准由年初的 2556 元提高到 2982 元，比全国农村低保保障标准高 30 元。广西农村低保资金补助标准逐年提高，2016 年 7 月 1 日起由平均每人每月 125 元提高到 140 元，2017 年提高到 170 元，2018 年 1 月 1 日起提高到 190 元，2019 年 1 月 1 日起提高到 210 元，有条件的地方还可根据本地经济社会发展水平和财力状况，在自治区确定标准的基础上适当提高补助水平。三是实现工作管理机制有效衔接。通过明确部门职责和办理时限，制定部门转介办理程序，建立"一门受理、协同办理"平台和机制。截至 2016 年底，广西 1243 个乡镇（街道办）就已经建立健全了"一门受理、协同办理"工作机制，建立了统一受理社会救助申请的窗口，为困难群众提供"一站式"服务，畅通救助政策"最后一公里"。

（八）边贸政策扶助一批

广西沿边 8 个边境县（市、区）中有 5 个滇桂黔石漠化片区县，其中 3 个又是国家扶贫开发工作重点县。2015 年底，广西沿边贫困人口为 39.3 万人，占广西边境地区总人口的 15%，占广西贫困人口的 8.7%。广西通过实施边贸扶贫工程，积极探索边贸扶贫新路子。以 2016 年为例，广西沿边8个边境县（市、区）外贸进出口达1681.6亿元，占全区外贸的53.1%，同比增长4.1%。边贸发展带动了一批贫困边民增收致富。一是创新边贸扶贫的贸易组织形式。成立边民互助组，组建以1个党支部领航，N个边民互助组、每组成员20人以上，每组吸纳1户贫困户的边境贸易"1+N20+1"扶贫模式，带动边民特别是贫困户发展边境贸易，有效增加边民收入。2016年广西边民互助组发展到552个，参与互市的贫困边民增加近20%。二是创新边贸扶贫的产业发展模式。探索和发展了"边贸+落地加工""边贸+专业市场""边贸+电子商务"等产业扶贫模式。建成龙州、凭祥、东兴3个边贸扶贫产业园，大力推进农副产品、建材、海产品、机电、红木、轻纺服装、跨境电商、旅游和美食文化、互市区一级市场和大型综合零售市场等十大类边贸专业建设，指导边境地区创立电子商务创业基地，边民可以购买互市商品通过电商平台销往全国各地，实现边境贸易、跨境加工与扶贫协作互动发展。三是创新服务边贸扶贫的金融模式。给贫困边民发放免抵押、免担保、5万元以下、三年贴息的扶贫小额贷款。推动银企合作，解决互助组的经营资金问题。互助组的贷款资金既可直接参与边贸获得收入，也可免税额入股分红，同时指导东兴市、凭祥市建设边民互市贸易结算中心，实现边民互市商品的现场交易和结算规范管理。

此外，广西还全力开展"十大行动"，即特色产业富民行动、扶贫移民搬迁行动、农村电商扶贫行动、农民工培训创业行动、贫困户产权收益行动、基础设施建设行动、科技文化扶贫行动、金融扶贫行动、社会扶贫行动、农村"三留守"人员和残疾人关爱服务行动，与"八个一批"协同推进，保障了精准帮扶整体工作质量和脱贫减贫成效。

四 推动工作体制机制创新，强化精准管理精准考核

（一）紧盯重点目标对象，完善精准管理

精准管理，对于及时掌握贫困信息、精确调整帮扶措施、完善脱贫攻坚政策等至关重要。广西始终突出精准要求，不断完善"挂图作战、清单管理、滚动集成、精准摘帽、带奔小康"的精准管理模式，抓好重点目标对象的精准管理。一是精准管理贫困对象。出台了《脱贫攻坚大数据平台建设实施方案》，建设全区统一高效的脱贫攻坚大数据管理平

台，实现自治区、市、县、乡、村区级扶贫系统数据大集中。二是精准管理扶贫资金。出台了财政专项扶贫资金管理办法及绩效考核管理试行办法、"十三五"全区脱贫攻坚财政投入稳定增长机制、易地扶贫搬迁项目建设资金筹措使用、支持贫困县开展统筹使用财政涉农资金试点等政策措施，抓好财政扶贫资金的投入、分配、使用、管理和监督。三是精准管理扶贫重点项目。重视加强对扶贫项目的前期论证、评估和审批，以及扶贫项目实施进度、质量、资金到位情况和规范使用情况等方面的跟踪监测，确保扶贫项目顺利实施并取得预期效益或倍增效益。四是精准管理扶贫档案。在全国率先出台精准扶贫档案管理试行办法，成功打造了马山、陆川、平南、邕宁、上林、田阳、龙州、金秀、都安等9个示范点，有力推进了精准扶贫档案精细化、程序化管理。

（二）细化责任加强督导，严格精准考核

精准考核，是检验帮扶政策落实是否到位、帮扶措施是否奏效、脱贫成果是否真实的重要法宝。广西实行非常严格的扶贫考核评估，加强对脱贫攻坚各领域各环节的精准考核。一是完善脱贫摘帽标准及脱贫程序。围绕"两不愁三保障"和年人均纯收入的贫困标准，广西进一步细化了脱贫指标和脱贫程序，制定了贫困户"八有一超"、贫困村"十一有一低于"、贫困县"九有一低于"的脱贫摘帽退出标准，在脱贫程序上采取由帮扶责任人和贫困户"双认定"脱贫相结合的方式。通过抓好"严标准、严计划、严程序、严评估、严销号"，实现严格脱贫、精准脱贫。二是层级建立脱贫攻坚责任制。建立"区负总责、市抓协调、县为主体、乡村落实、部门配合"的工作机制，层层签订"责任状"，设立若干专责小组，合力推进脱贫攻坚。三是加强工作督导。自治区组建2个督查组，每周到县乡村进行督查暗访，形成专报分别报自治区党政主要领导和有关领导，推广好的经验和做法，对存在问题进行通报、限期整改、适时回访，在年底贫困县考核中扣减平时成绩。四是加强对市、县年度扶贫开发成效的考核。出台了设区市党委和政府扶贫开发工作成效考核办法，除了按要求接受国家组织的第三方评估和省级交叉考核外，自治区每年还聘请科研院所、专业机构等第三方机构进行评估，形成了扶贫考核倒逼机制。

五 集中力量重点突围，加快深度极度贫困地区脱贫步伐

一是做好深度极度贫困状况的监测研判。2018年，广西督促抓好以贺州"土瑶"聚居区为攻克深度贫困堡垒突破口的示范建设，排查出全区范围内40个类似"土瑶"的人口较少少数民族聚居深度贫困村，并且对4个深度贫困县和445个贫困发生率在30%以上的深度贫困村开展了"解剖麻雀"式调研，因地制宜制定脱贫攻坚措施。

二是加快完善联动工作机制。建立了攻克深度极度贫困的组织保障机制，每个深度贫困县、乡、村对应一位自治区、市、县负责同志挂点联系，深度贫困县政府分管扶贫工作的负责同志专职抓扶贫。建立了财政投入稳定增长机制，自治区财政专项扶贫资金新增额度和涉农资金新增部分50%以上投向深度贫困地区，其中2019年全年切块下达深度贫困地区财政专项扶贫资金56.48亿元，同比增长50.7%。

三是深化强弱项补短板工作成效。结合"四大战役""五场硬仗""五大专项行动"的持续推进，广西集中兵力补齐深度极度贫困"两不愁三保障"突出短板。2019年累计投入16.4亿元实施学校建设改造，全面落实基本医疗"198"政策，完成5315户贫困户危房改造，解决2.64万贫困人口饮水安全问题。因地制宜加快发展油茶等长线产业，推动深度贫困地区产业覆盖率达94.7%，比全区高1.8个百分点。

四是稳步实施深度极度贫困脱贫摘帽计划。广西在确定20个深度贫困县、30个深度贫困乡镇、1490个深度贫困村的基础上，进一步确定4个极度贫困县、100个极度贫困村和1.02万户极度贫困户，出台针对性的专项支持政策，并着手研究制定《决战极度贫困地区脱贫攻坚支持政策》，每年额外安排每县5000万元、每村200万元并增派1名以上驻村工作队员，集中力量攻克深度极度贫困堡垒。2017—2019年，广西深度贫困地区累计实现141.7万人脱贫、972个深度贫困村出列，其中2019年实现48.66万人脱贫、749个深度贫困村出列，预计12个深度贫困县摘帽。

五是决战决胜深度极度贫困堡垒。2020年是全面建成小康社会的收官之年，广西进一步集中攻克深度极度贫困堡垒，对大化、都安、隆林、那坡4个极度贫困县，乐业、罗城、融水、三江4个深度贫困县，靖西、

环江等7个贫困人口在5000人以上的县（市），以及138个贫困发生率在5%以上的贫困村实行挂牌督战、全程督战。持续推进"四大战役""五场硬仗"，全面解决"两不愁三保障"突出问题，全面完成剩下的24万贫困人口脱贫、660个贫困村出列和8个贫困县摘帽任务，着力巩固脱贫成果，确保深度极度贫困地区与全区全国同步实现全面小康目标。

第三节 脱贫攻坚取得显著成效

为加快全区脱贫攻坚步伐，广西多管齐下，多措并举，加大投入，从自治区到县每年按照10%—20%的增长比例安排投入财政扶贫资金，各行业、各部门资金及财政涉农资金重点向脱贫攻坚倾斜。据统计，2016—2019年，全区共落实自治区、市、县三级财政专项扶贫资金291.8亿元，整合财政涉农资金616.87亿元。其中，2019年投入财政专项扶贫资金97.68亿元（自治区53.52亿元、市级20.37亿元、县级23.79亿元），同比增长11.47%；54个贫困县统筹整合涉农资金130.17亿元，同比增加4.47亿元，夯实了脱贫攻坚的资金保障，大力推动全区的脱贫攻坚进程，不断取得新突破新成效。

一 贫困人口总量大幅度减少

2012—2018年，广西全区累计减少农村贫困人口825万人，年均减贫117万人，贫困发生率从2012年的18.0%下降到2018年的3.7%。2016—2018年，广西连续三年在省级党委和政府脱贫攻坚成效考核中获得"综合评价好"的等次，位列全国第一方阵。其中，2018年，全区实现116万建档立卡贫困人口脱贫、1452个贫困村出列、14个贫困县（含9个国定贫困县）脱贫摘帽。

二 贫困地区农民收入稳步提高

广西通过建立财政专项扶贫资金投入稳定增长机制，促使扶贫投入成倍增长；出台金融扶贫支持脱贫攻坚系列政策文件及措施，不断加大金融扶贫力度，改善了贫困地区农民生产生活条件，促进贫困地区农民收入稳步提高。国家统计局广西调查总队监测统计数据显示，2017年广

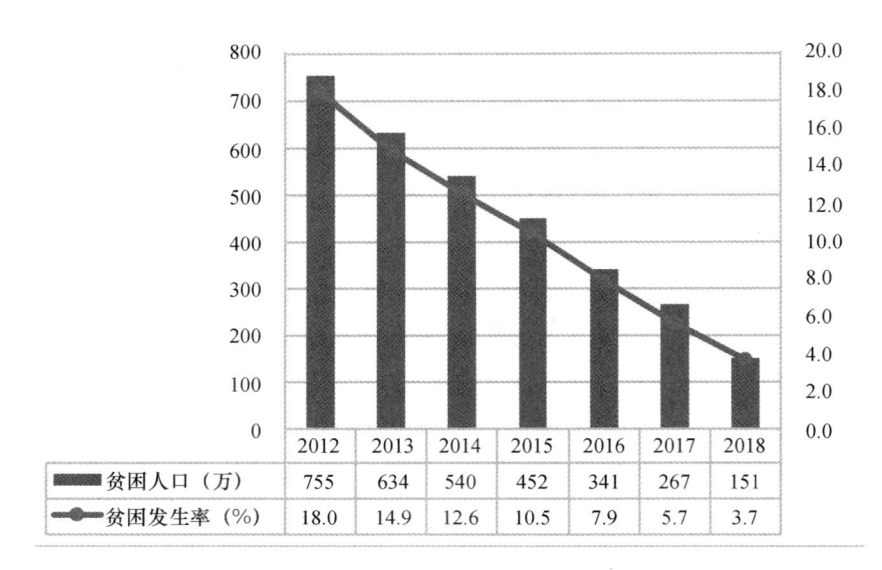

年份	2012	2013	2014	2015	2016	2017	2018
贫困人口（万）	755	634	540	452	341	267	151
贫困发生率（%）	18.0	14.9	12.6	10.5	7.9	5.7	3.7

图 2-1　2012—2018 年广西农村贫困人口及贫困发生率变化情况

资料来源：根据广西壮族自治区扶贫办历年统计数据整理。

西贫困地区农村居民人均可支配收入为 9717 元，比 2012 年增加 4217 元，增长 76.6%，年均增长 12%；贫困地区农村人均可支配收入与广西全区

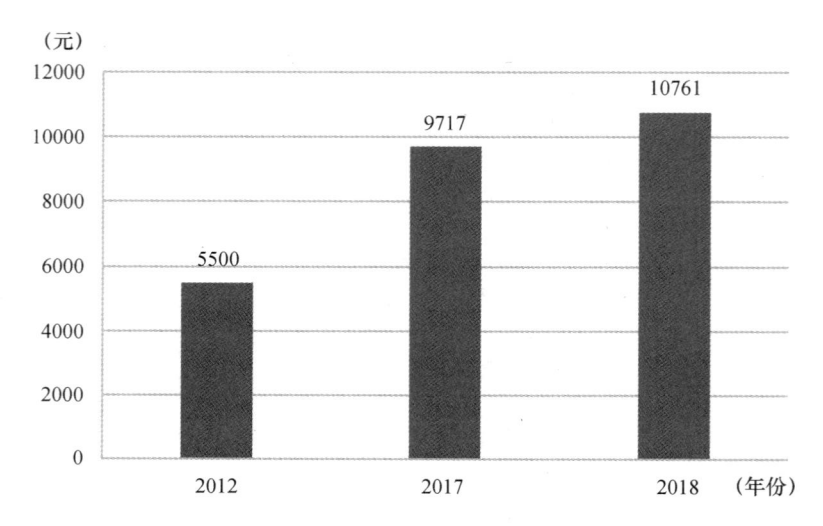

图 2-2　2017—2018 年广西贫困地区农村居民人均可支配收入变化情况

资料来源：国家统计局广西调查总队。

农村居民人均可支配收入比值从 2013 年 0.8∶1 提高至 2017 年的 0.86∶1。2018 年，广西贫困地区农村居民人均可支配收入 10761 元，比上年名义增长 10.7%，扣除价格因素，实际增长 8.3%。

三 基础设施条件明显改善

广西把夯实基础设施建设作为全区脱贫攻坚的基础性工作，集中人力、物力、财力在集中连片贫困地区组织实施了一系列基础设施建设大会战和"整村推进"扶贫工作，不断加大基础设施建设投入力度，进一步加强以水、路、电、房、校、基本农田等为重点的基础设施建设，全区建制村通畅率达 99.8%。2017 年，政府债券又投入 44.5 亿元，用于 20 户以上自然村（屯）屯级道路建设，建设村屯道路 8442.8 公里，2018 年底实现全区全部 20 户以上自然村（屯）通路；水利设施攻坚成效明显，全区累计已解决饮水困难贫困人口 430 多万人；住房保障水平稳步提升，建档立卡贫困户危房改造户均补助标准提高到 2.65 万元；广播、电视村村通工程覆盖全区所有 5000 个贫困村。2019 年，广西全面打响了义务教育、基本医疗、住房安全"三保障"和饮水安全"四大战役"，促进解决"两不愁三保障"突出问题，其中饮水安全方面，截至 2019 年底，建成饮水安全工程 4253 处、受益总人口 177 万人，排查出 7.2 万名贫困人口饮水安全问题，并已全部解决。

四 扶贫产业发展成效显著

广西始终坚持把产业发展作为实现贫困县、贫困村、贫困户脱贫摘帽和稳步增收的根本之策，促进贫困村稳定增收的产业基本形成并基本覆盖贫困农户。经过几年发展，贫困县、贫困村特色种植业、养殖业规模不断扩大，农产品加工业附加值不断提高，乡村旅游游客接待量和旅游消费稳步增长，电子商务进农村工作加快推进。全区构建起"县有扶贫支柱产业、村有扶贫主导产业、户有增收致富项目"的产业扶贫大格局。发展至 2019 年底，全区县级"5+2"、村级"3+1"特色产业覆盖率达 92.92%，累计带动 252 万贫困人口脱贫；精准扶贫新业态表现突出，建成村级光伏电站 2323 个，乡村旅游带动 150 个贫困村（屯）的贫困人口脱贫，电商销售贫困户农副产品 5.62 亿元并带动 7.37 万贫困人口就业，消费扶贫累计销售贫困地区农副产品650多亿元并带动100多万贫困人口创收，"广西好嘢"品牌打造力度持续加大，百色杧果、融安金橘等6个品牌入选首批中国农业品牌目录。

五 贫困村村集体经济加快发展

自治区专门成立发展壮大村集体经济工作领导小组，出台《关于加快贫困村村级集体经济发展指导意见》等文件，对贫困县、贫困村实施的集体经济发展项目在财政、税收、融资、用地、用电等方面予以政策扶持，不断促进村集体经济发展壮大。截至2017年底，全区村集体经济收入达到2万元以上的贫困村共3168个，占贫困村总数的63.4%；2017年已脱贫的贫困村集体经济收入都达到2万元以上。截至2018年9月底，全区收入在2万元以上、3万元以上、5万元以上的贫困村分别达到3371个、2844个、1446个，占全部贫困村的比重分别为67.42%、56.88%、22.92%。发展至2019年底，全区所有贫困村村级集体经济收入都超过了4万元。

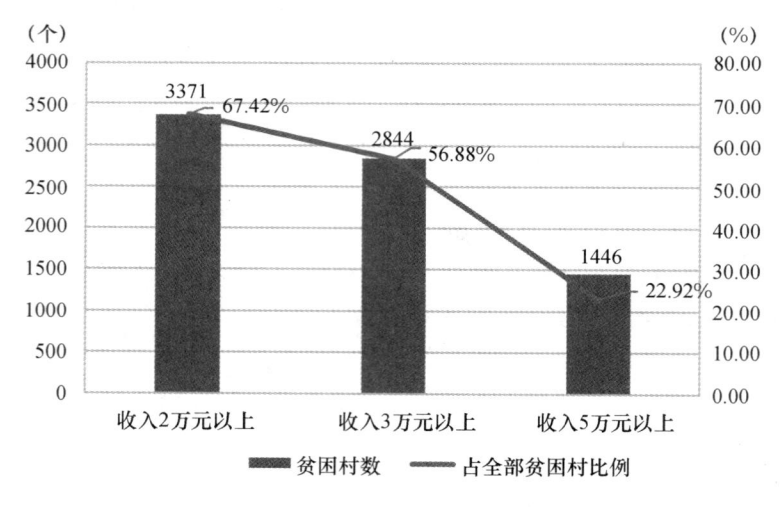

图2-3 2018年9月底广西贫困村村集体经济收入情况

资料来源：广西壮族自治区扶贫办。

六 易地扶贫搬迁稳步推进

从2014年开始，广西全面启动新的易地扶贫搬迁工作，原计划"十三五"时期搬迁 100 万建档立卡贫困人口,后来根据实际调整为 71 万。2017 年以后,自治区先后出台《关于加强贫困地区整屯(自然村)搬迁工作的意见》《关于加强易地扶贫搬迁后续产业发展和就业创业工作的指导意见》等规范性文件,落实产业发展和就业创业扶持资金,抓紧推动特色产业、农林加工业等 7 个方面扶持政策的落地,不断完善全区易地扶贫搬迁政策体系。同时,持续强力推进搬迁移民群众的后续扶持和发展工作,将后续脱贫产业和就业扶持工作与安置住房建设同步规划、同步实施、同步推进,切实巩固脱贫成果。发展至 2019 年底,全区计划搬迁的 71 万贫困人口已全部完成搬迁任务,实际入住人数为 70.74 万人,入住率达 99.62%。为确保搬迁群众实现从"搬得出"到"稳得住、能脱贫",自治区累计投入 36.2 亿元,帮助 29.77 万搬迁劳动力实现就业;建立安置点党组织 378 个、自治组织 682 个、配套组织 1266 个,助力解决搬迁群众的社区适应、社会融入等难题。

七 贫困人口转移就业人数大幅增加

广西全面落实各项优惠政策,不断加强贫困劳动力的技能培训,深化粤桂劳务协作,通过加大职业技术和就业培训、技校结对帮扶、安排公益性岗位、创办扶贫车间等措施大力推进就业转移。持续强化技能扶贫,大力推进贫困地区职业技能培训全覆盖,抓好结对帮扶贫困家庭"两后生"精准职业培训,帮助贫困劳动力稳定就业。据统计,2012—2016 年,全区贫困地区实现转移就业新增 339.7 万人次。2016—2019 年,累计实现贫困劳动力就业 201.78 万人,其中 2019 年实现就业 36.63 万人。至 2019 年底,全区创设公益性岗位 2.78 万个,选聘续聘生态护林员 3.74 万名,让更多贫困人口获得生态扶贫带来的实惠。累计认定就业扶贫车间 2665 家,吸纳贫困人口 2.9 万人;培育贫困村创业致富带头人 1.98 万人,带动贫困户 4.63 万户。此外,全区还开展了走访农村返乡人员活动,动员返乡人才留乡创业就业。

八 教育扶贫作用凸显

广西不断建立和完善教育精准帮扶机制,帮扶干部结对帮扶贫困户学生,使适龄小学生入学率达到 99% 以上;全面改造农村村舍,完善农村义务教育经费保障机制,实现义务教育免学杂费,确保因学致贫得到精准帮扶。实施教育帮扶八大计划,安排专项资金,新建、改建或扩建贫困地区薄弱幼儿园及中小学校;实施学前入园补助金、义务教育"两免一补"政策、普通高中和中职学生资助政策、高校奖助学生政策,全面建立从学前教育到高等教育全覆盖、无缝对接的贫困生入学资助体系,确保不出现因贫辍学;严格落实控辍保学工作责任机制,建立控辍保学"双线四包"工作机制和"三级联动"防护网络,切实提高义务教育巩固水平。2019年,广西结合"四大战役"完善义务教育保障,截至当年底,投入建设义务教育学校资金35.9亿元,发放教育补助资金17亿元,补充义务教育阶段教师2.4万名;排查出1479名义务教育阶段失学辍学的贫困户适龄子女,成功劝返1425名。

九 因病致贫返贫得到有效缓解

广西不断加大贫困人口医疗保障力度,出台并完善健康扶贫政策及措施。取消住院基金起付标准,提高住院报销比例,落实贫困人口待遇就高不就低政策,落实贫困人口大病保险起付线降低50%,报销比例提

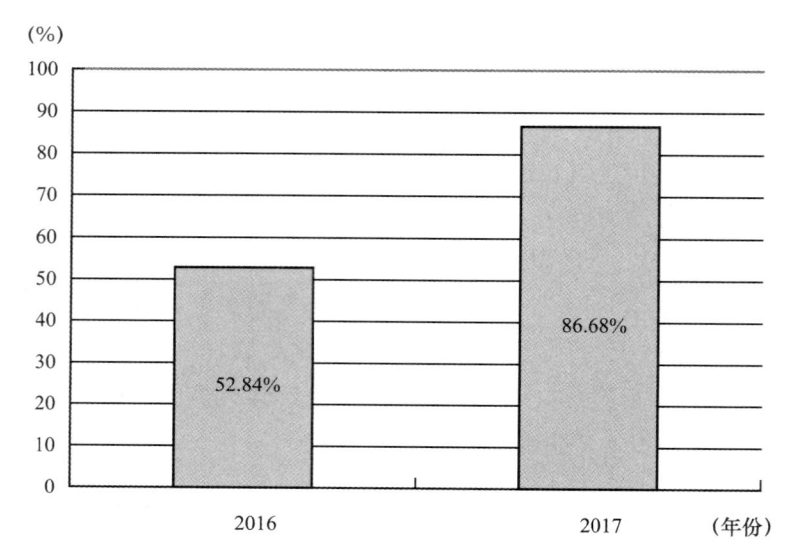

图 2—4 2016—2017年广西全区贫困人口住院费用实际报销比例

资料来源:广西壮族自治区扶贫办。

高 10 个百分点和二次报销制度。2017 年以来，全区签约医生服务覆盖所有贫困人口，为防止因病致贫或返贫提供了有力抓手。2018 年，自治区人民政府出台了《进一步加强健康扶贫工作若干措施》，明确要加大医疗救助倾斜力度，将所有符合医疗救助条件的建档立卡贫困人口纳入医疗救助范围。自治区财政不断加大资金筹措力度，2018 年累计筹措医疗救助资金 16.4 亿元，较 2017 年筹措的 8.08 亿元增加 8.35 亿元，增幅达 103%，其中 2.6 亿元专门用于对全区 20 个深度贫困县、14 个 2018 年计划脱贫摘帽县农村贫困人口进行医疗救助。2019 年，广西在推进"四大战役"中完善基本医疗保障，截至当年底，排查出的 3.2 万名未参保贫困人口已经全部参保，家庭签约医生服务、"一站式"结算等政策全面落实，医疗报销比例达到规定要求。

十 "三非"支持工作创新开展

广西出台帮扶方案，做好对扶贫开发任务重的非贫困县、非贫困村、非贫困户中生活困难人员的帮扶工作，共确定了 8 个扶贫开发工作任务重的非贫困县、200 个贫困人口较多的非贫困村和 1.05 万户生活比较困难的非贫困户，每年每县额外安排 2000 万元、每村 100 万元支持"三非"改善贫困状况，确保全面脱贫质量。

第三章

加强基础设施建设

完善基础设施建设是贫困地区摆脱贫困的基础条件,也是确保可持续发展、实现美好生活的必然要求和基本的民生保障。贫困地区基础设施主要包括交通设施、水利设施、电力通信设施、文化娱乐设施、环境保护设施、医疗卫生和教育设施等。[①] 广西地处西南喀斯特地区,山地丘陵多、平原盆地少,贫困区域多集中在深山区、石山区、高寒山区、偏远山区,基础设施建设投资成本高,建设难度大,基础设施建设总体滞后。改革开放以来特别是我国实施开发式扶贫战略以来,广西历届党委、政府高度重视贫困地区基础设施建设,着力改善贫困地区和贫困群众生产生活条件,在全国首创了基础设施建设大会战等先进经验,通过推进一系列基础设施建设大会战和建设项目,使贫困地区基础设施面貌发生了翻天覆地的变化,为决胜脱贫攻坚实现全面小康奠定了坚实的基础。

第一节 广西推进贫困地区基础设施建设历程回顾

自20世纪80年代中期,我国开始大规模实施有组织、有计划的扶贫开发,从八七扶贫攻坚阶段到扶贫开发新阶段,再到决胜全面小康的脱贫攻坚战,自治区党委、政府按照国家总体战略部署,立足广西区情,始终把基础设施建设作为各阶段扶贫工作的重要内容,探索不同的基础设施建设形式,推进贫困地区基础设施建设不断取得新成效新突破。

---

① 张国防:《脱贫攻坚与贫困地区基础设施建设》,《开发研究》2018年第3期。

一 大规模扶贫开发阶段：以工代赈改善基础设施，促进群众增收

从1985年至1993年，这一时期我国开始探索有组织、有计划、大规模的扶贫开发。1986年3月，根据中央精神，自治区党委、自治区人民政府成立了扶贫工作领导小组，加强对扶贫工作的领导。1992年2月，自治区党委、政府作出了《关于"八五"期间扶贫开发工作的决定》，要求进一步扶持革命老区、大石山区、边境地区、水库淹没区发展，争取在"八五"期间基本解决这些地方群众的温饱问题。为实现"八五"期间的扶贫开发工作目标，自治区党委、政府集中力量打好解决温饱的攻坚战，帮助群众解决"两缺"（缺粮、缺钱）、"两难"（吃水难、交通难）问题。这一时期，主要采取"以工代赈"的方式在广西贫困地区开展基础设施建设。据统计，从1986年至1993年，广西共得到国家安排的以工代赈资金7.62亿元。[1] 以工代赈模式是通过组织领导贫困地区农民投工而给予物质"赈济"，物质和配套资金由各级计委直接下达，商业部门供应粮食和工业品，人民银行具体办理核销，国家供应的物质和区内配套的资金都落到基础设施项目建设上。以工代赈既解决了贫困地区交通、能源等基础设施建设资金缺乏问题，又为贫困地区群众提供短期就业机会，有效增加农民收入。据统计，1985年至1993年间，全区通过以工代赈建成等级公路、机耕路、马驮路1314条11000多公里；修建人畜饮水工程7800处，建成水池230座，基本农田建设500多万亩；实现了乡乡通等级公路、乡乡通电的目标，600多万人受益；改善了200多万人和150万头大牲畜的饮水困难，400多个村20多万农户用上了电。[2]

二 八七扶贫攻坚阶段：启动基础设施大会战，夯实扶贫攻坚基础

自1994年到2000年间，是我国八七扶贫攻坚阶段。《国家八七扶贫攻坚计划（1994—2000年）》提出用7年左右的时间，通过采取一系列扶贫开发措施，力争到2000年末基本解决8000万农村人口的温饱问题。自

---

[1] 张振东：《以工代赈在广西扶贫开发中的作用》，《计划与市场探索》1995年第3期。
[2] 蒙汉明：《改革开放时期广西扶贫开发工作回顾》，《广西教育学院学报》2015年第5期。

治区党委、政府随后出台的《广西实施〈国家八七扶贫攻坚计划〉方案》提出，以贫困村为主战场，以解决农村贫困人口温饱问题为中心，开展基础设施建设工作。自1997年开始，自治区先后组织开展贫困地区基础设施"十大会战"，即人饮工程、茅草房改造、村级道路建设、村村通电、村村通广播电视、改善行政村办学条件、完善村级医疗卫生条件、石山地区低头水柜建设、万屯道路等系列工程建设。在4年大会战期间，贫困地区基础设施建设取得了突破性进展，全区兴建饮水工程15万多处，430多万群众解决了"饮水难"；修建村屯道路近3万公里，1万多个屯2800多个村委会通车；30多万人、7万余户告别茅草房，住上了瓦房；近1000个村架通了输电线路；5000多个村新建广播电视地面接收站，近200万群众听到广播、看到电视；此外，还修建了村级卫生室1000多个，修建地头水柜、山塘、水塘近28万座，兴修灌溉农田水利，新增旱地灌溉面积50万亩。[①]

三 扶贫开发新阶段：整村推进综合治理，掀起基础设施大会战高潮

随着《中国农村扶贫开发纲要（2001—2010年）》的出台，广西针对新时期贫困人口大分散、小集中的分布格局，把扶贫工作重心放到村一级，确定了4060个贫困村为扶贫开发工作重点村，整体推进贫困村和特困区域扶贫开发。自2003年起，自治区党委、政府以贫困村扶贫规划为载体，采取整村推进的综合治理方式，分三批实施4060个贫困村扶贫开发工作，集中力量改善4060个贫困村基础设施条件和生产生活状况。到2006年底，全区1731个首批"整村推进"贫困村中，有1562个村实现了村委会所在地通道路的目标，占总数的90%；有139个村实现所有自然村（屯）通道路目标，占80%；有1544个村实现沼气室入户率目标，占89%；有1323个村解决饮水难问题，占76%；有1534个村建有村委会办公用房，占89%；有1463个村建有卫生室，占85%；有1460个村建有计生室，占84%；有1588个村的村委会所在地开通程控电话，

---

① 蒙汉明：《改革开放时期广西扶贫开发工作回顾》，《广西教育学院学报》2015年第5期。

占 92%。

与此同时，特殊贫困地区的基础设施建设进入会战高潮。全区汇聚人力财力物力，重点解决革命老区、民族地区、边境地区等特困区域基础设施薄弱问题。2000 年 8 月，自治区积极响应国家民委关于实施兴边富民的倡议，用两年多的时间，在边境地区 8 个县（市、区）开展基础设施建设大会战，共投入资金 21.61 亿元，在交通、教育、卫生、电力、通信、广播、电视等方面为群众办了 24 件好事，建设项目达 1.85 万个，广西 8 个边境县的基础设施状况发生巨大变化，边境地区贫困群众生产生活条件明显改善，边境地区贫困群众住茅草房、点煤油灯、走羊肠小道逐渐成为历史。[1]

2003 年，为改善东巴凤革命老区经济社会落后面貌和革命老区群众生产生活状况，自 2003 年 4 月起，广西用两年时间，投入资金 22 亿元，开展东巴凤基础设施建设大会战，顺利实施了涉及交通、教育、卫生、计生、文化、广播电视、水利和人畜饮水、电信、电力、市场等 12 类 34 项工程、7.5 万多个项目的建设任务，极大改善了东巴凤三县基础设施状况和群众生产生活条件，使东巴凤扶贫裂变效应不断凸显，为群众脱贫致富、建成全面小康奠定坚实的基础。

2007 年，自治区集中 16.25 亿元资金（其中中央专项资金 45930 万元、部门专项资金 44560 万元、自治区财政配套资金 34913 万元，银行贷款 37140 万元）分三个阶段开展了少数民族聚居的大石山区五县（都安、大化、隆安、马山、天等）基础设施建设大会战。项目建设涉及交通、水利及人畜饮水、教育、卫生、人口计生、文化、广播电视、体育、县城环境治理、基层政权设施、政法设施、农村能源、电力、电信、市场建设项目等方面。[2]

2008 年 5 月开始，全区又集中力量实施桂西五县（凌云、乐业、田林、西林、隆林）基础设施建设大会战，全面推进交通、水利、教育、

---

[1] 区桂轩：《把握新时期民族工作的主题　大力推进民族团结进步事业——广西加强民族地区基础设施建设的实践与思考》，《当代广西》2006 年第 22 期。
[2] 广西壮族自治区人民政府《关于印发广西壮族自治区大石山区五县基础设施建设大会战实施方案的通知》（桂政发〔2017〕2 号）。

文化、卫生等一大批基础设施项目。① 南宁、柳州、玉林、防城港等市也利用大会战的方式，共筹集资金 12 亿元对本辖地的特困山区、特困乡村开展基础设施建设大会战，有效地改变了这些区域的落后面貌，加快了全区扶贫开发的进程。

总之，"大会战模式"成为新阶段广西扶贫开发的重大创新举措，为整合资源、集中力量解决区域性或整体性难题提供了较好借鉴，被誉为"德政工程、民心工程"，得到中央领导的充分肯定。系列基础设施大会战的吹响和告捷，使广西扶贫开发取得更为显著的成效。这一时期，广西农村贫困人口从 2000 年的 800 万人下降到 388 万人，贫困村农民人均纯收入从 1058 元增加到 3037 元。贫困村通公路率达到 96%，通电率达到 99.5%，通电话率达到 99.8%，适龄小学生入学率达到 99% 以上，农村参加新型农村合作医疗率达到 90% 以上，广播电视综合覆盖率达到 90% 以上，修建人畜饮水工程 3.8 万多处，1064 万农村人口解决了饮水安全问题，改造贫困农户茅草房或危房 10 万多户。②

总而言之，经过这一时期大规模基础设施建设的投入，广西贫困地区群众生产生活条件大幅提升，为下一步打赢打好脱贫攻坚战，实现与全国同步迈入小康社会目标打下了坚实的基础。值得一提的是，在推进基础设施建设过程中，广西首创的大会战模式集中力量突破连片地区基础设施建设滞后的问题，对于经济欠发达、财力不足的地区而言，不失为解决部分连片地区基础设施落后问题的一剂良方，也为我国扶贫开发模式的创新贡献了先进经验和可复制推广的模式，得到普遍认可，产生了良好的社会效益和社会影响。

第二节　广西脱贫攻坚阶段推进基础设施建设情况

党的十八大以来，以习近平同志为核心的党中央高度重视扶贫开发

---

① 蒙汉明：《改革开放时期广西扶贫开发工作回顾》，《广西教育学院学报》2015 年第 5 期。

② 同上。

工作，从国家层面作出了一系列重要部署，自治区党委、政府贯彻落实中央部署，确定新一轮扶贫攻坚主战场为集中连片特困地区、扶贫开发工作重点县、贫困村，扶贫资金和扶贫项目大力向这些地方倾斜，继续推进基础设施建设和公共服务设施建设、扶贫产业发展、贫困群众能力培养，进一步提升贫困地区生产生活条件、提升自我发展能力。2010年到2014年间，广西全区有1.0857万个村通沥青（水泥）路，建制村通沥青（水泥）路率由2010年底的58.5%提高到75.6%；750.34万农村居民和农村学校师生饮水安全问题得到解决；安装59.32万套广播电视直播卫星接收设备，近200万各族群众能听到广播，能看到电视，成为全国第一个提前完成"十二五"村村通工程建设任务的省（区）；扶持49.05万贫困农户开展危房改造，建成沼气池24万座；5万多人完成扶贫易地搬迁。

2015年11月，中共中央、国务院颁布《关于打赢脱贫攻坚战的决定》，这成为指导新时期脱贫攻坚的纲要性文件。同年12月，自治区党委十届六次全会作出了《坚决打赢"十三五"脱贫攻坚战的决定》，确定"八个一批""十大行动"作为全区未来五年开展精准扶贫的主要举措，这其中，基础设施建设就被列为其中一项重要行动。2016年以来，自治区党委、政府坚持把脱贫攻坚作为全区第一民生工程来抓，把贫困地区基础设施建设纳入贫困户、贫困村、贫困县脱贫摘帽的先决条件和硬性指标，促进贫困地区基础设施水平稳步提升。

一 实施道路通村畅乡工程，强化脱贫交通保障

在交通方面，全区加快实施交通扶贫行动，打通农村公路"毛细血管"，提高贫困地区道路安全通行保障能力。自2016年2月，自治区人民政府办公厅印发《脱贫攻坚交通基础设施建设实施方案》（桂政办发〔2016〕9号）后，全区加快54个贫困县（含"天窗县"和享受待遇县）、5000个贫困村交通基础设施建设力度，以通建制村水泥路建设为重点，统筹推进自然村（屯）公路、县乡道联网路、窄路拓宽、安防工程、危桥改造、通客车工程等农村公路项目建设，畅通贫困地区公路"毛细血管"，破解阻碍贫困地区发展的"牛鼻子"问题。截至2018年12月31日，全区共有建制村（不含居委会等建制村级单位）14229个，其中通硬

化路 14225 个，通硬化路率 99.97%；通客车 12990 个，通客车率 91.3%。2019 年，全区启动实施"四建一通"工程（即乡乡通二级或三级公路建设工程、农村公路安全生命防护建设、"畅返不畅"整治建设工程、建制村窄路拓宽改造建设工程，建制村通客车工程）和"四好农村路"高质量发展工程，确保到 2020 年底，全区所有具备条件建制村全部通客车，[1] 为脱贫攻坚和乡村振兴有效衔接创造便捷安全的交通保障。

二 实施安全饮水工程，提高饮水保障能力

在水利方面，全区加快实施农村饮水安全巩固提升工程、"五小水利"工程、节水灌溉工程、防洪抗旱减灾工程、水土保持综合治理工程、排水设施工程，特别把农村安全饮水工程作为全区全力打好脱贫攻坚"五场硬战"中基础设施硬仗的重要内容，并纳入贫困县、贫困村、贫困户脱贫摘帽核验的主要指标之一。数据统计显示，2016—2017 年全区累计完成农村安全饮水工程总投资 22.82 亿元，工程受益总人口 285.5 万人，同步解决了 67.4 万建档立卡贫困人口的饮水问题。至 2017 年底，全区农村集中供水率达到 82.6%，农村自来水普及率达到 79.9%。2018 年 11 月，自治区专门下发通知，决定从 2018 年 11 月至 2019 年底，投资 24.66 亿元，在南宁、柳州、河池、百色、来宾、崇左 6 市 30 个县开展大石山区农村饮水安全巩固提升工程建设大会战，通过新建家庭水柜、改造水柜、新建集中供水工程、改造集中供水工程等方式，解决 94.94 万人的饮水安全问题，其中新建家庭水柜 2.2 万多处、受益人口 10.56 万人，改造家庭水柜 1.47 万处、受益人口 13.2 万人；新建集中供水工程 2344 处、受益人口 44.74 万人（含集中水柜工程 376 处，受益人口 9.91 万人），改造已建集中供水工程 1253 处、受益人口 26.44 万人；对无净化消毒设备的家庭水柜全面配套净化消毒设备，无盖水柜全部加盖。[2] 大会战任务全面完成后，全区大石山区饮水安全问题得到全面解决，群众饮

---

[1] 《广西壮族自治区关于乡镇和建制村通硬化路通客车情况公示》，2019 年 5 月 24 日，广西壮族自治区人民政府门户网站（http://www.gxzf.gov.cn/gggs/20190524-749545.shtml）。

[2] 《广西开展大石山区饮水安全大会战，总投资 24.66 亿元》，2018 年 11 月 26 日，广西新闻网（http://www.gxnews.com.cn/staticpages/20181126/newgx5bfb251a-17837230.shtml）。

水保障水平显著提高,为决胜脱贫攻坚,全面建成小康社会提供有力保障。

三 实施公共文化体系建设,提升文化基础设施水平

针对贫困地区村级公共文化服务基础设施薄弱,公共文化服务难以有效供给的实际,自治区按照"一栋综合楼、一个戏台、一个科普宣传文化墙(栏)、一个篮球场、一支文艺队、一支篮球队"的"六个一"标准,建设贫困村公共服务中心。2016年至2018年6月,全区完成新建、改建村委会办公场所1180个,村委会宣传栏1566个,行政村篮球场、文化室及戏台共3313个,全区贫困地区文化基础设施水平明显提升。在电网建设方面,实施贫困地区新一轮农村电网改造升级工程,农网投资计划重点向贫困地区尤其是深度贫困地区倾斜。2016—2018年间,全区下达19个贫困县农村电网改造升级建设投资分别达24.3亿、19.5亿、16.4亿元。2017年底,脱贫摘帽贫困县、贫困村、贫困户已基本实现"有电用"目标,农户家庭通电率达99.96%;在信息网络设施方面,截至2018年6月,全区实现14200个行政村通宽带,通宽带率达到99.8%,其中贫困村有4900个通宽带,占贫困村的99.6%,全区有12600多个行政村实现光纤通达,行政村通光纤率达88.8%。[①]

四 实施教育医疗设施建设,提高基本公共服务水平

教育和医疗扶贫是脱贫的治本之策。精准脱贫开展以来,自治区按照中央突出解决"两不愁三保障"的指示精神,在义务教育保障和基本医疗保障方面持续发力,着力补齐贫困地区义务教育办学条件、医疗卫生机构建设的短板。在教育设施建设方面,支持贫困地区改善办学条件,加快"薄弱学校"的改造力度;在贫困地区新建、改扩建一批寄宿制学校,有效解决"大通铺""大班额"的问题;支持符合条件县区、乡镇加快建设中心幼儿园,到2020年,基本实现贫困地区公办乡镇中心幼儿园

[①] 广西壮族自治区扶贫开发办公室《广西脱贫攻坚"十三五"规划中期评估报告》,2018年。

全覆盖。在医疗设施建设方面，改善贫困地区医疗卫生机构设施条件，全面建立标准化的乡镇卫生院、村卫生室，配置必备的医疗设备，完善疫病疾病防控防治体系。2016年，自治区颁布实施《广西基层医疗卫生机构能力建设行动计划（2016—2020年）》（桂政办发〔2017〕185号），决定在"十三五"期间投入164.7亿元全面建立标准化的乡镇卫生院、村卫生室，配置必备的医疗设备，改善贫困地区医疗卫生机构设施条件。2019年，对标中央要求，自治区再次聚焦"两不愁三保障"的基本要求，出台《义务教育、基本医疗、住房安全"三保障"和饮水安全"四大战役"实施方案》，明确要全力打好义务教育保障、医疗卫生保障、住房安全保障、饮水安全"四大战役"，继续加强乡镇寄宿制学校和村级小规模教学点建设，改善贫困地区义务教育学校办学条件，并加快未达标县乡村医疗机构标准化建设。

五　加快实施危房改造，提升住房保障水平

住房安全有保障是贫困人口脱贫的基本要求和核心指标，直接关系贫困人口的脱贫质量。2016年、2017年，全区完成农村危房改造28.14万户，解决110多万贫困群众的安全住房需求。[①] 2019年，自治区出台《义务教育、基本医疗、住房安全"三保障"和饮水安全"四大战役"实施方案》把住危房的建档立卡贫困户全部纳入2019年农村危房改造计划，落实补助资金，规范项目建设，严格按照改造一户、销档一户的工作要求，全面解决贫困户住房安全问题。针对少数民族聚居村寨危房鉴定不全面、居住质量不高问题，自治区全面开展村寨农户危房等级评定，并派出专家组走村入户，继续给予危房鉴定、加固等技术指导服务，以确保实现住房安全有保障目标。对于特困户确无能力保障稳定住房的，引导各地实施差异化补助标准，倾斜支持特困户危房改造，对极端贫困户采取兜底的方式解决其住房安全需求。

---

① 广西壮族自治区扶贫开发办公室《广西脱贫攻坚"十三五"规划中期评估报告》，2018年。

第三节 广西基础设施建设大会战模式的重要启鉴

以大会战模式开展贫困地区基础设施建设是广西立足区情探索的解决连片区域贫困的一种有效途径，也是广西扶贫工作模式的重要创新。从2000年初国家实施西部大开发战略至今，广西集中必要的人力、物力、财力，集合多个政府职能部门，动员各种社会力量，连续开展了边境地区基础设施建设大会战（2000—2002年）、东巴凤基础设施建设大会战（2003—2005年）、大石山区基础设施建设大会战（2007—2008年）、桂西五县基础设施建设大会战（2008—2010年）等大规模会战，使这些特困区域的交通、水利、农业、电力、广播等基础设施和教育、卫生等公共服务水平大幅度提升，极大地改善了生产生活条件，缓解了农村贫困状况，带动当地经济社会的整体发展。

进入脱贫攻坚阶段，面对诸多难啃的"硬骨头"，基础设施建设大会战模式更是被广泛推广运用，取得了非常显著的脱贫成效。如为早日解决"两不愁三保障"突出问题，2019年广西又全面发起义务教育保障、基本医疗保障、住房安全保障和饮水安全"四大战役"，计划利用一年左右时间集中力量、尽锐出战，全力打赢脱贫攻坚战。此外，一些地方也以县（区）为单位，启动县域基础设施建设大会战。比如，为加快补齐脱贫攻坚短板，东兰县从2016年起，采取先建后补和引进社会资金参与建设等办法，集中力量、资金、时间，先后掀起"村屯道路建设大会战""住房建设大会战""饮水安全建设大会战"，率先在全区实现村村通水泥硬化（柏油）路目标，解决了近20万人行路难、14194名贫困人口住房困难和14.02万人饮水难问题。为保证不让任何一个贫困户掉队，融水苗族自治县从2016年起，利用3年时间，集中人力、财力和物力，推进了贫困村屯的水、电、路、房脱贫攻坚基础设施建设大会战。为集中解决危房"清零"问题，三江侗族自治县2019年启动了农村危房改造大会战。右江区把基础设施脱贫作为"当头炮""重头戏"，于2016年启动了基础设施脱贫攻坚大会战。实践证明，基础设施建设大会战模式在优化组织功能、提高群众生活质量、培育自我发展能力等方面产生了很大的实践绩效，体现了政府主导的基础设施会战模式在欠发达地区农村基础设施供给中所起到的独特、巨大的作用。

总而言之，广西推进基础设施建设大会战的创新实践是我国扶贫开发模式的一种有益探索，得到社会各界的高度评价。2007年6月，时任国务院副总理回良玉作出重要批示，对广西集中人力、物力、财力开展连片特困区域基础设施建设，带动经济社会发展的扶贫方式给予了充分肯定和高度评价；国务院扶贫开发领导小组副组长刘坚专程到广西调研基础设施建设大会战情况，给予了充分肯定；国务院扶贫办组织全国各省（自治区、直辖市）扶贫办负责同志和部分国家扶贫开发工作重点县党政领导共220多人到广西举办专题研究班，重点总结推广广西基础设施建设大会战的工作经验。从各级媒体报道、社会各界的评论来看，广西系列基础设施建设会战的社会动员理念和治理模式，不仅有效助力打赢脱贫攻坚战，而且为下一步解决相对贫困问题提供重要启示，对实施乡村振兴战略也提供了借鉴经验和发展视角，有广泛、深刻的示范意义。

一 发挥规模效应，减少供给成本

广西基础设施建设大会战的做法创造了新时期中国片区扶贫开发攻坚的新模式和新机制，即政府组织主导、规划管理先行、资源和资本有效整合、多元参与及联动、分批实施整体推动、监督检查及评估，很值得认真研究、总结和推广。基础设施建设大会战治理模式，是一种超常规、动态化的公共利益调适器，通过集中力量办大事，能够有效整合、分化和调整不同的利益诉求，实现利益的再分配，实现社会公平正义。落后的经济发展水平和恶劣的自然环境、分散的乡村社会是欠发达地区基础设施供给大会战模式形成的客观依据，政府主导大会战模式将会产生规模效应，大大减少供给成本。紧紧抓住基础设施这一阻碍和影响集中连片特殊类型困难地区主要瓶颈，作为突破口，抓住了关键，实践证明是很有成效的。同时，基础设施建设的效应是长期的、持续性的，对扶贫攻坚的支撑是全方位的。尤其重要的是，基础设施建设是区域经济发展规划与片区扶贫攻坚规划的重要连接点，通过基础设施建设可以连接区域之间的社会经济联系，使片区扶贫规划与国家战略规划、区域发展规划和省市县规划成为一体，达到与地方政府部门的分工协作，整体推进。

二 集中力量办大事，解决关键瓶颈问题

集中力量办大事的大会战公共治理模式，是中国特色民主制度的生动实践，是民主集中制原则在既定状态下的灵活运用。在欠发达地区农村基础设施供给当中政府主导大会战供给模式起着关键性的作用，政府主导的大会战模式可以充分发挥社会主义国家集中力量办大事的制度优势，利用国家权威和政府强大的政治动员能力对社会各界、各种资源进行必要的动员和整合，集中必要的人力、物力、财力进行效果较为显著的基础设施供给。从广西的实践来看，以大会战的治理模式集中资金、集中力量、集中时间开展基础设施建设大会战，对特困区域的基础设施供给进行综合治理，不仅十分必要，而且切实可行，这是符合实际、有效解决连片特困区域贫困问题的扶贫开发最佳方式，对脱贫攻坚阶段集中攻克坚中之坚、难中之难有重要的借鉴意义。

三 提高群众参与，强化内生动力

基础设施建设大会战是广西作为欠发达地区扶贫工作及新农村建设的一个有益制度创新与尝试，集中力量办大事的政治动员机制作为有效进行公共产品供给的一项重要举措与途径在资源整合、动员群众参与基础设施大会战建设中发挥着重要的作用。但是，不可否认，政府主导的集中力量办大事公共治理模式也是一把"双刃剑"，存在一些不容忽视的问题，如：国家动员强大与社会动员弱化，农民群众参与程度不高；包办代办思想严重，忽视对农民群众的能力建设，贫困群众的内生动力不足、"等、靠、要"思想严重；动员方式单一化，精神动员大，物质动员少；后续配套产业发展不足、农村基础设施的后续管理远远跟不上等。因此，"我们要在集中力量办大事公共治理模式下，探索应对超限度集权和人治惯性的应对之策。简而言之，应对的路径有两条：一是以法治化、民主化的手段强化民主决策机制的刚性，使民主决策机制真正成为防范集中力量办大事公共治理模式滥用的控制阀，二是构建效能型政府，使

常态化政府治理模式能够应对多变的公共管理环境"①。在建设过程中，特别要处理好外部帮扶与贫困群众自身努力的关系，更加注重培养贫困群众依靠自力更生的意识，加强贫困群众对基础设施参与建设、自我管理和加强维护的意识，引导贫困群众自我教育、自我管理、自我约束，提高自我发展能力，加强与乡村振兴有效衔接，构建更科学可持续的治理模式。

第四节　夯实基础设施建设　筑牢乡村振兴之基

经过多年的扶贫开发工作，广西贫困地区基础设施状况发生翻天覆地的变化，贫困群众生产生活条件得到有效改善，贫困人口收入水平大幅提升，为实现全面小康、促进脱贫攻坚与乡村振兴有效衔接奠定了坚实的基础。但因自然地理环境复杂、历史遗留问题多等原因，贫困地区基础设施建设仍有较多薄弱环节，基础设施落后仍是制约乡村振兴的关键性短板，特别是对一些深度贫困地区来说，交通设施支撑仍然脆弱，道路通达通畅任务艰巨，基础设施资金保障不足、养护机制不健全；农村集中式供水比例仍然较低，偏远村屯季节性、区域性干旱缺水问题依然突出；村屯电网设备差，部分村屯电压不稳定，电力设备严重老化。文化、体育、教育、医疗等公共服务设施，按照全区贫困村有基本公共服务的脱贫摘帽标准，已脱贫的行政村基本满足有办公场所、宣传栏、标准化卫生室、篮球场，有文化室或戏台，行政村村委会或行政村中心学校所在地通有线或无线网络的标准，但公共设施建设整体质量还不高。此外，乡村环保基础设施严重滞后，农村生活污水、生活垃圾处理率较低，个别户还存在人畜混居现象。概而看之，基础设施建设水平距离贫困群众对美好生活的向往甚有差距。

步入决战脱贫攻坚、决胜全面小康的冲刺期，也是脱贫攻坚与乡村振兴的重要交汇期，基础设施薄弱仍是一些深度贫困地区可持续发展的软肋，促进脱贫攻坚与乡村振兴有效衔接，还必须重视基础设施建设这

---

①　毛昭晖：《集中力量办大事：中国式真理》，《廉政瞭望》2008 年第 7 期。

个关键发力点。

一 聚焦薄弱地区和关键环节，持续推进基础设施建设

交通优先，推动乡村公路提档升级。继续发挥交通在脱贫攻坚和乡村振兴战略实施中的基础性和先导性作用，推动在农村地区加快建成外通内联、通村畅乡、客车到村、安全便捷的交通运输网络，进一步推进"四好农村路"建设，确保 2020 年全面实现具备条件的贫困村 20 户（含）以上自然屯都通硬化路，10—20 户未整屯搬迁的自然屯在通砂石路基础上逐步进行硬化，以防止恶劣天气造成道路损毁；加快改造建设一批产业路、资源路，使贫困落后地区资源、产业发挥经济效益，增加村民收入；完善贫困地区国道、省道公路网络，推进低等级普通国道省道提级改造，提高贫困地区干线公路服务能力和保障水平；加快贫困地区县级公路客运站改造，实现所用贫困县建有二级及以上公路客运站，扩大农村客运覆盖范围，实现具备条件的建制村通客车的目标。

加快水利设施建设步伐，缓解区域性季节性缺水供需矛盾。结合广西正在推进的教育、医疗、住房、饮水安全"四大战役"，积极争取中央财政加大支持广西落后地区农村饮水安全巩固提升工程投入力度，全面解决贫困地区贫困人口及饮水保障程度低的群众饮水问题，争取中央财政资金加强农村饮水安全工程维修养护，进一步提高农村供水保障水平。在缺水的山区村屯新建部分家庭水柜或给予修缮资金，在水柜修筑成本较高地区，提高水柜补助金额，减少村民修建水柜负担的成本；在缺水特别严重的地区，如河池的东兰、大化等石漠化重点县可考虑分区建设红水河梯级抽水工程加强集中供水；对于以木制干栏建筑为主的少数民族聚居村屯，加强关注消防用水问题，消除火灾发生时缺乏消防用水带来的生命财产安全隐患。

按下农网改造升级"快捷键"，提升乡村用电质量。加快贫困地区尤其是深度贫困地区农网改造工程建设，同步做好年度脱贫摘帽贫困县、贫困村、贫困户通电和异地扶贫搬迁配套供电农网工程实施建设，切实保障贫困地区生活和生产建设用电需求。要结合乡村振兴战略的实施，充分考虑乡村生产生活条件的提升、乡村产业振兴发展、农村用电高峰期等情况，做好已脱贫摘帽乡村电网的提档升级规划，提高农村地区供电可靠率和稳定性，让乡村从"用上电"向"用好电"转变。

强化乡村数字基础设施建设，提升乡村网络设施水平。持续深入推动"宽带广西"战略行动计划和"数字乡村"行动计划实施。加快实施"百兆乡村""4G乡村"工程，持续加密织厚农村地区宽带网络。以电信普遍服务补偿试点为抓手，推动实现贫困地区、边远地区4G网络覆盖，推动光纤网络逐步向有条件的自然村延伸，加快农村地区"处处能上网、时时能上网"，扩大农村宽带用户规模，提升宽带用户普及率，有条件的乡村可探索试点5G创新应用。推进"宽带广西"及提速降费工作重点向深度贫困地区倾斜，鼓励基础电信企业针对深度、极度贫困地区群众推出资费优惠举措，降低贫困群众宽带接入资费，促进宽带网络普及普惠，为贫困群众提供用得上、用得起、用得好、用得放心的信息服务。加快推进乡村基础设施数字化转型，统筹推进信息通信、广播电视基础网络与道路、电力、物流等公共基础设施协同融合发展，以数字化设施为乡村振兴着力赋能。同时，在加快推进宽带网络进村入户过程中，大力发展农村物流网点，推进"互联网+"农产品出村进城。

加快基本公共服务设施建设进程，提升乡村基本公共服务配置水平。统筹安排专项资金用于基本公共服务和基础设施滞后的非贫困县、非贫困村基础设施建设，有效提升全区村级基础设施水平。同时，结合全区乡村振兴战略的实施，统筹脱贫攻坚和乡村振兴财政资金，做好环保设施建设规划，分批次开展农村环境大整治，逐步加大对农村人居环境公共设施维修养护补助，重点解决农村给排水、垃圾处理、人畜混居等突出问题。

二 坚持基础设施建养并重，全面提高基础设施供给能力

"三分建，七分养"，贫困地区交通、水利、网络等基础设施建成之后，对其进行养护也是极其重要的一个环节。在不断扩大基础设施总量和规模的同时，应对贫困地区基础设施养护给予足够的重视，在全面建成小康之际，全区基本解决贫困地区基础设施"用得上"问题之后，下一步要着重解决"用得好"问题。

首先，创新设施运行管护机制。要进一步明晰农村公共基础设施产权，落实所有者的主体责任、所在地基层政府的管理责任和主管部门的监管责任，明确管护标准、人员经费、监管办法，破解农村公共基础设施无人管理、粗放管理等突出问题，实现基础设施管护专业化、规模化。鉴于落后山区国道、省道公路设施养护管理工作的重要性，政府部门必须加大国道、省道公路养护管理工作的立法和执法力度，使其对国道、省道公路的养护工作都在制度范围内进行。通过采取强制的经济和法律手段，对公路养护工作进行强制约束，当落后乡村国道、省道公路出现问题时，相关公路养护部门需及时进行维修，如维修不利或长久失修，政府部门需明确部门责任，明确相应的惩罚措施。

其次，保障养护资金稳定来源。要充分考虑贫困地区基础设施使用过程中各种潜在的风险隐患，把基础设施养护资金纳入地方财政预算，建立基础设施养护长效机制。自治区、市、县交通主管部门应根据相关农村贫困地区公路养护资金管理的有关规定，制定各地农村公路养护资金使用办法，进一步规范养护资金的申请、拨付、使用管理等行为，确保养护资金专款专用。

最后，培育专业的养护队伍。贫困地区需要定期组织专业技术人员，对贫困地区基础设施如道路设施、农村危旧住房做好摸底调查和技术评定，将调查和评定结果纳入统计年报，建立相应数据库，并进行动态调整。在此过程中，对专业技术人员要进行定期、不定期培训，并建立完善的激励约束机制，提高专业技术人员的积极性和主动性，提高基础设施养护质量和效率。

三　拓宽资金来源渠道，加大基础设施建设投入

贫困地区基础设施建设是一项系统工程，需要巨大的资金投入，特别是深度贫困地区的基础设施和基本公共服务建设，难度更大，成本更高，更需要超常规投入，在财力保障方面应给予重点倾斜。一方面，加大中央和地方财政支持力度。不断优化中央预算内贫困地区基础设施建设项目投资及管理各个环节，地方政府在有关资金项目管理规定和实施方案的框架内，统筹目标相近、方向类似的相关转移支付资金，用于贫困地区基础设施建设。另一方面，贫困地区修建基础设施要选用合适的投融资模式。积极组织、鼓励、动员社会各界进行捐助，并充分调动当地农民参与基础设施建设的积极性和主动性，激发农民内在动力，形成

国家、地方、社会、农民共同参与的局面，集中必要的人力、物力和财力并形成合力，对资金进行有效管理，提高资金的使用效益。同时，积极引导商业金融和其他各类社会资本支持贫困地区基础设施建设与发展特色产业结合，推动"交通+旅游休闲"扶贫，强化贫困地区重点景区、乡村旅游点道路衔接，支持贫困地区打造少数民族特色村寨和风情小镇等。

四 加强项目监督管理，按期按质完成基础设施建设任务

一是要进一步发挥专责小组的领导作用，加强专责小组与成员单位沟通协调，推动成员单位进一步加大对贫困地区尤其是深度贫困地区基础设施的支持力度，在资金和项目安排方面给予倾斜。二是要完善项目进度监测体系，对各地、各时段、各项目脱贫攻坚基础设施建设进行过程跟踪，督促基层按时上报项目进度数据，对项目进行全过程监管。三是要强化督促检查，对前期工作时间长、开工晚、建设进度慢的项目实行挂牌督办，定期或不定期抽选项目开展实地督查督办，对于被督办的项目必须及时查找问题，明确整改措施，落实责任单位和责任人，确保基础设施建设项目按照建设目标严格推进。

第四章

大力推进产业扶贫

诺贝尔经济学奖获得者阿玛蒂亚·森认为："贫困的真正含义是贫困人口创造收入能力和机会的贫困；贫困意味着贫困人口缺少获取和享有正常生活的能力。"而支持与带动贫困人口发展产业经济，则是赋予贫困人口更多的创造收入能力和机会的重要途径。产业是贫困地区贫困群众脱贫的重要依托，发展产业经济不仅能够为社会提供产品和服务，增加地方税源，更重要的是，产业经济发展能够给贫困群众提供大量的就业机会，提高他们的经营性、工资性、资产性收入水平，提升创业收入的能力。产业扶贫就是通过帮扶贫困地区贫困群众发展农业、工业、服务业等产业经济，使他们摆脱贫困的做法和方式，它是促进贫困地区贫困群众"自我造血"、有效脱贫的重要途径，是打赢打好脱贫攻坚战的关键因素。

第一节 广西产业扶贫的发展回顾

广西产业扶贫历经了几十年的发展，呈现出阶段性特点，各阶段既有共性，也有差异性。总体来看，产业扶贫力度从轻向重，投入从少向多，方式从单一向多元，产业从规模向特色示范，效果从低向高发展。

一 分散扶助阶段（1949—1985年）

1949年至1958年间，广西农村合作经济组织发展迅速，实现了从互助组、初级社到高级社——人民公社的转变，农村经济恢复并逐步发展。

受到多种因素影响，1978年中国农村居民贫困发生率高达97.5%，[①] 生活困难群众只能通过互助组、储蓄会、亲友的资助捐赠及民政部门的救济等加以缓解，由于贫困面极大，扶贫资源少，只能采取分散扶助的方式。党的十一届三中全会后，广西农村逐步实行家庭联产承包责任制，农户通过自行经营农业、工副业以获得收入，农民对产业发展具有了自主性，各地产业发展迅速，贫困发生率大幅下降。

在这一阶段，自治区出台了多项政策，如1979年自治区农业办公室《关于扶助困难生产队发展养牛、养羊、养蜂的意见》，要求安排低息贷款、财政拨款帮助33个山区困难生产队发展养殖业；1980年2月自治区人民政府《关于发展山区若干经济政策问题的规定》，予以适当提高天等、马山等28个山区县林业、牧业、土特产等的粮食、化肥奖售；1984年1月自治区人民政府《关于支援最贫困公社发展生产的通知》，重点扶持全区43个山区县155个最贫困的公社发展生产、增强自身活力等，这些政策有力地促进了贫困地区生产发展。据统计，1980年至1985年，全区利用国家拨给的扶贫资金5.13亿元扶持贫困地区发展种养业，建设小水利、小水电等基础设施，为贫困地区生产发展创造条件。[②]

二 扶助开发阶段（1986—1993年）

1986年自治区扶贫工作领导小组成立，扶贫成为专门化的政府工作事项，产业扶贫力度大幅提高，重点扶持贫困户发展种植业、养殖业、加工业、采矿业，支持贫困县办乡镇企业、小工业，解决贫困人口的温饱问题。1986年自治区党委、政府将扶贫工作作为广西的重大战略任务，作出了《关于加强扶贫工作的决定》，并成立了自治区扶贫工作领导小组，计划用五年时间帮助贫困地区脱贫，并在扶贫开发产业上做了积极探索。

一是实施扶贫建设横向联合，与上海、江苏等发达地区进行联合开

[①] 《中国扶贫改革40周年座谈会在京召开 刘永富主持会议并讲话》，2018年12月8日，国务院扶贫办网站。

[②] 蒙汉明：《改革开放时期广西扶贫开发工作回顾》，《广西教育学院学报》2015年第5期。

发，帮助天等、靖西、隆安等贫困县进行轻纺、食品企业的经营管理和技术改造，对口支援东兰、凤山、巴马等贫困县发展经济。

二是兴办扶贫经济实体，通过由企业单位、专业户、乡村能人、贫困户自愿组合，机关单位与科技人员牵头联办或承办扶贫车间等形式，安排贫困户就业，带动贫困户发展经济。一些贫困县还建立了扶贫开发服务机构以扶持扶贫经济实体，进行种植业等产业开发。

三是扶持重点项目建设，扶持大新、扶绥、象州、隆安、宁明、宜山、山思、忻城、蒙山、龙州、乐业等贫困县新建和改建糖厂，建设百色地区商品基地，扶助贫困户种植杧果、大果山楂、茶叶、田七、八角、杉木、甘蔗、桐油、刺梨和养牛，支持富川县开发水果和烤烟生产等，以此带动贫困户增收。

四是予以财政资金支持，自治区增加支援不发达地区的发展资金，用于"以工代赈"的粮棉布配套资金重点支持46个县531个乡镇发展种养业、农产品加工、乡镇企业、交通与小水电等建设，对少数民族地区和边境地区的生产生活予以支持。1986年自治区支援不发达地区的发展资金支出5842万元，其中，支出少数民族生产生活款447万元，支出边境建设费571万元。

五是加大金融帮扶，积极支持贫困地区的经济开发，指导思想从注重支持解决生活临时困难转向主要支持发展商品生产，从支持单项生产转向农工商综合经营，从支持一家一户转向有计划连户、边片、连村支持，从单纯资金支持转向帮助规划、参与管理、提供科技信息等综合性服务支持，以增强贫困地区的"造血"功能。在实际工作中采用优惠办法，如增加贫困地区的信贷规模、降低贫困地区贷款单位的自有奖金比例、降低贫困地区信用社准备金比例、适当延长贫困地区贷款期限、放宽自有资金比例的规定，以及在贷款利率上予以优惠等，有力支持了贫困地区经济发展。1986年人民银行对48个山区贫困县累计发放贷款9262万元，农业银行和信用社累计发放支农贷款61270万元，解决贫困户生产、生活上的资金困难问题。[①] 1992年2月，自治区党委、人民政府作出了《关于"八五"期间扶贫工作的决定》，要求坚持经济开发方针，进一

---

① 广西年鉴编辑部：《广西年鉴（1987）》，广西年鉴编社1987年版，第558、566页。

步扶持革命老区、边境地区、大石山区、水库淹没区发展生产，利用优势资源，进行农业综合开发，发展区域性支柱产业，通过项目带动，实行连片开发，帮助群众解决"缺粮""缺钱""吃水难""交通难"等问题。据统计，1986年至1993年，全区利用发展资金和扶贫贷款种植甘蔗及其他经济作物9.2万公顷、果树5.6万公顷，造林12.2万公顷，发展畜牧200多万头；贫困人口平均每年减少87.5万人，贫困人口从1986年的1500万人减少到1993年的800万人。[①]

三 综合开发阶段（1994—2000年）

1994年实施《国家八七扶贫攻坚计划（1994—2000年）》，要求在2000年基本解决温饱问题。1995年自治区党委、人民政府根据《国家八七扶贫攻坚计划（1994——2000年）》精神制定了《广西实施〈国家八七扶贫攻坚计划〉方案》，同年11月，自治区人大颁发了《广西壮族自治区扶贫开发条例》，成为全国第一个省级人大通过的地方性扶贫法规。这一阶段的产业扶贫，主要以引导贫困地区进行农村产业结构调整、扶持发展种养加特色经济、建设科技示范基地、开展小额信贷扶贫、搞好外资扶贫、实施西部大开发、开展边境大会战、实施产业化扶贫等为工作重点。

在小额信贷扶贫上，据统计，2000年自治区全年投入扶贫资金14.85亿元，其中，以种养项目为主的特色产业开发5.52亿元，小额信贷扶贫1.3亿元。小额信贷扶贫在49个贫困县进行，当年新增小额信贷9000万元，扶贫贫困农户4.8万户28万人，发展种植、养殖、加工、运销等微型项目7.2万个，自1997年开展小额扶贫贷款至2000年末，全区累计投放小额信贷扶贫3.2亿元，覆盖贫困农户20多万户，受益人口100多万。[②] 在利用外资扶贫方面，1995年中国西南扶贫世界银行贷款项目在马山、天等、平果、德保、靖西、那坡、凌云、凤山、东兰、巴马、都安、大化等12个贫困县实施，到2000年底，累计完成投资10.23亿元，占总

[①] 蒙汉明：《改革开放时期广西扶贫开发工作回顾》，《广西教育学院学报》2015年第5期。

[②] 广西年鉴编纂委员会：《广西年鉴（2001）》，广西年鉴社2001年版，第120页。

投资的92%，项目建设取得明显成效①，其中农业分项目实施粮食作物开发2.83万公顷，经济作物开发7223公顷，林果开发4.16万公顷，养殖猪牛羊42.79万头（只），二、三产业分项目建成农贸市场53个，改造、扩建和新建加工企业20家，中国西南扶贫世界银行贷款项目的实施，累计有90.39万特困农户解决温饱问题，515个项目村的生产生活和生态环境条件有明显改善。在促进边境地区发展上，2000年8月自治区党委、人民政府决定用两年左右的时间，集中人才、物力和财力，开展边境建设大会战，努力办好24件实事，到2002年10月，边境建设大会战全面结束，8个县（市、区）的交通、农贸市场等基础设施有了改善，促进了边民互市和边民的增收。

四 整村推进扶贫开发阶段（2001—2011年）

在此阶段，广西开始实施《中国农村扶贫开发纲要（2001—2010年）》相关要求，以扶贫开发工作重点村为主要对象，分类指导扶贫开发，加大资金投入力度，推进产业化扶贫，以扶持龙头企业为切入点，将信贷扶贫与贫困地区特色优势种养业密切结合，带动贫困村群众发展特色产业生产，稳定和增加贫困户的收入。

在分类指导扶贫上，2002年自治区以国务院确定的28个国家扶贫开发工作重点县和自治区确定的4064个贫困村为重点，扶持这些地区贫困群众发展种养业、加工业，建设名特优水果、药材、茶叶、林纸结合等生产基地，②并通过科技扶贫示范项目，向贫困农户推广良种良法，扶持异地安置农户发展生产，促进农民增收，并决定全面实施扶贫开发规划，重点扶持贫困地区进行产业结构调整，提高群众的收入水平。

在产业扶贫政策上，2001年自治区人民政府根据《国务院关于实施西部大开发若干政策措施的通知》（国发〔2000〕33号）等精神要求和法律规定，制定和颁布了《广西壮族自治区关于贯彻实施国务院西部大开发政策措施的若干规定的通知》，在税收、投资、土地、矿产资源、价格、收费等方面出台了具体优惠政策，这些政策的实施，大力支持了贫

---

① 广西年鉴编纂委员会：《广西年鉴（2001）》，广西年鉴社2001年版，第120页。
② 同上书，第200页。

困地区产业的开发。

在产业化扶贫上,广西全面落实扶持龙头企业与贫困村优势产业和贫困户对接、对龙头企业予以贴息贷款扶持、对参与产业开发的贫困户给予种苗补贴和贷款扶持等措施,利用财政资金扶持贫困地区进行产业开发,帮助贫困群众发展增收。2004 年广西开始实施产业化扶贫项目,订单农业、农业产业化经营组织快速发展,"扶贫龙头企业 + 基地 + 小额信贷 + 农户"成为推进产业扶贫的主要组织形式。据统计,2007 年全年落实扶贫贴息贷款 2.57 亿元支持扶持龙头企业,落实扶贫到户贷款 4.49 亿元扶持贫困户发展生产,年内全区有 113 家扶贫龙头企业与贫困村贫困户进行种养业对接,受助贫困群众共种植桑蚕、烟叶、剑麻、水果等特色优势作物 3.3 万公顷,养殖牛、羊、猪等牲畜 1.8 万头,养殖家禽 22.9 万羽,产业扶贫项目覆盖全区 95% 以上的贫困村,扶持农户 105 万户;[1] 2008 年各地扶持贫困群众发展特色优势种养业,因地制宜种植经济作物 7.44 万公顷,饲养牲畜 36.32 万头（只）;[2] 2009 年全年发放到户贷款 7.83 亿元,12 万贫困农户户均获得 6000 多元贷款,发放扶贫项目贷款 8.88 亿元,扶持 100 家扶贫龙头企业发展生产,农户利用贷款资金发展种植 1.99 万公顷,实施特色经济作物低产改造 4130 多公顷,养牛 414 头,养猪 1.7 万头,养家禽 22.4 万羽。[3] 2010 年扶持贫困农户发展水果、甘蔗、桑蚕、茶叶、烤烟和猪、牛等特色种养业,共扩种特色优势作物 1.71 万顷,完成特色优势作物低产改造 4740 多公顷,饲养家禽 42.82 万羽、家畜 5.72 万头（只）,扶持对象覆盖 2016 个贫困村的 18.79 万户贫困户。[4]

在金融扶贫上,一方面,以中国农业银行广西分行为代表的商业银行继续以"农业产业化扶持龙头企业 + 基地 + 农户"方式优化扶贫贷款投向,加大对贫困地区的扶贫贷款力度,扶持贫困地区建设社会主义新农村,服务"三农"发展,各级扶贫部门充分发挥贴息资金作用,引导

---

[1] 广西年鉴编纂委员会:《广西年鉴（2008）》,广西年鉴社 2008 年版,第 226 页。
[2] 广西年鉴编纂委员会:《广西年鉴（2009）》,广西年鉴社 2009 年版,第 128 页。
[3] 广西年鉴编纂委员会:《广西年鉴（2010）》,广西年鉴社 2010 年版,第 133 页。
[4] 广西年鉴编纂委员会:《广西年鉴（2011）》,广西年鉴社 2011 年版,第 113 页。

金融机构扶贫贷款，扶持贫困农户和扶贫龙头企业发展生产，仅2010年，全区利用扶贫贷款贴息资金引导金融机构发放扶贫到户贷款11.5亿元，扶贫项目贷款11.4亿元，直接扶持12.7万户贫困户、123个扶贫龙头企业；[1] 另一方面，根据国务院扶贫办的部署，广西于2008年启动贫困村互助资金试点工作，以有效缓解贫困村贫困农户发展资金短缺问题，2009年广西开展互助资金试点工作的贫困村从2008年的35个增加到105个，资金规模达1654.79万元，105个试点村有89个建立起扶贫互助社，入社农户6675户，其中贫困户3566户。[2] 2010年农村金融服务"田东模式"成为自治区乃至全国金融扶贫的典范被广泛推广。

第二节　广西脱贫攻坚阶段产业扶贫发展情况

党的十八大以后，从贯彻落实《中国农村扶贫开发纲要（2011—2020年）》精神，到打赢脱贫攻坚战的决策部署，从习总书记提出的"五个一批"到广西提出的"八个一批"，产业扶贫始终是排在首位的脱贫路径，成为脱贫攻坚工作的重中之重。

一　总体情况

在农业产业扶贫上，2011年全区产业扶贫项目完成农业种植2.13万公顷，低产改造3500多公顷，饲养家禽78.09万羽、家畜6.68万头，扶贫产业项目完成投资1.14亿元，项目覆盖2219个贫困村，受益农户达16.57万户，[3] 并规划在"十二五"期间在自治区贫困县实施"十百千"产业化扶贫示范工程，建设10类以上种植养殖示范基地，扶持培植100家以上的扶贫龙头企业，以带动1000个以上贫困村成为产业化扶贫示范村。"十百千"乡村旅游扶贫示范工程的实施，让贫困户以就地务工、土地租赁、资金入股等方式参与旅游开发，增加了贫困户的收入，贫困人

---

[1]　广西年鉴编纂委员会：《广西年鉴（2011）》，广西年鉴社2011年版，第113页。
[2]　广西年鉴编纂委员会：《广西年鉴（2010）》，广西年鉴社2010年版，第133页。
[3]　广西年鉴编纂委员会：《广西年鉴（2012）》，广西年鉴社2012年版，第126页。

口明显下降。据不完全统计，2017年广西投入39.3亿元财政涉农整合资金用于发展特色产业，县级"5+2"和贫困村"3+1"特色产业体系逐步形成。到2019年，全区县级"5+2"、贫困村"3+1"特色主导产业涉及粮油、水果、中药材等12大类、93个产业；发展特色产业（含县级"5+2"以外其他特色产业）的贫困户占有发展能力贫困户总数的96.94%，高于92%的全国平均水平；享受产业帮扶措施的贫困户数有18.61万户70.36万人，全区2016—2018年已脱贫的76.5万户319.73万人中，有59.75万户251.93万人通过发展产业实现增收。2019年广西产业扶贫带动了78%的贫困户和贫困人口脱贫，超过中央提出的产业扶贫要带动一半左右贫困人口脱贫的要求，也高于全国67%的平均水平。[1]

在金融扶贫上，2011年广西将信贷扶贫与贫困村重点产业开发和"十百千"产业化扶贫示范工程实施密切结合起来，大力培育扶贫主导产业和发展壮大扶贫龙头企业，调整产业结构，以促进贫困地区经济发展和贫困群众增收，年内全区专项扶贫贷款贴息9240万元，发放扶贫项目贷款13.1亿元，扶持扶贫龙头企业117家，示范带动农户84.1万户，受益农户户均增收780元；至2011年底，全区贫困村互助资金试点村达240个，资金总规模4273万元，累计入会农户1.59万户，其中贫困户1.04万户，占入社农户的65%，累计发放借款2980.75万元，累计还款1455.5万元，到期还款率达100%，借款农户户均增收约800元。[2] 2016年，全区54个贫困县共引进188家市级以上龙头企业，启动创建444个现代特色农业（核心）示范区，其中59个为自治区级；脱贫的1000个贫困村组建完善农民合作社1381个，其中新增603个；有12.4万贫困户约42万人将扶贫小额贷款带资联营或委托企业经营。

在工业扶贫上，全区投入资金8330万元，扶持16个贫困县25项技术改造资金计划项目，建成后可提供9170个就业岗位；投入1.1亿元专项资金，支持13个贫困县产业园区建设；投入中小企业发展专项资金2000万元，支持19个贫困县的中小企业项目建设；在25个贫困县实施

---

[1] 陈静：《我区产业扶贫创新机制带动78%贫困户和贫困人口脱贫》，《广西日报》2019年12月24日第1版。

[2] 广西年鉴编纂委员会：《广西年鉴（2012）》，广西年鉴社2012年版，第125页。

68项"四个一百"产业转型升级项目,总投资483.29亿元。[1]

在资产收益扶贫上,充分发挥财政资金"四两拨千斤"作用,撬动各类资金参与资产收益扶贫项目,将投向设施农业等的财政扶贫资金折股量化给贫困户,并加强和完善收益管理,防止"一股了之",据初步统计,全区累计投入资产收益扶贫资金145.2亿元。[2]

在边贸扶贫上,充分利用沿边位置优势和国家边贸扶持政策,组建边贸合作社、互助组,推广"互市产品+落地加工"等模式,促进边境贫困边民增收。全区已建立561个边民互助组,建成投产28家互市产品加工企业,提供近万个就业岗位,仅通过参与互市贸易预计可带动1.32万贫困人口脱贫。[3]

在旅游产业扶贫上,2017年切块下达自治区旅游发展专项资金2.894亿元用于支持54个贫困县脱贫攻坚,比2016年度增长65%。[4] 据不完全统计,全年全区累计举办旅游扶贫招聘活动31场次,组织招聘企业601家,推出15974个就业岗位,吸引76470人次参与活动,达成就业意向8105个。[5]

二 主要做法与经验

(一)加强产业扶贫组织力量

自治区党委、政府高度重视,统筹协调全区各部门推动产业扶贫攻坚。由农业厅领导亲自抓产业扶贫工作,驻组办公室分设综合组、产业指导组、集体经济组、宣传统计组,以强化组织领导;从农业厅、水产畜牧兽医局、工信委、旅发委、林业厅、商务厅、扶贫办、农机局、农科院等单位抽调工作人员实行全脱产集中办公,配强工作力量;加强制度建设,建立多项工作制度,完善工作机制和流程,使驻组日常工作开展更加有效。[6]

---

[1] 《关于报送广西2017年脱贫攻坚自评情况的报告》(桂扶领报〔2017〕6号)。
[2] 同上。
[3] 同上。
[4] 《全区旅游扶贫2017年工作总结及2018年工作计划》。
[5] 同上。
[6] 《广西壮族自治区扶贫开发领导小组产业开发专责小组2017年工作总结》。

（二）制订产业扶贫计划

一是实施"10+3"产业提升行动。立足广西农业农村实际，从 2015 年开始，用 5 年时间在全区实施"10+3"产业提升行动，选取了粮食、糖料蔗、水果、蔬菜、食用菌、茶叶、桑蚕、生猪、肉牛肉羊、罗非鱼 10 大种养产业，以及富硒农业、有机循环农业、休闲农业 3 个新兴产业，作为全区特别是贫困地区重点发展的主导产业，引领和带动贫困地区产业规模化和升级发展。

二是因地制宜发展特色产业。贫困地区在"10+3"产业范围内，根据本地实际，因地制宜、因村制宜选择适合本地条件、具备一定基础、具有比较优势的产业，比如百色芒果、河池核桃、崇左"双高"糖料蔗等，其中每个县确定 5 个产业，每个贫困村在本县 5 个特色产业范围内选择 3 个产业，并要求覆盖 80% 以上的贫困户。同时，为进一步提高产业对贫困户的覆盖率，允许各县再确定 2 个、各村确定 1 个产业作为备选，从而形成了县级"5+2"、村级"3+1"特色产业体系。各县、村围绕确定的特色产业，集中资金、政策等资源予以扶持，通过龙头企业、农民专业合作社、经济能人带动，引领贫困群众参与产业发展，分享产业发展红利，实现持续稳定增收。[①]

为促进产业扶贫健康发展，2017 年自治区扶贫开发领导小组产业开发专责小组编制印发了《广西"十三五"产业精准扶贫规划》和《广西贫困县特色加工业发展"十三五"规划》，编制完成《广西养殖产业精准扶贫"十三五"两广协作计划》，修订了《广西旅游扶贫三年行动计划》，完善了"旅游产业富民工程"，制定了《2017 年旅游扶贫工作计划和乡村旅游（2017—2018 年）实施方案》，修订完善了《科技精准扶贫特色农作物新品种、新技术库》，印发了《关于加强县级扶贫项目库建设指导意见》，指导贫困县开展产业精准扶贫和特色加工业，引导企业与贫困户建立紧密的利益联结机制和减贫带贫机制，保障贫困户通过发展产业增收脱贫。[②]

此外，还依据农村总人口数、人均耕地面积两个因素划分三类县，

[①] 《关于报送广西 2017 年脱贫攻坚自评情况的报告》（桂扶领报〔2017〕6 号）。
[②] 《广西壮族自治区扶贫开发领导小组产业开发专责小组 2017 年上半年工作总结》。

按照规模、集中连片点、连片点规模三个认定标准，指导有扶贫开发任务的105个县（市、区）科学遴选确定县级五个特色产业。各县以五个特色产业为龙头，集中投入资金等要素资源，提升产业规模化和竞争力，培育打造出一批在国内具有影响力的产业扶贫支柱产业，如百色杧果、融安金橘、富川脐橙、东兰板栗、都安山羊、环江香猪等。[1]

（三）开展产业扶贫行动

自治区实施扶贫开发"八个一批"和"十大行动"，其中在产业扶贫上，实施"两个一批"（扶持生产发展一批、边贸政策扶助一批）和"五大行动"（特色产业富民、农村电商扶贫、农民工培训创业、贫困户产权收益、金融扶贫）。为促进贫困地区产业发展，自治区科技厅组织科技人员、派出单位与对口服务的贫困村签订选聘三方协议书，与自治区党委组织部联合选聘贫困村科技特派员，并按照产业组团、县级组队、服务到村、统筹调度的方式组织开展现场技术指导、技术培训、技术示范推广等服务，同步推进自治区、市、县、乡四级联动，各级技术人员深入贫困村开展"一对一"技术指导和帮扶。组织农业企业、产业扶贫技术专家服务团、现代青年农场主和各有关市县产业开发专责小组、乡镇负责人和驻贫困村第一书记代表等参加示范基地农作物新品种展示、业务对接洽谈、技术咨询等活动，开展"千企扶千村"产业对接暨产业扶贫技术专家服务大行动，充分调动农业企业、农业产业技术专家等各方力量参与产业扶贫工作。

（四）落实产业扶贫政策

产业政策是各级政府指导和推动产业扶贫工作的重要力量。自治区政府在坚决贯彻国家产业扶贫相关政策的基础上，制定出台了《关于加快贫困村村级集体经济发展的意见》（桂办发〔2017〕24号）、《广西壮族自治区村民合作社管理暂行办法》、《广西壮族自治区村民合作社章程（示范稿）》（桂政办发〔2017〕76号）、《关于易地扶贫搬迁后续产业发展和就业创业指导意见》（桂政办发〔2017〕120号）、《关于实施光伏扶贫工程增加贫困村村集体经济收入的指导意见》（桂政办发〔2017〕126号）等政策性文件，编制印发了《广西"十三五"产业精准扶贫规划》

---

[1]《广西壮族自治区扶贫开发领导小组产业开发专责小组2017年工作总结》。

《广西贫困县特色加工业发展"十三五"规划》《乡村旅游实施方案（2017—2018年)》《广西养殖产业精准扶贫"十三五"两广协作计划》等规划计划，指导54个贫困县进一步完善"十三五"产业精准扶贫规划，让贫困户在产业开发上享受国家扶贫政策。[1] 自治区印发的《关于实施以奖代补推进特色产业扶贫的通知》，明确了产业项目奖补对象、规模、范围、流程、时间等要求，规定产业扶贫都要通过以奖代补的形式进行，多劳多得、少劳少得，并规定了每个产业的奖补门槛和最高奖补金额，对贫困户每户每年产业项目奖补资金累计最高不超过1万元，脱贫后继续扶持的每户每年奖补资金累计最高不超过5000元，以有效规避资金管理使用风险。[2]

（五）加大产业扶贫资金投入

资金是产业扶贫的重要支撑。据自治区扶贫办统计，2017年1月至10月，自治区下达四批财政专项扶贫资金，各县从中安排17.4亿元用于发展扶贫产业项目。自治区各产业发展主管部门统筹整合中央财政下达和自治区财政本级预算产业扶持资金，按照不低于资金总额的50%切块分配下达54个贫困县，实行"管总量不管结构、管任务不管项目、管监督不管实施"，由贫困县自主安排项目。县级发挥财政资金"四两拨千斤"作用，撬动更多的金融资本、民间资本和社会资本投入产业扶贫。引进产业扶贫世行贷款4亿美元，支持28个贫困县发展特色产业。[3] 2018年自治区下达第一批财政专项扶贫资金50.8亿元，各县安排产业开发资金16.6亿元，较2017年（13.5亿元）同比增长22.5%，计划实施项目4438个，已竣工422个。[4]

（六）推进区域产业扶贫合作

东部地区社会经济相对发达，有产业发展资金和市场需求，加强贫困地区与发达地区合作，搭建区际扶贫协作平台，开发资源发展产业经

---

[1] 中共广西壮族自治区委员会、广西壮族自治区人民政府：《广西2016年脱贫攻坚工作情况汇报》，2017年1月10日。
[2] 《广西壮族自治区人民政府广西脱贫攻坚工作情况汇报》，2018年5月24日。
[3] 《广西壮族自治区扶贫开发领导小组产业开发专责小组2017年上半年工作总结》。
[4] 《广西壮族自治区扶贫办关于报送2018年上半年工作总结的函》（桂开办函〔2018〕552号）。

济，有力地推动了贫困地区贫困群众脱贫。资料显示，2017年自治区旅发委联合百色、河池等市，加强粤桂旅游合作，达成了五类28项扶贫协作工作计划的"深圳共识"，并指导各市举办春季旅游扶贫专题招聘活动30多场次，参与招聘涉旅企业600多家，推出就业岗位15974个，达成就业意向8105个。[1] 2018年5月鹿心社书记、陈武主席率领广西党政代表团到广东省考察对接，并与广东省一起召开粤桂扶贫协作第三次联席会议，签订2018年粤桂扶贫协作重点工作备忘录，在深圳举办投资推介会。从2018年开始，广东省财政每年安排广西33个贫困县的帮扶资金从每年每县1000万元增加到3000万元。[2] 此外，依托粤桂扶贫协作平台，贫困村创业脱贫致富带头人的培育也得到了加强。

（七）遴选培育特色优势主导产业

各县（市、区）按照《脱贫攻坚特色种养业培育实施方案》、自治区人民政府办公厅《关于进一步调整精准脱贫摘帽标准及认定程序的通知》（桂政办发〔2017〕41号）、《全区产业扶贫重点发展产业目录（征求意见稿）》、《关于报送富硒产业发展情况的通知》、《关于填报产业扶贫信息统计表的通知》等文件精神与要求，遴选确定5个县级重点主导产业、3个备选主导产业，1—3个村级主导产业，大力发展县"5+2"个、贫困村"3+1"个扶贫特色产业，2018年54个贫困县新增发展种植业77.1万亩，低产改造9.6万亩，家禽养殖725.06万羽，家畜养殖29万只（头），水产养殖198.7万公斤，受益贫困户42.6万户次、166.5万人次（含重复享受人数）。[3]

（八）示范带动产业扶贫

一是建设现代特色农业示范区。2017年以来，全区54个贫困县获认定的自治区级示范区30个、县级71个、乡级71个，获自治区财政奖励资金1.64亿元，占总额的45%。其中，自治区水产畜牧兽医局组织54个贫困县创建10个县乡级特色养殖示范（园）区和培育150个养殖业增

---

[1]《广西壮族自治区扶贫开发领导小组产业开发专责小组2017年上半年工作总结》。
[2]《广西壮族自治区扶贫办关于报送2018年上半年工作总结的函》（桂开办函〔2018〕552号）。
[3] 同上。

收示范村。自治区科技厅在贫困县批准建设自治区级农业科技园区11家，安排园区专项计划项目支持贫困县开展园区创建工作。① 二是总结推广产业扶贫经验。召开全区产业扶贫暨贫困村集体经济发展工作现场推进会，学习产业扶贫工作先进经验，收集整理全区产业扶贫先进典型，编印《广西产业扶贫典型案例汇编100例》《产业扶贫中的第一书记》《产业扶贫中的农技人员》三本书，发挥先进典型的示范、引路和带动作用，推动产业扶贫再创佳绩。②

（九）搭建产业扶贫载体

一是开展"千企扶千村"活动。建立了500多个产业扶贫项目的项目库、5000多名产业扶贫专家的专家库、3000多家企业的企业库，推进企业与贫困村对接，构建"政府+企业+贫困村+项目"的产业扶贫格局。二是开展招商引资行动。自治区农业厅与招商促进局根据贫困县产业发展需求，引进一批优强企业及项目落户贫困地区，建立"招商企业+产业基地+贫困户"的产业扶贫新模式，围绕产业扶贫推进招商工作，联合开展"精准招商百日行动"和"加快推进项目实施百日行动"，举办2017年广西农业项目投资合作对接洽谈会，使一批优强企业及项目在贫困地区落户，54个贫困县2017年签约项目75个，总投资额度达159.7亿元，开创了"招商企业+产业基地+贫困户"的产业扶贫新模式。广西农业厅作为小组牵头单位，起草并推动印发了《2017年广西农业招商引资活动工作方案》，与招商部门联合精心筹办了多个交流洽谈会，有力推进了农业产业合作和产业扶贫。三是开展"党旗领航·商标扶贫"活动。自治区工商局指导小微企业、个体工商户和专业市场党组织、党员经营户开展"党旗领航·商标扶贫"活动，创新商标富农强桂品牌扶贫新路子。③ 四是培育产业扶贫龙头主体。加大贫困地区龙头企业、专业合作社、贫困村创业致富带头人等经营主体培育力度，完善利益联结机制，将扶持贫困户的资金集中捆绑使用，提高产业扶贫资金使

---

① 《广西壮族自治区扶贫开发领导小组产业开发专责小组2017年上半年工作总结》。
② 《广西壮族自治区扶贫开发领导小组产业开发专责小组2017年工作总结》。
③ 同上。

用效益和贫困户参与度。①

（十）科技支撑产业扶贫

一是组建专家服务团。2017年，以19个国家现代农业产业技术体系广西创新团队为依托，组建产业扶贫技术专家服务团20个，派出600多名专家前往贫困地区开展技术培训指导7.8万人次。二是选聘科技特派员。全区选聘2959名科技特派员，组成21个产业科技服务团队，实现贫困村科技服务全覆盖，全年累计开展实地科技服务7.7万天，指导建设农（林）业科技示范基地4943个，开展科技培训1.26万场次，帮扶建档立卡贫困户7.78万户。三是加强教育培训。持续开展"春季脱贫大行动"和"秋冬季大培训"，全年累计举办各类产业技术培训班0.56万期，培训贫困群众37.5万人次，有力地提升了贫困群众脱贫致富实用技能。②

三 主要成效

（一）特色农业有了发展

通过产业扶持，贫困地区种植业、养殖业、林业、旅游业、农林产品加工得到了促进与发展。据统计，2017年全区54个贫困县水果面积52.67万公顷，同比增加2.97万公顷，增长5.9%；蔬菜播种面积60万公顷，同比增长2.3%，茶叶种植面积6万公顷，增长3.5%；桑树面积10.53万公顷，同比增加0.9万公顷，增长9.3%；中药材面积6万公顷，同比增加2.09万公顷，增长53.45%；完成肉牛养殖20.2万头，肉羊养殖20万头，生猪出栏845.7万头，家禽出栏20103.5万羽，水产养殖产量26.7万吨。③全区54个贫困县新造核桃、油茶等特色经济林示范林0.13万公顷，实施油茶低产林改造0.13万公顷，每个贫困县建设林下经济示范基地1个，林下经济发展面积达到了236万公顷，林下经济总产值达到了440亿元。④在贫困地区建设了一批现代农业示范园区，带动了贫

---

① 《广西壮族自治区扶贫开发领导小组产业开发专责小组2017年工作总结》。

② 同上。

③ 《广西壮族自治区扶贫开发领导小组产业开发专责小组2017年工作总结》中的自治区农业厅统计资料。

④ 《广西壮族自治区扶贫开发领导小组产业开发专责小组2017年工作总结》中的自治区林业厅统计资料。

困群众增收。全区 54 个贫困县新增 30 个自治区级现代特色农业（核心）示范区，累计建成 59 个，占全区总数的 20.4%；新增 37 个县级示范区，累计建成 105 个，占全区总数的 16.23%；新增 73 个乡级示范区，累计建成 142 个，占全区总数的 23.55%，带动贫困户超过 10 万户，示范区农村居民人均可支配收入比当地提高 30% 以上。[①]

（二）工业扶贫有了推进

据自治区工信委统计，2017 年在 16 个贫困县开展 25 项技术改造资金计划项目，投入资金 8330 万元；在 13 个贫困县启动产业园区建设，投入资金 1.1 亿元；在 25 个贫困县实施 68 项产业转型升级项目，总投资 483.29 亿元；在 19 个贫困县安排中小企业发展专项资金 2000 万元，扶持开发和利用本地优势特色资源的技术改造项目建设。[②] 贫困县工业项目建设，为贫困地区经济发展注入了活力，增加了贫困群众就业机会与收入。

（三）乡村休闲旅游发展迅速

在多部门的推动下，贫困地区通过推广"公司+农户、企业带动+村寨联盟、景区+农家"等多种旅游扶贫模式，拓展和提升"旅游+""+旅游"扶贫空间，[③] 开发出旅游名镇名村、休闲农业与乡村旅游示范县（点）、现代特色农业示范区、现代农业庄园、森林人家、"金绣球"农家乐等一系列特色突出、品牌影响力大的乡村旅游产品，成立"边关"和"巴马"多个特设办公室，统筹推进"边关风情旅游带"和"长寿养生区"两个片区的旅游扶贫工作，促进了乡村旅游转型升级、提质增效。据统计，2017 年 54 个贫困县创建 22 个休闲农业与乡村旅游示范点，累计创建 45 个，占全区总数的 39.8%；全区创建 120 家四星级以上（含）乡村旅游区（农家乐），其中 54 个贫困县 48 家，占 40%；全区乡村旅游辐射带动 142 个旅游扶贫村脱贫摘帽，带动 14.71 万人贫困人口脱贫。[④]

---

① 《广西壮族自治区扶贫开发领导小组产业开发专责小组 2017 年工作总结》。
② 《广西壮族自治区扶贫开发领导小组产业开发专责小组 2017 年工作总结》中的自治区工信委统计资料。
③ 同上。
④ 《广西壮族自治区扶贫开发领导小组产业开发专责小组 2017 年工作总结》中的自治区旅发委统计资料。

（四）培育了产业经营主体

一是新型农民培育。据统计，2017年54个贫困县培育新型职业农民8885人，占全区的54%；54个贫困县累计培育新型职业农民32537人，认定16685人，分别占全区的54.77%和62.54%。[①] 二是农民专业合作社培育。建立了2017年全区农民合作社发展厅际联席会议制度，开展农民合作社示范社创建，全区共有159家国家级农民专业合作社示范社，991家自治区级示范社，1122家市级示范社，培养现代青年农场主600多人。全区2017年计划脱贫的900个贫困村，每村都组建或完善1个以上农民专业合作社，农民组织化程度进一步提高。三是龙头企业引进。根据贫困县产业发展需求，引进了一批优强企业及项目落户贫困地区，建立"招商企业+产业基地+贫困户"的产业扶贫新模式，引进了如海追日电气有限公司、湖北炎帝农业科技股份有限公司、山东寿光蔬菜控股有限集团等一批有资金、有技术、有销售渠道的龙头企业到贫困地区投资发展，助推产业扶贫。[②]

（五）增加了贫困群众收入

通过产业扶贫，贫困地区产业体系得到了建设，产业经营主体发展能力增强，农业、工业、商业、服务业有了新发展，贫困群众有了更多就业和增收机会，经济收入水平有了提高。据统计，2017年自治区贫困地区（33个国家级贫困县）农村居民人均可支配收入9719元，比上年增长10.4%；[③] 按照每人每年2952元的农村贫困标准计算，2017年末全区农村贫困人口246万人，比上年末减少95万人；贫困发生率5.7%，比上年下降2.2个百分点；实现1056个贫困村出列、6个区定贫困县、区（蒙山县、上思县、兴业县、右江区、八步区、南丹县）脱贫摘帽。[④]

[①] 《广西壮族自治区扶贫开发领导小组产业开发专责小组2017年工作总结》。
[②] 《广西壮族自治区扶贫开发领导小组产业开发专责小组2017年上半年工作总结》。
[③] 广西壮族自治区统计局、国家统计局广西调查总队：《2017年广西壮族自治区国民经济和社会发展统计公报》，广西壮族自治区人民政府门户网站（http：www.gxzf.gov.cn/gxsj/sjyw/20180426-691677.shtml）。
[④] 《2018年广西将确保减少农村贫困人口115万人》，2018年4月28日，广西新闻网（http：nntb.mofcom.gov.cn/article/shangwxw/201805/20180502739075.shtm）。

第三节　广西产业扶贫的模式创新

广西在长期的产业扶贫过程中，摸索和创造出许多有代表性的产业扶贫新模式，如"招商企业+产业基地+贫困户""龙头企业+合作社+贫困户""村党总支+股份合作社+贫困户"等，这些模式因其在产业扶贫中有较好的适用性和实施效果，目前被广泛推广和复制。

一　龙头企业带动产业扶贫模式

这种模式是通过龙头企业带动贫困群众充分利用当地的资源条件，发展生产、加工和流通等产业，增加贫困群众的经营性、工资性、财产性等收入，使之脱贫的方式。其主要特点是：第一，有带动能力比较强的企业；第二，有能够带动增收的特色产业；第三，有较好的利益联结机制；第四，当地群众配合参与；第五，有政府的大力支持；第六，企业服务融入贫困社区。在广西，龙头企业带动产业扶贫的典型例子有很多，如广西扬翔、金穗集团、桂洁农业等公司的产业扶贫，以下举三则例子。

（一）广西扬翔打造"一十百千万"工程助推精准扶贫

广西扬翔股份有限公司是经营饲料、饲料添加剂生产销售及家禽、家畜、淡水鱼饲养销售的民营企业，该公司在"民营企业扶助贫困村"贵港市港北区港城镇樟村创建精准扶贫基地，通过"公司平台+大众创业"，公司投资建设高标准生态猪栏、种植高端经济作物，让精准贫困户通过生态种养脱贫致富。扬翔公司的主要做法是：第一，打造"一十百千万"工程。"一"是以一个龙头企业培育扶持若干个种养专业合作社，发展生态种养产业；"十"是每个合作社最少吸纳十户精准贫困户入社；"百"是每个合作社至少流转一百亩土地，种植高端经济作物并用于消纳养殖粪污；"千"是每个合作社至少出栏一千头肉猪；"万"是每个入社贫困户年收入不少于一万元。第二，扩宽贫困户收入门路。一是土地流转收入，年收入每亩1000元左右；二是劳动报酬，每天收入80—100元；三是合作社分红，贫困户利用政府贴息贷款入股，年底分红5000—10000元。主要亮点是：政府与银行共同配足资源，特别是农发行给予信贷支持,扬翔公司诚信经营并带领贫困户脱贫致富;扬翔公司负责产前、产中、产后全方位的服务指导,为项目的盈利提供有力的保障;项目充分发挥贵港市生态绿廊政策的优势,与发展生态种养精准扶贫有机结合起来;解决地无人种、人无地种的矛盾,实现产业扶贫机制新突破。①

(二)都安县"贷牛还牛"打造产业扶贫"都安样本"

2016年,都安县充分利用荒山牧草资源优势,引进广西都安嘉豪实业有限公司、都安桂合泉生态有限公司、都安正大种养专业合作社等企业为龙头企业,自主创新,因地制宜,按照"政府扶持、企业牵头、农户代养、贷牛还牛、还牛再贷、滚动发展"的模式,引导贫困户饲养瑶山牛,大力发展生态肉牛养殖业,实行以市场价或保底价回购牛的帮扶措施,拓宽贫困群众脱贫致富之路。其运作方式是:企业选种—农户饲养—干部帮扶—保险担保—企业回收—利益共享—滚动发展—脱贫致富,把养殖、销售、深加工、冷链运输等环节有机衔接起来,创新产业发展模式,使产业由资源优势向品牌优势转变。同时,为推动产业持续发展,都安县还出台了相关鼓励政策,鼓励贫困群众发展养殖产业,鼓励企业回收成品,激发群众发展产业的动力和热情。为了充分调动和挖掘广大干部群众工作积极性和巨大潜能,都安县还从实施绩效管理入手,利用绩效管理保障体系的作用,推动"贷牛还牛"模式落实。截至2019年6月,广西都安嘉豪实业有限公司已带动全县19个乡镇248个行政村2.4万贫困户饲养肉牛3.5万头,培育发展肉牛养殖合作社147家,受益群众8.7万人,贫困户饲养一头牛每年可增收5000—8000元。2019年10月嘉豪实业有限公司董事长林杰获得全国脱贫攻坚创新奖。都安县通过"贷牛还牛"特色种养业等八大扶贫产业,提供了深度贫困地区脱贫攻坚和乡村振兴的"都安样本"。

(三)钟山县天怡食用菌公司黑木耳铺开贫困户脱贫路

2016年以来,钟山县引进钟山县天怡食用菌有限公司投资300万元在公安镇大田村建成黑木耳制棒厂1家,厂房面积1500平方米,购置智能袋装自动化生产流水线一条,养菌棚面积12000平方米,年生产菌棒150万棒。在该公司的辐射带动下,全县12个乡镇共种植黑木耳300亩,

---

① 广西壮族自治区扶贫办:《产业扶贫典型案例汇编》(内部资料)。

其中 110 户贫困户种植 200 亩，非贫困户种植 100 亩；黑木耳总产量 27 万公斤，总产值 1350 万元，亩纯利润 1.2 万元；农民通过种植和在基地务工，增加收入 530 多万元，带动 200 多户贫困户增收脱贫，取得了明显的扶贫和经济、社会效益。① 公司的主要做法是：一是保底收购产品。食用菌公司通过"公司＋金融机构＋贫困户（种植户）＋基地"的模式，保底每公斤 50 元收购产品，解决农民群众生产后顾之忧。二是保障技术指导。食用菌公司建立明确的技术人员巡回制度，确保种植户能按技术要求完成菌棒下地、田间管理、摘晒木耳等工序。三是借力增加村级集体经济收入。村委发动农户种植黑木耳每棒可获得服务费 0.05 元作为村集体收入，服务费由食用菌公司支付。② 主要亮点是：完善农户与龙头企业的利益联结机制，保价收购免除农户的后顾之忧，黑木耳产业与村级集体经济收入挂钩，带动村集体经济增收。

二 合作社（家庭农场）带动产业扶贫模式

这一模式是以农民创办的合作社（或家庭农场）为主体，通过合作社（或家庭农场）将贫困户联合起来，充分利用当地资源条件和机会，带动贫困户发展产业经济，从而带动贫困群众脱贫的做法。其主要特点是：第一，以农民合作社（或家庭农场）为依托；第二，贫困群众积极参与；第三，有较好的运行管理机制；第四，有好的产业与商机；第五，有好的社长（或家庭农场）领头。由于农民合作社是农民自身的组织，比龙头企业带动有较高的稳定性，且能够促进农民自我发展能力的提高，有较高的"造血"功能，近年来在党委政府的指导支持下，该模式得到了快速发展，并成为产业扶贫的重要、普遍模式。

（一）五守庄老笨土鸡养殖专业合作社"多产一体"创收扶贫

2016 年，资源县五守庄老笨土鸡养殖专业合作社自筹资金 70 余万元，利用产业扶贫资金 30 万元，投资进行规模化放养土鸡养殖基地建设，建立养殖基地 120 多亩，鸡舍面积 1000 平方米，带动石寨村在册贫困户 50 户养殖土鸡。2016 年合作社销售土鸡 5000 多羽，在育土鸡 5000

---

① 广西壮族自治区扶贫办：《产业扶贫典型案例汇编》（内部资料）。
② 同上。

多羽，收购贫困户种植的玉米2.5万余公斤。参与农户增收数百至数千元不等，帮助半数以上贫困户摘掉了贫困帽子。同时，合作社动员10户农户作为第一批参与合作社民宿旅游开发的合作对象，发展家居体验式乡村旅游。通过"合作社+基地+农户"组织运作，根据贫困户不同情况，采取基地育苗保成，基地代养、农户散养、收益入社、土地入社、免费供种、签订回收等多种灵活方式，降低参与农户的养殖风险，强化合作社的带动作用，实现农户参与种植、养殖利益最大化的愿望。同时，合作社做好产品宣传工作，配合广西电视台录制相关节目，搭建合作社自己的"乡村原生味"电商销售平台，2016年通过"乡村原生味"网上商场销售土鸡600多羽，为合作社产品打开网络营销大门、实现多渠道、多形式销售夯实了基础。主要亮点是：合作社结合石寨村多山多林的实际情况，采用养鸡、销售玉米、开发乡村旅游等"多产一体"的开发模式带动贫困户发展经济，农户可以结合自身条件，以种植、养殖、加工生产、务工等多种形式参与合作社的生产及经营，充分利用本地资源。[①]

（二）安宁村富源水产养殖专业合作社"融安河边鱼"特色养殖助贫增收

长安镇安宁村是融安县一类贫困村，全村有林地面积2万亩，耕地1994亩（其中农田1760亩），主要扶贫产业有网箱养鱼、土鸡养殖、淮山种植、大袍屯旅游业等。长安镇安宁村富源水产养殖专业合作社成立于2016年4月，注册资金40万元，主要养殖品种为叉尾鱼、草鱼和鲤鱼。合作社共吸收贫困户43户、贫困人口170人，每户养殖面积都在200平方米以上。目前合作社已建成并通过验收网箱12295平方米，引进鱼苗60万尾，已投入资金40多万元。同时，聘请贫困户到合作社进行管理，有电工、船工、喂料、值守等10个岗位，每个岗位每月工资均在2000元左右。合作社的贫困户还通过扶贫贴息贷款将每户5万元的借款委托给合作社用于扩大规模，每年获得8%的年收益（即5万元本金年收入4000元）。该合作社与贵州、桂林等省市水产公司签订了购销协议，以"公司+合作社"的形式运作，公司与合作社签订协议，确保企业具有稳固的优质鱼原料生产基地，公司解决合作社产品的销售渠道问题。

[①] 广西壮族自治区扶贫办：《产业扶贫典型案例汇编》（内部资料），第18页。

这一运作取得了良好效益，2016 年底该村共脱贫 29 户、107 人，贫困发生率从原来的 22.8% 降到 19.5%。①

三　经济能人带动产业扶贫模式

经济能人是在农业、工业、商业、服务业等产业领域做得比较好的人，如农业专业大户、农村经纪人、私营企业主等，他们在经营上有比较多的思路和办法，对地方社会经济有一定的影响力。经济能人带动产业扶贫，就是通过乡村里的经济能人，带动贫困户发展产业经济，增进贫困群众的收入，使之达到脱贫致富的目的。经济能人带动有以下主要特点：一是有一位办事能力强的经济带头人；二是有一个较好的组织和分配机制；三是有比较好的经济项目；四是有贫困户参与。相对于合作社与企业带动而言，其组织结构比较松散，运作方式也相对灵活。

（一）武宣县东乡镇洛桥村"科技种养大王"潘东桦竹鼠养殖产业带动扶贫

武宣县东乡镇洛桥村下辖洛桥、那沙和廷则 3 个自然村 11 个村民小组，全村人口 397 户、1612 人，有贫困户 67 户 267 人。2012 年 7 月，洛桥村在全区"科技种养大王"潘东桦的引导下发展竹鼠养殖，并成立广西武宣林业陆生野生动物唯一一家持有广西陆生野生动物及其产品经营利用许可证、广西陆生野生动物驯养繁殖许可证的竹鼠养殖合作社。合作社成立后，不断吸纳当地农户参与竹鼠养殖，按农户意愿组织开展科技养殖培训。建成的养殖基地占地 50 多亩，其中养殖场占地面积 3000 多平方米，种鼠存栏 2000 多对，商品鼠月出栏可达 1000 只以上。合作社共带动本村 30 多户贫困户认养竹鼠，每户认养 40 对，辐射带动全镇 120 多户贫困户养殖竹鼠。合作社积极探索"公司+合作社+基地+农户+深加工"的发展模式，由合作社统一采购、引种并提供标准化养殖场所，贫困户认养，统一在合作社集中饲养、管理，成品出栏后统一收购，再将产品推向市场。② 2017 年底洛桥村已实现脱贫摘帽。

---

① 广西壮族自治区扶贫办：《产业扶贫典型案例汇编》（内部资料），第 18 页。
② 同上书，第 30~31 页。

（二）阳圩镇六丰新村党支部书记宋玉军产业带动网箱养鱼铺筑脱贫路

百色市右江区阳圩镇内的六丰新村是百色水利枢纽库区移民安置规划设计中的外迁地，迁到这片土地上的共有33户村民160人，其中有6名党员，宋玉军是党员中的唯一村组干。2005年百色水库下闸蓄水后，宋玉军看到了商机，2007年他大胆创业，充分依托百色水库丰富的水面资源，大力发展网箱养鱼业，闯出了一条依靠科技、勤劳致富的路子，由一个普通农民，逐步成为小有名气的"养鱼专家"。从2007年至今，他的网箱从10个变成60个，从最初的小心投入到现在年投入总值100多万元，他的致富路在他不断的努力经营下日渐明晰，投资的规模也越来越大。他富裕后不忘帮扶"穷乡亲"，2014年6月他注册成立了宋氏养殖农民专业合作社，注册资金150万元。会员从最初的6户发展到现在的60户，主要从事水产养殖、水产品销售、水产养殖技术服务，年产量达到400吨，年产值达400多万元。2016年，依托六丰村宋氏养殖农民专业合作社，动员贫困户入股联合创建六丰村国海种养农民合作社，扶持有意愿发展网箱养殖的贫困户发展网箱。合作社分为两期实施：第一期于2016年2月启动，带动贫困户25户，发展网箱140个，总投资300万元，产值达360万元，利润60万元；第二期于2017年3月启动，带动贫困户37户，发展投料网箱80个和50亩的生态网箱养殖。资金投入主要通过申请金融扶持200万元，第一年预计产值130万元，利润25万元；第二年预计产值180万元，利润75万元。入股贫困户年人均纯收入3000元以上。宋玉军先后获得过右江区"十佳农民""美丽家庭""最佳支书"等荣誉称号，已成为当地有名的养鱼致富能人。[1]

四 集体经济带动产业扶贫模式

集体是由个体组成的团体，集体经济是集体成员利用集体所有的资源要素，通过合作与联合实现共同发展的一种经济形态。农村集体经济是主要生产资料归农村社区（分为乡镇、行政村、村民小组等三级）成员共同所有，实行共同劳动、共同享有劳动果实的经济组织形式。20世

---

[1] 广西壮族自治区扶贫办：《产业扶贫典型案例汇编》（内部资料），第36—38页。

纪70年代末80年代初农村实行分田到户后,广西90%以上的村都分完了集体资产,2015年广西5000个贫困村有3350个村是集体经济为零的空壳村,① 集体经济组织名存实亡。为了建设"美丽广西""振兴乡村",充分发挥集体经济在解决乡村清洁、公益事业、公共服务等方面问题的优越性,目前许多地方陆续恢复和重建、兴办集体经济,以带动贫困群众发展生产增收。该模式的主要特点是:第一,以集体为经营主体;第二,资源为集体成员共有;第三,集体组织经营运作,第四,实行民主管理;第五,共享经营成果;第六,组织形式多样,过去有互助组、初级社和人民公社,现在有由村组成员通过自筹资金、场所自我组织起来的经济合作社,或利用原有集体资产组建的股份合作组织等。股份经济合作社是确认个人产权的集体经济,能够充分发挥"集体"与"个体"的积极性,更好地促进集体经济的发展和解决贫困户的发展问题。

（一）邕宁区积极探索集体经济实现村强民富

南宁市邕宁区2016年有建档立卡贫困人口6657户25906人,共有整村推进贫困村30个。经过一年多的积极探索,大胆创新,不断推动新型村级集体经济发展,形成了稳定的集体经济收入,农村基础设施得到有效改善,2016年12月邕宁区顺利通过了自治区脱贫摘帽核验,17个贫困村实现了脱贫摘帽。主要做法是:邕宁区针对无村集体经济收入或集体经济项目单一、收入少、缺乏后劲的贫困村,制定了详细的发展规划,并在政策上予以倾斜。修建了一批道路和水利设施,改善了生产条件,带动了集体经济加快发展。累计成立农民专业合作社200多个,涉及57个行政村,覆盖率达78.1%。如百济镇红星村通过土地流转入股组建了南宁市坛里现代生态农业专业合作社,为种植户提供沃柑产前、产中、产后的肥料购置,育苗、田间生长期间管理技术指导及销售服务等,通过合作社经营每年可增加集体收入2万元。同时对农村集体山林、水库及因撤并学校而闲置的校舍进行了集中清理,采取合作经营、承包等方式盘活变现,增加集体收入。如新江镇东营万头养猪场,团阳村将约300亩的集体土地整片发包给公司建立大型养猪场,既增加村集体经济收入,

---

① 刘俊:《在广西2017年脱贫攻坚推进大会暨业务培训会上的讲话》。

又带动当地发展养猪业，成功打造了新江镇十里养殖长廊。①

（二）凌云县"三大举措"破解村级集体经济发展难题

第一，注入专项资金，为筑强村级集体经济基础"输血"。一是为村集体注入财政奖补资金和商业银行贷款。凌云县财政统一安排每村20万元财政奖补资金，再协调商业银行向每个贫困村放贷30万元，使每个村集体积累的投资资本达50万元。原始资本积累完成后第一年，各村将资本融入县政府平台公司。财政奖补的20万元资金，平台公司按融入金额的7%分红支付给村集体；向商业银行贷款的30万元，平台公司按照融入金额的5%分红支付给村集体经济合作社，合作社收入的50%上缴村委作为集体经济发展收益，50%留作合作社滚动发展资金。按此测算，每村当年即可获得村集体经济收入21500元。二是支持村集体购买商铺作为固定资产，解决村集体可持续收益问题。原始资本积累完成后第二年，支持村集体购买平台公司在县城开发的商铺作村级集体经济发展服务网点，将资本用来购买商铺经营，通过平台公司统一回租、联合招租、经济能人代经营等方式，获取经营收益，实现村集体经济的基本收入。目前凌云县每村20万元共2200万元的财政补助资金已全部落实，为调动好村"两委"班子的工作积极性，杜绝"养懒汉"和坐享其成，县里还决定，每村20万元的财政补助资金在村滚动发展，10年后将全额收回县财政，以此促推各村根据本村情况积极探索，不断拓展，寻找可行的集体收入项目的投入（如通过商铺抵押贷款等方式筹措资金再投资，达到"筹资—资产—收益—融资—再投资—发展壮大收益"的良性循环）。

第二，盘活集体资源，为突破村集体经济瓶颈"活血"。一是明晰村集体林地、土地、园地、场地等资源以及蚕房、烤房、栏舍、塘坝、水闸、机井、集中供水等设施的产权，并做好登记备案和公示工作。在规范承包权、经营权、使用权基础上，通过发包、租赁、参股、联营、合资、合作等方式加以开发利用，实现村集体收益。二是将各级各单位建设安装在村屯里的宣传牌、宣传栏的产权全部下划至其所在村名下，由村里负责维护、管理，实行有偿使用，使用收益归村集体所有；各级财政对各村投入资金发展村级公益事业所形成的村级活动中心、学校、五

---

① 广西壮族自治区扶贫办：《产业扶贫典型案例汇编》（内部资料），第58—59页。

保楼等公益性设施，通过对外出租开办幼儿园、商店、仓储、工程建设项目经理部等方式，获取收益，增加村集体经济收入。经过不断努力，凌云县逐步盘活了村集体资源、资产，全县目前有集体经济收入的村达33个，有7个村收入2万元以上，逐步实现村级集体经济从无到有、从小到大的发展目标。

第三，创新扶持模式，为发展村集体经济"造血"。采取"村集体+合作社（企业）+基地+农户"的模式，由村集体组建产业合作社，合作社组织农户发展产业，县财政根据奖补方案，将以往政府直补到农户的产业发展资金，改为村集体产业奖补资金，县财政把奖补资金拨付给村集体合作社，合作社按协议兑现给农户，再按协议分配产业红利，实现农户增收、合作社壮大、村集体获得收益的三赢目标。[1]

五 示范园区带动产业扶贫模式

示范区通常由龙头企业、合作社、集体经济组织、能人等经营主体在政府的指导和支持下建设，成了为周边群众或更广泛区域的群众提供某一方面示范带头作用的场所。为了聚合资金、技术等力量发展产业经济，近年来广西各级政府在示范区建设上下了很多功夫，建成了自治区、市县、乡镇等多级、多元现代特色产业示范区，以其带动贫困地区贫困群众脱贫，并为贫困群众提供学习、参考和借鉴经验。

（一）上思县长德现代生态农业示范区产业扶贫："企业+基地+贫困户"利益联结产业增收

防城港市上思县是广西21个区定贫困县之一。2015年底，全县有区定贫困村32个、建档立卡贫困户3976户16473人，贫困发生率8.14%。近年来，上思县不断加大产业扶贫工作力度，以"企业+基地+贫困户"利益联结产业增收模式，带动贫困地区发展产业和带动贫困户增收脱贫。上思县长德现代生态农业示范区建设于2013年，占地面积为2万亩，项目建设期为5年，总投资人民币2亿元，目前示范区已完成澳洲坚果、台湾凤梨、新品沃柑种植2000亩，生态立体种养400亩，水果采摘园200亩。共流转2500亩土地，涉及农户200户，按土地流转费每亩每年400

---

[1] 广西壮族自治区扶贫办：《产业扶贫典型案例汇编》（内部资料），第60—62页。

元计算，平均每户年增加租金收入5000元。同时，返聘当地的贫困户到示范区从事种植管理工作，每人每年增收18000元。[①]

（二）大新县宝圩乡陇那生态养殖基地扶贫："十百千"母牛合作寄养促农增收

大新县宝圩乡陇那生态养殖基地成立于2014年2月8日，基地占地面积100多亩，目前已平整土地约60亩，建好牛舍4000多平方米，羊舍300多平方米，青贮室2800平方米，沼气池1500立方米，办公及职工宿舍楼300平方米，围墙400多米，排水沟850米，种植牧草60多亩。已经购进西门塔尔母牛180头，育肥牛30头，羊40只，完成投资850万元。2015年在县政府的支持下，基地以陇那生态养殖专业合作社为龙头，采取"合作社＋基地＋农户"的运作模式，鼓励项目示范区农户以扶贫资金和自筹资金入股，以"寄养代管"的方式开展合作养殖，目前已有44户贫困农户签订了寄养协议（另有第二批46户与合作社达成初步合作意向），合作周期3年（3年后基础母牛归农户，可以续约），由基地统一管理（含牛种供应、养殖管理、牛仔销售等），在取得收益后，按照40%归农户、60%归合作社的分配模式进行利润分红。此外，基地优先聘请当地农户务工，并发动周边群众收集甘蔗叶，为养殖场提供青饲料。2017年该项目已有90户贫困农户参与（其中44户已划拨补助资金），到2018年，该项目将覆盖贫困农户1000户以上（即寄养母牛数量达1000多头），为当地农户提供100个左右的就业岗位，达到项目区域内农民年人均纯收入增加一倍以上的目标。每养1头牛纯利润可达到7000元，根据40%利润归农户的分红比例，3年合作期内入股农户每年能获得约2800元利润。3年后，基础母牛归农户所有，可自主选择是否续约。[②]

（三）田阳县杧果扶贫产业园区产业扶贫："平台助推、带资入股、返包管理、产业融合"模式

田阳县现有52个贫困村、14164户建档立卡贫困户共50291人，此外还需接纳凌云县跨区域安置贫困农民1万人。田阳县委、县政府因地制宜，依托特色优势杧果产业，把产业发展与扶贫脱贫有机结合起来，

---

① 广西壮族自治区扶贫办：《产业扶贫典型案例汇编》（内部资料），第64页。
② 同上书，第68页。

规划建设杧果扶贫产业园区，采用"平台助推、带资入股、返包管理、产业融合"的产业扶贫模式，探索解决无土易地扶贫移民搬迁后续产业发展和持续增收问题。截至2016年，田阳县杧果种植38.3万亩，产量约16万吨，产品远销北京、上海、天津、武汉等150多个大中城市；杧果产值达9.3亿元，农民种植杧果人均收入3141元，带动6053户贫困户脱贫致富。其主要做法是：

第一，平台助推，打造杧果产业扶贫产业园区。园区规划建设20万亩，以政府平台公司田阳县恒茂集团为业主，负责园区建设、经营管理和固定分红，统筹使用上级有关扶贫项目资金、合作企业发展资金和社会募集资金，通过梯田式开垦果园，种植杧果和间作物，建设水、电、路等配套基础设施，全力打造集现代农业、规模经营、集约发展、立体开发、绿色生态、旅游观光、扶贫联动于一体的三产融合发展扶贫产业园区。

第二，带资入股，让贫困户变为公司股东。引导全县建档立卡贫困户每户向农商行贷5万元政府贴息小额扶贫贷款，以带资入股方式参与园区建设经营，由恒茂集团统一代管建档立卡贫困户和易地搬迁群众参与园区建设的入股本金（小额信贷贴息贷款），并妥善安排他们到园区劳动就业和返包管理等，让贫困群众以"抱团"方式发展产业，变"输血式"扶贫为"造血式"扶贫。

第三，返包管理，让贫困户入园发展产业。政府平台公司在园区第一期规划范围内独资建设1万亩高标准杧果生产基地，包括道路、水利、电力、水肥一体化滴灌等基础设施建设。杧果园建成后，鼓励有意向、有技术、有能力的贫困户进行返包管理，按每户承包10亩、挂果杧果树按每株每年30元的标准支付租金。贫困户在平台公司的技术指导下，负责杧果树日常管护，待杧果上市后由平台公司负责销售。

第四，产业融合，打造产业集群。充分利用园区区位优势，以发展桂七、台农等优质杧果产业为主体，发展休闲农业、乡村旅游业，引进农林产品精深加工企业，对杧果等园区农林产品进行采后商品化处理、加工、物流，推动"一二三产"深度融合发展，打造产业集群，让搬迁移民转变为产业工人，实现贫困农民稳定就业、长期致富目标。[1]

---

[1] 广西壮族自治区扶贫办：《产业扶贫典型案例汇编》（内部资料），第69—71页。

六　党建带动产业扶贫模式

该模式通过抓好农村基层党组织建设，通过村支部、支部书记，带动贫困地区群众发展生产、搞活流通和服务业，让贫困群众增加生活来源，促进贫困群众脱贫。其主要特点是：第一，以基层党组织为产业发展的带动主体；第二，有几位优秀的党员干部；第三，有好的联系和带动贫困群众的机制；第四，有贫困群众的积极参与；第五，有党委、政府的支持。此模式是当下广西产业扶贫攻坚中广泛推广的模式，能够发挥基层党员干部的先锋队作用。

（一）柳南区四合村产业扶贫：以真心赢得民心　以产业引领发展

柳州市柳南区四合村是自治区级贫困村，共有贫困户101户367人，占柳南区贫困人口总数的58%以上，是柳南区2016年脱贫攻坚的主战场。2016年3月，根据组织安排，柳南区农业服务中心干部蒙潇同志来到四合村，成为一名光荣的驻村第一书记。他经过深入思考，结合四合村的具体情况，提出了走百香果种植产业发展致富道路。通过几个月深入细致的观察和总结，探索形成了支部"拢"一下、群众"议"一下、书记"跑"一下、政府"帮"一下、村委"跟"一下、能人"带"一下的"六个一"工作法，并取得了明显成效，帮助四合村初步实现了以产业引领脱贫。在第一书记蒙潇的带领下，目前四合村新增"满天星"品种百香果面积270亩，按照第一年亩产2000斤，每斤不低于4元的回收价保守计算，预计产出百香果54万斤以上，产值216万元以上。单这一项产业就将为四合村人均增加收入800元左右。通过这个产业的效应，群众对打赢脱贫攻坚战充满了信心，四合村将在全市率先完成精准脱贫的目标。[①]

（二）浦北县青春村产业扶贫：小小百香果　脱贫挑大梁

江城街道青春村为浦北县"十三五"规划的贫困村，全村共321户，总人口1642人，其中有建档立卡贫困户31户122人，贫困发生率为7.42%。全村有耕地1040亩，林地5400亩。2016年以来，青春村通过合作社发展百香果产业，打造了"党支部+合作社+电商+贫困户"的精准扶贫发展产业新模式，壮大了村集体经济，带动贫困户参与产业开发，

---

① 广西壮族自治区扶贫办：《产业扶贫典型案例汇编》（内部资料），第80页。

解决了贫困户就业，增加了农户收入，闯出了一条产业发展、民生改善、贫困户增收的路子。根据贫困户脱贫"十一有一低于"和贫困户脱贫"八有一超"指标，2016 年贫困户脱贫 24 户、100 名贫困人口，实现了整村脱贫摘帽，贫困发生率由 7.4% 下降至 1.3%。其主要做法是：

一是科学规划，构建"一村一品"格局。2016 年初，驻村第一书记谢炳远与村"两委"干部组成工作组，通过实地走访调研和征求贫困户意愿，发动有劳动能力的贫困户种植百香果。贫困农户陆辉率先种下 20 多亩百香果，第一年初产 20000 多公斤，年收入达到 10 万元。在陆辉的带领下，全村有 24 户贫困户种植百香果，连片面积达到 100 多亩，创建了百亩百香果种植示范基地。

二是组建合作社，促进产业抱团发展。随着村民不断扩大种植规模，为加强产销管理，促进农户抱团发展的信心，驻村第一书记谢炳远与种植大户商议决定创办专业合作社。在多方努力下，2016 年 6 月成立春盛农产品产销专业合作社，通过合作社建立了集生态建设、高效种植、加工销售、技术推广、科技培训及信息交流于一体的现代特色水果种植示范区。推广"合作社 + 基地 + 农户"模式，实行统一种苗、统一农资、统一技术规程、统一品牌、统一销售等"五统一"管理模式，建立高标准水果种植基地，较好地带动了绿色百香果产业发展。

三是扶贫农户，多方共赢。合作社成立了党支部，已有 6 名党员，发展社员达 21 名。合作社对有条件、意愿种植百香果的贫困户，通过赊销种苗、肥料等方式帮扶生产，减轻贫困户生产负担，等百香果有收成后保价回收，再扣除之前的种苗、肥料费用。目前已扶持农户 60 户种植百香果，其中有贫困户 24 户。同时对有劳动能力、愿意进入合作社种植基地务工的贫困户，合作社优先安排贫困户就业，根据市场价按日（月）结算相应的劳务费，有 15 户贫困户因此增加了收入。①

七 政府主导带动产业扶贫模式

贫困地区由于自然条件比较差等原因，贫困群众发展能力较弱，单单依靠他们自身的力量难以发展产业脱贫致富。对此，各地党委政府和

---

① 广西壮族自治区扶贫办：《产业扶贫典型案例汇编》（内部资料），第 83—85 页。

各级部门，通过委派干部、予以资金、组织发动、亲临指导等形式，带动贫困群众发展产业经济，以增加收入和脱贫致富。这种模式的主要特点是：第一，地方政府主导；第二，领导比较重视；第三，有资金上的支持；第四，环境改善比较迅速；第五，群众依赖性比较强。目前在国家扶贫攻坚战略下，各级党委政府都已动员起来并加入到这一场决胜战略之中，此模式在各地已成为当下的主打模式。

以贵港市为例，2016年以来，贵港市委和政府立足当地资源优势，探索"合作社+贫困户+基地"模式，通过引导发展百香果等"短平快"特色优势产业，坚持"10+3"特色产业带动贫困农户发展产业增收，实现增收脱贫摘帽和防止返贫。2016年全市采用"合作社+基地+贫困户"模式新发展百香果11195亩，整村推进种植百香果的贫困村21个，覆盖贫困人口10532人。截至2017年5月20日，全市落实种植百香果的贫困村（含2014年以来脱贫摘帽村）191个，落实种植面积25290.7亩，其中整地待种面积6751.4亩、已种植面积18539.3亩、搭棚架面积8736亩。主要做法是：

一是选择主导产业。贵港市产业开发专责小组经过长达半年的调研论证，决定把短平快、能加工、有市场的百香果作为首推扶贫主导产业。2016年，以蚕种场为载体率先培育60万株优质百香果苗木，动员部分社会优质苗圃场培育100多万株，赶在清明雨水季节能出圃种植，实现了全市百香果面积由2015年不足千亩发展到2016年的1.2万多亩。

二是加快产业形成。2016年底，安排300万资金用于百香果种苗繁育工作，今年初又专门印发《贵港市百香果产业发展实施方案（2017—2019年）》（贵政办〔2017〕38号），明确百香果作为贵港今后打造的一个重点特色产业和扶贫产业项目。市农业局紧紧按照市委、市政府的部署和要求，把全市农业系统213名农技人员全部下派到157个30亩以上百香果生产基地，实行捆绑式技术指导，有序推进全市百香果产业深入发展。目前培育的400万株（其中农科所200万株）百香果苗已经陆续出圃下地种植。在市委、市政府的推动下，贵港各地纷纷出台政策和激励措施，支持百香果产业发展。港南区、覃塘区对贫困户种植百香果每亩给予1500元补贴，港北区对种植百香果贫困户按每户5000元的标准予以支持，桂平市、平南县对贫困户种植百香果每人给予800元的补贴。同时，港南区、覃塘区积极整合涉农资金，对贫困户和百香果种植大户、合作社给予奖励补贴，有力促进了产业扶贫基地建设和产业的形成，百香果产业以燎原之势在全市蔓延推开。

三是强化品牌建设。2017 年以来，市产业专责小组各成员单位根据各自职责，主动支持配合县市区和贫困村开展百香果种植、管理、采收、运销等环节全程跟踪服务工作。成立了贵港市百香果行业协会，加强行业自律，规范生产技术标准和管控产品质量，强化贵港百香果品牌意识，提高市场竞争力。积极开展招商引资引进百香果果汁、果脯和酵素等高附加值加工企业，从 2017 年 3 月开始，陆续推出 "百香果种植季" "百香果开花时" "百香果成熟月" "百香果文化节（采购周）" 等主题活动，促进全市百香果产业扶贫和百香果产业富民行动落地生根、开花结果，形成贵港百香果产业品牌效益和产业扶贫可持续发展的新路子。[1]

此外，广西在脱贫攻坚战略实施过程中，还涌现出了开发扶贫公益岗位，采取资产收益、带资入股、代种代养，确保贫困群众有固定产业收益等产业扶贫模式。[2]

八　边贸促脱贫模式

通过建立边民互助组、发展边贸合作社，创新边贸主体联结机制，实施 "互助组+贫困边民" "边贸+合作社" "边贸+落地加工产业园" 以及 "边贸+易地扶贫搬迁" 等扶贫模式，推进边贸扶贫，改善边民的生活。如凭祥市在 4 个边境县（市）大力实施边贸扶贫工作，创新完善 "合作社（互助组）+边民+企业+金融" 模式，打造边境地区精准扶贫新亮点，引导贫困边民参与边境贸易，以实现 "入社即脱贫" 的目标，目前 4 个边境县（市）共成立 7 个边贸合作社，组建 432 个边民互助组，社员 2.1 万人（其中贫困户 1.06 万人）。[3] 又如，2016 年防城港市东兴市充分利用国家给予的边民每天交易 8000 元关税全免的政策，成立边民互

---

[1] 广西壮族自治区扶贫办：《产业扶贫典型案例汇编》（内部资料），第 99—101 页。
[2] 广西壮族自治区人民政府：《广西脱贫攻坚工作情况汇报》，2018 年 5 月 24 日。
[3] 广西全区 2017 年脱贫攻坚推进大会暨业务培训会参阅材料之一：《全区各市 2016 年脱贫攻坚工作亮点清单》，第 27 页；《崇左市 2016 年脱贫攻坚工作亮点清单》。

助合作社参与互市贸易。按照"边民参股、集体经营、贸工结合、规范管理"的方式，组建 24 个边民互助合作社 2000 多人参与互市贸易，其中 139 户贫困户 500 多人加入边民互助合作社参与互市贸易，月收入由原来不足 1000 元增至 3000 元以上；防城区那良镇里火村组建了一支由 1200 多人组成的"诚信板车服务队"，既承包货物装载运送、参与边境贸易经商、充当边境贸易经纪人，又组成边民互助组，帮助贫困边民解决边贸资金、就业等问题，走出了一条边贸帮扶的致富好路子。[①]

第四节 产业扶贫可持续发展的对策建议

习近平总书记强调："消除贫困、改善民生、逐步实现共同富裕，是社会主义的本质要求，是中国共产党的重要使命"，"脱贫致富终究要靠贫困群众用自己的辛勤劳动来实现。没有比人更高的山，没有比脚更长的路"。广西的产业扶贫取得了显著成效，但同时也面临着贫困地区产业发展难、扶贫产业发展可持续性差、贫困户发展产业内生动力不足、贫困地区产业基础设施建设滞后等诸多困难和挑战。帮助贫困群众摆脱贫困，并在乡村振兴背景下发展农村产业经济，可以从以下诸方面寻求突破。

一 坚持产业扶贫因地制宜分类指导

由于贫困地区自然条件不同，贫困群众发展能力各异，产业扶贫应因地、因山、因水制宜，因户施策，走符合区域发展基础、贫困户发展能力、产业发展条件的可持续发展产业扶贫道路，做足庭院经济、作坊经济文章，重点发展那些适合贫困地区、贫困群众特点的，能够给贫困群众带来相对稳定收益的产业。在扶贫产业选择及项目安排上，不能"一刀切"，要尊重规律，做到宜农则农、宜工则工、宜商则商、宜服则服、宜旅则旅、宜转移就业则转移就业，做到政府指导、社会支持与贫困群众意愿相结合，精心选准扶贫产业，做到"长中短""大中小"扶

---

① 广西全区 2017 年脱贫攻坚推进大会暨业务培训会参阅材料之一：《全区各市 2016 年脱贫攻坚工作亮点清单》，第 12 页。

产业项目相结合,抓好扶贫产业的特色化、组织化、多元化、市场化,促进产业扶贫开发增效益,调动贫困群众发展产业脱贫内生动力。

二 继续培育扶贫产业发展主体带动能力

扶贫产业的发展需要突出合作社、企业、经济能人等多元化经营主体的带动作用,贫困地区经济发展缓慢,贫困群众发展能力较弱,因此培育贫困地区产业发展主体,增强其发展能力,是产业扶贫极其重要的突破口。

一是继续加强对贫困地区贫困学生的教育支持,加强对贫困人口的职业技能培训,提升他们的自我发展能力,使之从"要我发展"向"我要发展"转变,从没有能力发展向有能力发展转变。

二是继续鼓励与加强贫困地区农民合作社、乡镇企业、龙头企业等建设,采取"扶贫龙头企业+农民合作社+贫困农户+扶贫产业"等有效联结机制,发挥合作社、龙头企业在技能培训、提供就业岗位、联合兴办加工、产销对接、直接投资建基地等方面的优势,促进扶贫产业的健康发展。

三是继续筑巢引凤,加大对贫困地区的招商引资,通过营造良好的产业经营环境,为发达地区厂商进入提供便利,为接收发达地区产业转移提供良好氛围。

四是继续推进"千企扶千村"行动,[①] 通过千家企业对接帮扶千个贫困村,示范带动和帮助贫困村、贫困户,发展"一村一品"或"一村多品"特色产业,培育主导产业,推进产业增产增收。

三 加大优势特色扶贫产业培育力度

立足贫困地区发展条件和基础,以市场为导向,以贫困群众增收脱贫为目标,加快发展县域、乡镇、村组经济,培育和发展贫困群众广泛参与、带动贫困户长期稳定增收能力比较强的扶贫产业,引导贫困群众发展,不断完善"县有扶贫支柱产业,村有扶贫主导产业,户有增收致

---

① 社会调查课题组李振京、李建新、胡杰成、赵春飞:《精准扶贫何以精准?——广西脱贫攻坚推进情况调研报告》,2017年6月。

富项目"的产业扶贫体系,提升产业扶贫效益。

一是重点发展优势特色种养业。以农业作为产业扶贫项目,应考虑其市场需求及地方特色,重点开发那些市场需求比较充分、有地方优势特色的种养业,如名特优粮食作物、经济作物、草食动物、林果蔬业、水产渔业等,[①] 发展延季蔬菜、食用菌、油茶、药材、楠竹、林禽、林蜂、稻鱼(虾)、冷水鱼类等产业。

二是大力发展优势特色手工业与农副产品加工业。发展就地取材、来料加工、适于乡村贫困群众能力的手工业,如手工编织、民族印染、器皿制作、工具锻造等,建立起"扶贫车间"。开发蔬菜、水果、中药材、林产品、特色粮食、桑蚕、茶叶、核桃、辣椒、番茄、猪牛羊肉、鸡鸭鱼肉等产品的特色初加工、精深加工和综合利用加工,延长产业链,提高产品附加值。

三是提升优势特色旅游服务业。结合美丽广西乡村建设、现代农业特色产业园建设和特色小镇建设,盘活贫困村的特色旅游资源,发展休闲农业、乡村旅游、乡村文化产业,推进旅游区、农家乐等评定星级,打造各种层次的乡村旅游示范点,促进贫困地区乡村旅游产业经营管理的品牌化、规范化。[②]

四是促进电子商务与物流业发展。发展贫困地区企业与企业、企业与消费者、企业与政府、消费者与消费者的电子商务,推进贫困地区生产经营者及其产品的广告宣传、咨询洽谈、网上订购、网上支付、电子账户、服务传递、意见征询、交易管理业务。发展贫困地区的物流基地和物流业,满足电商发展和商品供求对接对物流市场的需求。

五是推动边贸产业发展。发挥区位优势,发展边境集市贸易,促进边境贫困地区农副产品、工业品边民互市贸易、边境小额贸易的发展,推进边贸扶贫。

六是繁荣金融扶贫保险业。培育面向贫困地区的专业银行、合作银行、信用合作社、保险租赁公司等,发展合适贫困群众发展生产和改善

[①] 社会调查课题组李振京、李建新、胡杰成、赵春飞:《精准扶贫何以精准?——广西脱贫攻坚推进情况调研报告》,2017年6月。

[②] 同上。

生活的小额信贷、证券保险、基金业务、投资理财、贸易金融、地产金融、风险管理等业务，为贫困地区贫困群众发展提供更多机会。

七是发展生产生活服务业。鼓励贫困村村组、合作社、贫困户组建代管、代收、代耕、代插、代储藏、代加工、代烘干、代销售等经营性服务机构，为当地群众提供生产生活服务，增加贫困村集体和贫困户的收益。

四 继续抓好贫困地区产销对接

加强贫困地区信息通道、物流设施、市场环境的综合建设，促进手机电话、广播电视、电脑邮政的关联应用，打造线上线下交易平台，深化城市与乡村、区内与区外、发达地区与贫困地区的工农服等产品交易，促进贫困地区商品流通。

一是打造生产经营者及其产品的品牌。抓好贫困地区产品质量的建设，提升产品品质，加快发展贫困地区优势特色地理标志农产品，打造贫困地区工农服产品、休闲农业、乡村旅游等优质品牌。

二是加强商品交易平台与渠道建设。完善贫困地区农产品交易市场、农产品冷链设施、商品配送中心、商业服务网点，改善贸易通信、交通与结算条件，建设城乡、线上线下、买卖等双向物流配送体系，为贫困地区与其他地区商品往来提供便利。

三是加强商品与服务的推介工作。加强贫困地区与其他地区的经济联系，通过举办各种展会，通过专题广告、宣传报道、公共关系等多种方式，向各地推介产品与服务，提高贫困地区产品服务的知名度和美誉度。

四是多渠道促进贫困地区商品销售。引导贫困地区龙头企业、品牌产品经营企业运用互联网拓展特色产品、手工艺品、旅游服务等销售渠道，鼓励农民合作社、种养大户和贫困户开设网店，拓展网络零售业务。①

五是充分发挥大数据扶贫、电商扶贫等新路径的积极作用。总结推

---

① 社会调查课题组李振京、李建新、胡杰成、赵春飞：《精准扶贫何以精准？——广西脱贫攻坚推进情况调研报告》，2017年6月。

广一些地区电商扶贫的经验模式,逐步破解电商扶贫面临的难题,提升贫困地区物流基础设施水平,建设完善电商平台,加大贫困地区电商人才培训力度,提升农产品品质并推进其品牌化,鼓励建档立卡贫困户依托电商就业创业。①

五 调整完善产业扶贫政策

加大发改、科技、财政、农业农村、工信、商务、交通运输、文旅、通信、银行、自然资源、住建、教育、国土资源等各部门的支持力度,统筹人力、物力和财力,完善产业扶贫的财政、金融、土地、教育、培训等政策,提高贫困地区产业扶贫资源投入的有效性。

一是贫困地区新型经营主体培育政策。进一步从财政支持、税收优惠、金融保障等方面加大对贫困地区龙头企业、专业合作社、家庭农场、个体工商户的扶持力度,充分发挥他们在行业、资金、技术、经营、管理等方面优势和在产业扶贫中的引领作用。

二是扶贫产业示范区建设政策。在现代农业示范区建设中,继续争取中央部委加大对广西的国家现代农业示范区、国家可持续发展试验示范区、国家农业综合改革试验区和"三区三园"等示范区建设支持力度,支持示范区提质增效,不断拓宽和提升农业生产、加工、物流、研发、示范、服务、休闲、养生、"互联网+"等产业链,发挥一二三产业融合发展增收效应。②

三是易地搬迁产业扶贫政策。针对易地扶贫搬迁后就业安置难、后续产业发展难等问题,设立产业发展基金,以撬动社会资本参与安置点产业发展,支持龙头企业、合作社、经济能人等带动搬迁对象脱贫致富。③

四是设置公益岗位政策。采取创造公益性岗位,如创设管水员、护林员、保洁员等乡村公共服务岗位,优先安排低保人员就业等措施,防

---

① 社会调查课题组李振京、李建新、胡杰成、赵春飞:《精准扶贫何以精准?——广西脱贫攻坚推进情况调研报告》,2017年6月。
② 《自治区扶贫办关于报送2018年上半年工作总结的函》(桂开扶函〔2018〕552号)。
③ 社会调查课题组李振京、李建新、胡杰成、赵春飞:《精准扶贫何以精准?——广西脱贫攻坚推进情况调研报告》,2017年6月。

止政策"养懒汉"。①

五是到户产业扶持政策。所有中央、自治区、市县安排的财政专项扶持资金和70%以上的整合涉农资金都要安排用于建档立卡贫困户到户到人扶持项目,到户产业资金要保障和满足贫困户产业发展需要,覆盖发展产业的建档立卡贫困人口。

六是贫困地区"三变"政策。支持贫困地区经营主体把资源变资产、资金变股金、农民变股民,精选与本地资源相配套,具有开发潜力的特色产业,以增加农民的财产性收入,拓宽收入来源。

七是扶贫产业开发行政政策。改善贫困地区的营商环境,提高产业扶贫行政效率,加强对贫困地区贫困群众的扶贫产业政策指导,加强对扶贫产业项目开发的规范管理,避免投入资金的错配和错用,造成政府财政投入的巨大浪费。

六 提高金融扶贫综合效率

一是规范财政专项扶贫资金管理使用。进一步落实县级管理使用财政扶贫资金的主体责任,加大财政扶贫资金监管力度,强化财政扶贫资金使用考核督查结果的应用。②

二是用活扶贫小额信贷。进一步妥善处理扶贫小额信贷闲置资金,抓好贷款资金的监管指导工作,督查各地结合实际发展特色产业,督促指导各地立足本地实际编制产业精准扶贫规划,坚持"长中短"相结合,引导贫困群众利用小额扶贫贷款发展特色产业,夯实增收基础。③

三是加强资产收益扶贫。主要从以下方面入手:第一,做好制度设计,出台广西推进资产收益扶贫的指导意见,明确界定入股资金范围和入股程序、规范实施主体准入门槛和各方主体的权利义务,规范项目实施;第二,立足产业发展,选好入股项目,将产业扶贫和资产收益

---

① 广西壮族自治区人民政府:《广西脱贫攻坚工作情况汇报》,2018年5月24日。
② 广西壮族自治区扶贫办:《关于广西2017年上半年财政专项扶贫资金管理有关情况的汇报》。
③ 同上。

扶贫项目有机结合起来,提高项目的科学性和可持续性;第三,按公平自愿原则,规范折股量化过程,鼓励贫困户在利用有形资产、资源入股时引入第三方评估机构,客观公正地评估入股资源、资产的市场价值和其应有的占股比例;第四,健全分红机制,优先采取"保底收益+按股分红"的模式,强化贫困户与企业的共同利益基础;第五,完善农业保险机制,将财政扶贫资金投入的农业产业尽可能纳入保险范围,吸收贫困户入股发展农业产业的企业、合作社,分散经营风险;第六,利用资产收益做大扶贫项目、做实贫困村村集体经济,为贫困村集体、贫困户打造一条产业带动明显、收益稳定、风险可控的增收致富途径;第七,落实对实施主体经营状况和资金使用情况的监管,每年对实施主体年度财务报表开展例行审计,并将无特殊原因连续亏损或资产收益率长期偏低的实施主体列为重点监督对象,确保贫困户的利益不受侵害。[①]

七 完善产业扶贫利益联结机制

扶贫产业可持续发展,需要参与主体在内部与外部建立起相对稳定的利益联结机制。目前广西贫困地区产业扶贫的方式很多,有园区带动、集体带动、龙头带动,以及股份合作、自主发展、资产托管、务工就业、公益就业、混合推进等。要实现扶贫产业的可持续健康发展,一方面是加强扶贫产业内部主体利益联结。继续实施"千企帮千村"行动,开展"村社合一"试点,通过"龙头企业+基地+贫困户""龙头企业+村集体+合作社+贫困户""企业+种养大户+合作社+贫困户"等方式,加强扶贫产业发展中龙头企业、村集体、合作社与贫困户之间的联系,通过"土地租金+务工工资+保底收益+按股分红"等收益分配方式,确保贫困户有稳定的收益。另一方面是协调好产业扶贫与其他扶贫的关系。产业扶贫不是孤立的扶贫行动,它与财政扶贫、金融扶贫、基础设施建设扶贫、文化教育扶贫、医疗卫生扶贫、社会保障扶贫、科技扶贫、监管扶贫等密切结合、相辅相成,只有协调

---

① 广西壮族自治区扶贫办:《关于广西2017年上半年财政专项扶贫资金管理有关情况的汇报》。

好产业扶贫与各个扶贫专项的关系,依托财政、金融、基础设施建设、科教、社保、监管等,才能有效地促进贫困地区扶贫产业发展,从根本上实现贫困群众增收脱贫。

第五章

实施易地扶贫搬迁

广西是较早实施易地扶贫搬迁省区，易地扶贫搬迁作为扶贫开发行之有效的重要途径之一，一直贯穿在广西扶贫开发的各个时期，并在实践中不断实现创新与突破。党的十八大以来，易地扶贫搬迁作为广西决战脱贫攻坚"八个一批""十大行动"的重要内容，是从根源上打破发展条件匮乏与贫困之间恶性循环、切实解决"一方水土不养一方人"、实现脱贫奔小康的关键举措，通过"挪穷窝、换穷业、拔穷根"，广西从根本上解决了全区约73万建档立卡贫困户的稳定脱贫和发展问题。

第一节 广西实施易地扶贫搬迁历程

广西是较早实施易地扶贫搬迁省区，易地扶贫搬迁作为扶贫开发行之有效的重要途径之一，一直贯穿在广西扶贫开发的各个时期，并在实践中不断实现创新与突破。随着国家贫困治理体系的变迁，广西的易地扶贫搬迁实践也随之发生演变。整体上看，主要经历了四个演进阶段：探索起步期（1950—1992年）、异地安置示范期（1993—2000年）、统筹推进期（2001—2011年）、脱贫攻坚期（2012—2020年）。

一 探索起步期（1950—1992年）

新中国成立后，广西环江就开始有了初步的移民扶贫搬迁探索和尝试。当时的广西省民族事务委员会和宜山区专员公署非常支持环江县的探索，可以说是我国移民搬迁工作最早的雏形之一。[①] 1983 年，我国在严重干旱、缺乏基本生存条件的"三西"地区，探索实施了"三西吊庄移民"扶贫工程。1986 年，随着我国反贫困治理方式由救济式扶贫转变为开发式扶贫，易地扶贫搬迁作为其中重要的措施之一，在"三西"地区之外的区域得到重视，并进行了更为广泛的探索与推进。与此同时，广西也开始在生态环境脆弱、生存条件恶劣的一些石漠化典型地区，加大了易地扶贫搬迁的零星探索与实践尝试。1988 年 9 月，环江县立足于土地资源丰富、人地矛盾较缓和的县情，创新性地把大石山区的一部分贫困农户搬迁到土山地区，进行农业综合开发，并于 1989 年初创办了广西第一个异地扶贫搬迁安置区——平原扶贫李果场。都安、巴马等县也实施了类似的移民搬迁。大石山区的一些贫困群众搬迁到农业生产条件较好的土山地区。

总体上看，这一时期广西相关的实践行动仍较分散，但已在局部取得了良好的经济、社会和生态效益，并为之后易地扶贫搬迁的纵深推进乃至从根本上破解区域贫困问题，提供了颇有价值的探索基础。

二 异地安置示范期（1993—2000 年）

1993 年，国家明确提出易地扶贫搬迁实施计划，《国家八七扶贫攻坚计划（1994—2000 年）》也将易地扶贫搬迁列为重要手段。广西易地扶贫搬迁按照国家的要求，对分布在深山区、石山区"极少数生存和发展条件特别困难的村庄和农户，实行开发式移民"，并先后出台了《广西贫困石山地区群众异地安置的试点方案》《石山地区部分贫困群众异地安置工作若干规定》等若干文件，对全区 28 个国定贫困县中人均耕地不足 0.3 亩的老少边山穷地区的困难群众，实行异地安置，从处于缺土、缺水、缺粮、缺钱等生存条件极端恶劣、资源与人口矛盾突出的大石山区，搬迁到有土、有水的地方，以解决温饱和脱贫致富问题。异地安置实行农业有土安置，安置范围主要在本县或本地级市内，同时有少部分群众涉及搬迁到南、北、钦防或百色田林等地，属于跨地级市的安置。据广

[①] 环江毛南族自治县地方志编纂委员会编：《环江毛南族自治县志》，广西人民出版社 2002 年版。

西扶贫办历史资料显示，1993年，即异地安置启动的当年，在河池地区的都安、大化、南丹、巴马、天峨、环江等县，百色地区的凌云县、田东县和北海市共安置了3840户、1.92万人；到1996年底，全区共安置10万人。1993—2000年，全区从河池、百色、南宁、柳州、桂林等大石山地总共搬迁安置了25万贫困人口。1994年以后广西从"异地扶贫搬迁"提法逐渐转为采用国家"易地扶贫搬迁"的提法。

三　统筹推进期（2001—2011年）

2001年，随着《中国农村扶贫开发纲要（2001—2010年）》颁布实施，我国扶贫开发事业迈入一个新阶段，易地扶贫搬迁政策也"逐步转化为一项有整体规划和计划推进的系统工程"[1]。该纲要针对"目前极少数居住在生存条件恶劣、自然资源贫乏地区的特困人口"，明确把"稳步推进自愿移民搬迁"作为其脱贫发展的一个重要途径，并强调在试点的基础上分阶段推进，坚持自愿原则，充分尊重农民意愿，处理好迁入人口与本地人口的关系，处理好扶贫开发与改善生态环境的关系[2]。广西异地安置扶贫工程仍在继续推进，直至2004年，全区最后一批易地安置场全部完成验收，该工程正式宣告结束。2004年3月，国家发改委将广西增列为实施国家易地扶贫搬迁试点，标志着广西的易地扶贫搬迁从异地安置阶段转向新一轮的易地扶贫搬迁试点阶段。广西结合自身实际将易地扶贫搬迁与生态移民搬迁结合。据广西扶贫办不完全统计，从2001年到2010年底，全区累计完成投资近18亿元，搬迁安置约25万人，据测算，后来列入广西石漠化片区的35个县搬迁人口超过16万，约占搬迁人口总数的65%。

四　脱贫攻坚期（2012—2020年）

进入脱贫攻坚阶段，移民扶贫搬迁工作也随之发生了根本性改变，以"无土安置"为主的大规模、全覆盖的易地扶贫搬迁开始实施；2015

---

[1] 陆汉文、黄承伟主编：《中国精准扶贫发展报告（2017）——精准扶贫的顶层设计与具体实践》，社会科学文献出版社2017年版，第221页。

[2] 《2001—2010年中国农村扶贫开发纲要》（国发〔2001〕23号）。

年 11 月,党中央、国务院做出了关于打赢脱贫攻坚战的决定。在政策强有力的引导与支持下,广西全面贯彻党中央、国务院关于全面打赢脱贫攻坚战的决策部署,更加注重多元参与和全程精准,形成了新时期易地扶贫搬迁工作的路线图,"易地搬迁脱贫一批"被纳入新时期广西脱贫攻坚"八个一批"和"十大行动"工程,成为破解"一方水土难养一方人"区域发展难题的最大政治任务、最大民生工程和最大发展机遇,走出了一条具有鲜明特色的八桂壮乡易地扶贫搬迁之路。2019 年 11 月底,广西"十三五"易地扶贫搬迁建设和入住任务提前一年完成,71 万贫困人口的搬迁安置和入住率实现 100%,并建立健全了后续扶持政策体系,移民扶贫搬迁取得决定性胜利。

第二节 广西脱贫攻坚阶段易地扶贫搬迁工作成效

易地扶贫搬迁不仅是一项生产生活空间重构与再造的工程,更是一项人口分布、资源环境、经济发展与社会建设重新分配、调整与完善的系统工程。作为打赢脱贫攻坚战的"头号工程",党的十八大以来,广西坚持把易地扶贫搬迁作为全区重大政治任务、重大民生工程和重大发展机遇来推进落实,坚持精准发力、综合施策,围绕彻底改善搬迁贫困户生活居住环境和生产发展条件进行了一系列探索,逐步实现挪穷窝与换穷业并举、安居与乐业俱进、脱贫与生态共赢的多维目标,并在政策创设、产业发展、基础设施、公共服务和激发内生动力上形成具有广西地理标识的经验表达。

一 搬迁入住率高,"挪穷窝"进程扎实

广西根据国家明确的"一方水土养不起一方人"区域范围,切实把深度贫困地区、石漠化片区、自然灾害频发区等作为整屯搬迁重点区域,对贫困发生率在 50% 以上、集中居住 50 户以下、50% 以上群众愿意搬迁的自然村一律整屯搬迁。注重因地制宜,精准识别,强化"一户一策""一户一帮""一户一档"等"三个一"措施的落实,扣好易地扶贫搬迁工作的"第一粒扣子"。通过完善工作机制,统筹制定各项措施,整合各

方力量，科学规划整屯搬迁安置点，努力实现搬迁贫困户居有其所，住有提升。

二　加强后续扶持解决长远生计，"换穷业"初显成效

广西持续强化搬迁群众后续扶持与发展工作，从政策体系上明确了后续脱贫产业和就业扶持工作与安置住房建设同步规划、同步实施、同步推进，努力从根本上解决其生存与发展问题，搬迁贫困户的安全感、归属感和获得感得到初步满足。据广西易地扶贫搬迁工作推进情况通报显示，截至2019年底，2016—2018年搬迁安置项目中，实现了"三个全部"，有劳动能力且有就业意愿户全部实现了稳定就业，继续从事农业生产经营户全部落实了产业发展项目，无就业创业和产业发展的社会保障兜底户全部享受了政策保障。

在实践中，各地努力根据宜工则工、宜农则农、宜商则商、宜旅则旅的原则，落实产业发展和就业创业扶持资金，紧抓特色产业、农林加工业，以产业带动、创业就业、公益岗位、乡村旅游等拓宽增收渠道，确保获得稳定收入。一是以就业创业促增收。通过建立全区搬迁劳动力就业精准台账，鼓励企业吸纳就业并给予一次性带动就业奖或社会保险补贴，加大发展就业扶贫车间，加强公益岗位托底安置就业，帮扶搬迁家庭毕业生实现就业。二是以产业带动促增收。依托种养业、加工业、旅游业、流通业、劳务经济和农村电子商务，推进一二三产业融合，帮助搬迁群众共享价值链收益，实现增收致富。三是提高财产性收益促增收。把迁出地的土地、山林、宅基地直接流转或折股量化到户，或将移民安置点配建的商铺、停车场等物业资产折股量化到户增加收益，或将上级补助资金折股量化到户后入股龙头企业、合作社获取分红。据国家统计局数据显示，2018年贫困地区（33个国家级贫困县）农村居民人均可支配收入10761元，比上年名义增长10.7%，增速比全区农村居民收入平均增速高0.9个百分点，比全国贫困地区农村居民收入平均增速高0.6个百分点，其中转移净收入和工资性收入成为增收主动力。

三　公共服务明显改善，人居环境换新颜，"稳得住"掀开新篇章

一是公共教育资源享有水平进一步提升。广西始终坚持以就学增强

搬迁动力，通过双向摸底调查，掌握学龄前儿童、中小学生基本情况，同步配套学校建设，全面落实各种教育资助政策，让搬迁群众子女就近择优入学，强化就学保障，满足就学需求。同时不断完善建档立卡搬迁贫困家庭初中毕业生、"两后生"、"一帮一联"工作，确保建档立卡的贫困在校生从学前教育至高中教育、大学教育，所有应该享受的教育优惠政策全部落实到位。据自治区扶贫办不完全统计，入住安置点搬迁贫困户子女7—15周岁人口的入学率达到99.6%，其中接近八成适龄学籍人口在县城或周边中心镇接受教育，教育质量明显提升。

二是医疗健康保障实现新提升。全面贯彻落实易地扶贫搬迁与健康扶贫部署要求，将易地搬迁群众的医疗保障与健康广西建设、医药卫生体制改革有机结合起来，完善贫困人口大病集中专项救治、慢病签约服务、"先诊疗后付费"、"光明行动"等健康扶贫政策体系，健全广西健康扶贫动态管理信息系统，大病统筹一批、重病兜底一批、慢病签约一批"三个一批"等健康扶贫各项重点工作指标持续改善，易地搬迁贫困人口家庭医生签约实现了全覆盖，搬迁贫困人口就医垫资负担大幅减轻，易地搬迁群众医疗保障水平和贫困地区医疗卫生服务能力得到明显提升。

三是以社会保障消除搬迁顾虑。坚持搬迁群众与安置地居民同等享有社会保障，注重做好养老、低保、救助等各项社会保障工作的衔续转接。对搬迁进县城、进产业园区的特殊困难移民，户口转移到城镇者，享受城镇最低生活保障待遇；户口未迁入者，继续享受农村最低生活保障待遇。将生活条件困难，符合五保、低保、医疗救助、临时救助条件的对象，纳入社会救助范围，做到应保尽保。

四是人居环境得到极大改善，搬出了桂风壮韵的崭新面貌。在保证人均住房建设面积与户均宅基地不突破红线的前提下，积极倡导和鼓励各地因地制宜，依据地方建设风格，结合当地民族传统特色，推动民族文化元素与区域建筑风格有机结合，把一批移民新村建成了脱贫攻坚的模范村和生态宜居的示范村。

四 治理模式不断创新，助力边疆稳定与繁荣

为鼓励非边境地区贫困人口向边境一线搬迁，广西制定边境地区扶贫搬迁专项规划，出台更加优惠政策，在边境一线地区布局一批安置点。

对搬迁到边境 0—3 公里范围内的贫困人口,在正常搬迁补助标准基础上,每人再补助 2000 元;边境一线边民每人每年补助不少于 2500 元。总结推广龙州"易地扶贫搬迁+边贸扶贫"典型经验,依托边民互市区(点),建设边贸新城,配套扶贫产业园,完善公共服务设施,动员内地贫困户搬迁到边境 0—3 公里以内定居,鼓励搬迁群众加入边民互助组,用好国家给予边民小额互市贸易免税政策,带动搬迁群众增收脱贫,实现了脱贫致富和稳边固疆的双赢,得到国务院脱贫攻坚督查组充分肯定。

第三节 广西易地扶贫搬迁主要经验

一 推进易地扶贫搬迁与新型城镇化深度结合

广西始终坚持以脱贫攻坚统揽经济社会发展全局,全面贯彻落实"精准扶贫、精准脱贫"基本方略,紧盯决战脱贫攻坚和决胜全面建成小康社会目标,进一步推动全局工作聚焦、各种资源聚集、各方力量聚合,不断强化全局观念和"一盘棋"思想,自觉把易地扶贫搬迁工程摆在"当头炮"的突出位置,将易地移民搬迁与新型城镇化深度结合,在全面总结深化以往丰富实践经验的基础上,逐步形成层级分明、丰富多元、科学联动的移民搬迁安置体制机制,努力发挥顶层设计对基层治理的引领、规划和指导作用,易地扶贫搬迁工程在经济社会发展全局中战略性、系统性和持续性不断得到加强,促使易地扶贫搬迁迈入了精准发力、改革创新、协同推进的新阶段。如都安瑶族自治县,由原来的 1 个安置点变为"1+5+n",即依托县城、园区、产业创建红渡移民新城,安置 2.1 万人;依托城镇创建下坳、永安、拉烈等 5 个核心安置区,安置 2.1 万人;依托景区、土地、公路、中心村屯创建 23 个分散安置点,安置 1.1 万人。[①]

二 完善"四梁八柱"政策体系精准创设

广西紧紧围绕新时期扶贫单元向瞄准贫困人口转变、搬迁安置路径

---

① 广西水库和扶贫异地安置中心:《开创独具特色易地扶贫搬迁"广西经验"》,2019 年 12 月 10 日,新华网广西频道(http://www.gx.xinhuanet.com/2019-12/10/c_1125329361.htm)。

向"精准滴灌"转变、资源使用向统筹集中转变、移民后续发展向注重造血转变、帮扶措施向扶智增收双管齐下转变、社会参与扶贫机制向多方整合"握拳出击"转变等六大方略要求，注重科学搭建、组合运用、统筹衔续，颁布《广西壮族自治区农村扶贫开发条例》，依法实施易地扶贫搬迁；先后出台"十二五""十三五"易地扶贫搬迁等专项规划，健全后续产业发展、土地增减挂钩、基础设施、基本公共服务、安置点基层组织建设等重点领域配套政策，强化资金、土地、人才等支撑保障。取消8个贫困县GDP考核，降低25个贫困县GDP考核权重。建立健全"减贫摘帽"激励机制，实行"摘帽不摘政策"的退出机制。探索形成的易地扶贫搬迁"七个狠抓"经验，得到国家发改委肯定，并在全国进行推广。2017年以来，广西积极开展易地扶贫搬迁拆除旧房试点工作，先后制定印发了《关于抓好易地扶贫搬迁拆除旧房试点工作的通知》《广西易地扶贫搬迁工作整改方案》《关于加快易地扶贫搬迁旧房拆除工作的指导意见》等政策措施，调整了搬迁户旧房拆除的政策，适当提高奖励金额，提高搬迁户拆旧房的积极性，确保易地移民搬迁工作顺利完成。

三 强化"八包"责任制成为扶贫搬迁工作总抓手

"八包"责任制是广西采取的创新性易地扶贫搬迁举措，成为脱贫攻坚阶段扶贫搬迁工作总抓手，有力地保障了易地扶贫搬迁任务的顺利完成。2017年11月，广西出台《关于印发全区易地扶贫搬迁安置点领导包点责任制工作实施方案的通知》，率先在易地扶贫搬迁领域实行"市领导包县、县领导包点"的领导包点工作责任制，全区所有集中安置点都落实了由县级领导挂帅的专门工作班子，实行包建设进度、工程质量、资金监管、搬迁入住、后续产业发展、就业创业、稳定脱贫、考核验收的"八包"责任制，坚持一包到底，严格责任落实。同时，自治区党委组织部配套制定了《广西壮族自治区易地扶贫搬迁安置点包点县级领导干部扶贫开发工作成效考核办法（试行）》（桂组发〔2018〕8号），对包点领导进行年度考核，极大地推动了易地扶贫搬迁工作进程。2018年10月，广西作为代表在全国（河南）现场会上作易地扶贫搬迁"八包"责任制经验典型发言，广西易地扶贫搬迁工作成效考核也跃居全国前列，得到

四 坚持以扶志扶智激发搬迁贫困户脱贫内生动力

扶贫先扶智，治贫先治愚。广西围绕激发搬迁贫困户实现脱贫的信心决心，进一步坚持勤劳致富、脱贫光荣的价值取向和政策导向，更加注重培育搬迁贫困户主体意识，改进帮扶方式，多渠道增强搬迁贫困户后续发展能力。积极健全梯次明晰分类合理的扶贫开发技能培训体系，依托重点城镇、工业园区、产业基地发展一批劳动密集型企业，打造扶贫车间，拓宽就近转移就业和外出务工渠道，不断打破贫困性累积机制的惯力，不断增强脱贫致富的"造血功能"，促进移民尽快适应现代社会的生产生活方式。积极推动文化投入向贫困地区倾斜，集中实施文化惠民扶贫项目，推动移民安置社区文化重建与融合，持续注入现代人文元素，帮助其逐步建立现代文化意识与现代伦理精神。注重尊重和鼓励基层首创精神，及时总结吸收基层创新经验，形成了合山市从"思想、信心、智力"契入实施"精神扶贫"，龙州县创设脱贫攻坚夜校，天等县传承发扬"天等不等天，苦干不苦熬"精神等一批接地气、见实效的典型示范。

五 坚持把促进生态壮美与移民小康统一作为固本之道

消除贫困和保护环境是贫困地区可持续发展领域的两大核心问题。广西易地扶贫搬迁的实践表明，贫困地区要补齐贫困和环境这两大突出短板，必须坚持绿色发展理念，把生态文明建设融入脱贫攻坚全过程，结合脱贫攻坚推动生态建设，依靠生态建设推动脱贫攻坚，统筹治山治水治穷，才能探索出一条因地制宜、各具特色的生态与脱贫双赢的新路子。多年来，广西坚持绿色发展，严守生态红线，把贫困地区尤其是石漠化片区的易地扶贫搬迁工程，作为最大的生态保护工程，统筹推进生态文明建设与脱贫攻坚相结合，通过迁出区生态修复有效遏制生态环境恶化，通过绿色生态扶贫促进迁入区生态建设规模化，生态环境质量得

---

① 广西水库和扶贫异地安置中心：《开创独具特色易地扶贫搬迁"广西经验"》，2019年12月10日，新华网广西频道（http://www.gx.xinhuanet.com/2019-12/10/c_1125329361.htm）。

到有效改善，有力确保了脱贫攻坚与资源消耗、环境容量、生态承载能力协调平衡。

六 形成"三位一体"的易地扶贫搬迁支撑合力

积极构建贫困治理多元化主体模式，通过"经济、社会、生态"共同推进，"政府、市场、农民"共同发力，引导社会力量参与其中，打破了单一依靠行政组织的格局，力争有效利用政府机制、社会机制和市场机制。积极创新易地扶贫搬迁工作机制，优化政府贫困治理体制、贫困治理组织体制、政府与社会协作机制，探索建立政策支持和市场联动的搬迁贫困户后续产业扶贫"造血"机制，强化教育、卫生、光伏、金融扶贫以及粤桂扶贫协作等措施，推动教育培训、龙头企业、扶贫车间、合作社、特色品牌、产业园区等发展要素有序连接，进一步优化协作机制、驱动机制与发展保障机制，逐步构建了专项扶贫、金融扶贫、行业扶贫、社会各界扶贫模式互为支撑的"大扶贫"格局，逐步形成了推进易地扶贫搬迁的强大合力。

七 探索了移民搬迁后续产业扶持的"广西经验"

广西各地结合地方实际，全面落实"三个一"措施，在后续产业扶贫上进行了积极探索，形成了一批特色亮点、先进典型和创新成果。如蒙山县集中式光伏发电扶贫产业发展模式，罗城县"千户千亩红心猕猴桃"产业发展模式，南丹县"千家瑶寨、万户瑶乡"旅游产业发展模式，都安瑶族自治县"贷牛（羊）还牛（羊）"发展模式，环江毛南族自治县"农业企业+产业基地+易地扶贫搬迁户"的产业扶贫模式，桂平"1456"（即一千亩特色产业用地，四个微田园，五大基地，六大项目）模式，乐业县"五个一"（每户搬迁户有一个特色果园、一块菜地、一个养殖栏舍、一个就近务工地点和每个易地扶贫搬迁安置小区内建设一个电子商务平台）模式等。[①]

[①] 广西水库和扶贫异地安置中心：《开创独具特色易地扶贫搬迁"广西经验"》，2019年12月10日，新华网广西频道（http://www.gx.xinhuanet.com/2019-12/10/c_1125329361.htm）。

第四节　若干思考

一　推动易地扶贫搬迁与乡村振兴战略衔接结合

针对易地扶贫搬迁与乡村振兴存在"两张皮"现象，要增强乡村振兴与脱贫攻坚融合推进的意识，始终坚持脱贫攻坚是基础，乡村振兴是动力，充分释放乡村振兴的强大红利与潜力。立足城乡融合发展的新时代格局，积极聚焦消除绝对贫困、消除城乡差距、消除重城轻乡惯性思维，因地制宜，创新机制，从政策契合度、实践衔接度上积极回应搬迁贫困户多元化发展诉求，改变单一扶贫模式导向，努力做好产业兴旺、生态宜居、乡风文明、治理有效、生活富裕五大文章，以系统思维对城乡之间资源、资本、人力、技术等要素进行优化配置，推动城乡发展共同发力，共同为搬迁贫困户"搬得出、稳得住、能致富"提供强大支撑，推动搬迁贫困人口向新市民、新农民转变。基于全面打赢脱贫攻坚战后，深度贫困地区依然是全区后发展地区的实际，针对其绝对贫困与相对贫困并存、发展不充分与发展不平衡并存等矛盾，探索构建深度贫困地区2020年后持续发展援助体系。

二　加大后续产业与就业创业扶持力度

一是统筹推进因地制宜"挪穷窝"与后续产业发展、就业安排同步规划，同步组织实施。必须把"以产定搬、以岗定搬"作为科学规划易地扶贫搬迁工作的关键，进一步统筹衡量资源实际与多方诉求，依据可就业岗位和脱贫产业合理布局点的规模、位置及用工需求，科学确定搬迁群众规模、安置模式和就业方式，并与搬迁后群众的可持续生计无缝对接，同步规划搬迁与发展，努力确保群众在安置点居有其所、业有其乐。

二是加强后续产业培育与发展。根据广西和当地市县产业发展规划和产业扶贫的总体要求，突出资源优势、特色优势和发展基础，综合考虑产业类型、群众适应性和产业发展周期等因素，统筹做好安置点后续产业的选择、培育与发展，注重与安置模式相结合创新产业发展模式，因地制宜，因户施策，更好推进宜工则工、宜农则农、宜商则商、宜旅则旅。必须坚持区域特色主导产业发展与就业增收相结合，坚持产业发展长短结合、种养结合，不断增强脱贫的稳定性和可持续性，可先以短平快项目发展来稳定搬迁群众的预期，同时注重发展特色鲜明、周期稳定、前景良好、受益时间较长的产业类型。特别要注重吸取这些年来扶贫产业高度同构化、置身"市"外等教训，依托广西农业大数据平台的建设，有效处理好后续产业发展的区域协调与搬迁群众脱贫致富的紧迫性之间的关系。培育打造搬迁群众后续脱贫"社区+"的模式。以安置社区为承载，积极培育搬迁安置点"社区经济"，大力发展"社区工厂"和各类园区。

三是多渠道促进转移就业与自主创业。大力开展技能培训，建立搬迁户劳动力实名登记制度，掌握有就业创业意愿和能力的搬迁对象人数，有针对性地组织搬迁群众参加创业致富带头人、乡村旅游发展、家政、厨师等各类专项技能培训或创业培训。提高劳务输出组织化程度，充分开发各类就业岗位，全面落实企业吸纳就业、就业扶贫培训、创业扶持、异地转移就业、公益性岗位安置等就业扶贫措施，满足不同层次劳动力就业需求。依托粤桂扶贫协作机制，加强省际劳务协作。鼓励和引导企业，特别是财政资金给予支持的企业和产业园区、农业生产经营主体优先吸纳搬迁户劳动力就近就地就业。鼓励和支持在有条件的安置区域建设扶贫车间，积极动员社会力量参与扶贫车间建设。积极开发安置小区环卫工人、日间照料中心、社会治安协管、公益设施维护员、生态护林员等公益性岗位并优先安排用于搬迁户中的大龄、残疾人及其家庭的劳动力。结合易地扶贫搬迁后续脱贫发展需求，积极搭建创新创业转化孵化平台，鼓励外出务工能人返乡发展具有鲜明地方特色、以手工制造为主的小微企业，带动搬迁群众增收。

三　加大土地政策支持力度

一是围绕安置区培育发展特色优势产业，鼓励搬迁户流转承包地、林地经营权，促进规模经营。在具备条件的县市鼓励搬迁群众土地承包经营权向专业大户、家庭农场、农民专业合作社有序流转，采取租赁、转包、互换、托管等多种形式，推进土地向有能力的大户或下乡工商资本适度集中，就地发展产业或物业经济。不断优化用地结构，提高土地利用率，实施土地股份合作制，带动建档立卡搬迁贫困人口增收。对产业政策鼓励、技术含量较高的产业项目加大土地供应力度。

二是完善政策体制机制，进一步释放土地增减挂钩对易地扶贫搬迁的支持力度。一方面，在落实"一户一宅，搬新拆旧"政策中，考虑到搬迁初期搬迁群众对未来缺乏稳定预期，或因生计困境存在回迁可能，以及旧宅复垦利用率价值不高等因素，建议应根据实际情况，减缓拆旧复垦进度，酌情给予一定期限的过渡期，允许搬迁后仍往返老家耕作的农户在搬迁初期把旧房适当作为生产用房，为搬迁群众在初期的生计转型和生活重心转移中预留一个缓冲空间，确保他们进城后收入来源的多元化，以助力他们增强安居乐业的信心与获得感。另一方面，用足土地增减挂钩支持脱贫攻坚相关政策，充分利用国家农业转移人口落户城镇的"人地"挂钩政策，做大易地扶贫搬迁增减挂钩节余指标规模，在年度新增建设用地计划指标中解决搬迁人口安置用地，将易地扶贫搬迁旧房拆除宅基地复垦面积全部作为增减挂钩节余指标进行流转交易，做大节余指标规模，最大限度发挥增减挂钩节余指标收益对脱贫攻坚的支持力度。按照"宜耕则耕、宜林则林、宜草则草"的原则，加快推进旧宅基地复垦复绿、生态修复，在完成搬迁人口安置区耕地占补平衡的基础上，新增耕地指标可用于当地其他项目耕地占补平衡、自治区范围内流转或参加补充耕地国家统筹，所得收益归当地所有，增值收益在优先保障偿还易地扶贫搬迁贷款和扶持搬迁群众后续发展的基础上，可用于支持脱贫攻坚。

四 不断提升搬迁群众的社会融入度

第一，在易地扶贫搬迁政策设计中引入多维度理念和综合治理视角，超越纯粹的发展主义视角或单纯的经济理性主义逻辑。实践证明，向城镇集中的搬迁安置有利于将贫困人口向县城和镇区集中，达到降低投入成本、集约利用土地的经济最大化效应，但这种基于纯粹经济理性、把搬迁个体视为同质化共同体的政策与实践，可能与存在较大分层且异质化特征明显的搬迁群众的利益诉求存在较大矛盾，即"一刀切"的安置政策不能适应分层日益明显的搬迁群众的需要，同时除了经济逻辑，社会、文化、政治等多个层面的制度安排与系统调试也是急需解决的问题。

为此，在后续的搬迁过程中，必须从综合性角度统筹规划安置，采取多样化安置发展和后续产业扶持，算好"经济账"，也要算好有利于提升社会适应性的"社会融入"账，努力推进政策标准与群众多层次的需要有效对接。

第二，依法保障搬迁群众合法权益。搬迁群众对旧宅基地复垦后形成的耕地、林地，优先享有承包权。强化基本公共服务与易地扶贫搬迁有效衔接，确保搬迁群众享受到安置地基本公共服务同城（镇）待遇。搬迁户转为城镇居民的，与当地城镇居民享有同等的教育、医疗卫生、养老保险、失业保险、社会救助、社会福利和慈善等社会保障政策；仍保留农村户籍的，要衔接好安置地与迁出地的相关政策，建立完备的搬迁群众权益保护机制，确保搬迁群众公平参与社区公共服务事项管理。

第三，推动安置区配套设施提升。加快推进安置区水、电、路、信及垃圾、污水处理设施等基础设施和教育、医疗、文化体育以及商业网点、便民超市、集贸市场等公共服务设施建设，保障搬迁群众基本生活需求。逐步做好安置点绿化、亮化、美化，配套建设商铺、停车场、生产辅助用房等，将安置区建成美丽乡村、宜居社区。

第四，注重提升安置社区治理水平。坚持安置点新型社区建设与服务基层党组织相结合，探索推进法治、自治、德治"三治"结合的有效形式，设立农村党员"双带"发展基金，培育安置点社区合作组织，健全党组织领导下的充满活力的安置社区自治机制，寻求增强搬迁群众治理能力的有效途径，改革传统行政干预的管理模式，改善新型安置社区、"安置空心村"、"安置城中村"的治理结构，注重培育搬迁群众的公民意识、权利意识、参与意识，创新释放搬迁群众的参与热情，让搬迁群众在技能上、文化上、心理上进新村（新社区），从而有效实现搬迁群众充分就业、充分安居和充分保障，将安置点社区建成管理有序、服务完善、文明祥和的生活共同体。

第五，加快推进"文化型"社区建设，以文化育民提升搬迁群众社会适应能力，促进搬迁群众生活方式的转变，树立文明新风貌。注重推动搬迁群众生活方式改变，把创建星级和谐社区作为安置点社区建设的重点，努力创建融学习型、文化型为一体的文明社区。注重以文化培育助力搬迁群众思想观念的转变，结合安置区传统文化和民族文化特色，挖掘文化磁石的凝心聚力作用,开展形式多样的文化活动,努力营造全民参与的文化氛围。注重推动移风易俗,树立文明风气,积极宣传赞扬尽孝行善、勤俭节约、讲究卫生的品质,开展"最美家庭""好婆婆""好媳妇"的社区评比,以树立典型、推广典型的方式弘扬讲究道德、诚实守信、勤俭持家、尊老爱幼的家风家训。

第六章

促进转移就业

从劳动力和土地等生产要素的角度看,贫困往往是由于劳动力缺乏或者土地等生产要素缺乏导致的。我国是传统农业大国,随着人口不断增长,农村劳动力从事农业劳动的边际收益收缩,农业发展呈现"内卷化"① 趋势,农村地区出现大量不能充分就业的"剩余劳动力",既是人力资源的浪费也是导致农村贫困的主要原因。因此,促使农村劳动力实现充分就业是解决农村贫困的关键所在。改革开放以后,我国农村贫困发生率大幅下降最主要的原因就是农村劳动力大量转移就业。广西扶贫开发的历史和实践也证明,劳动力转移是降低广西农村贫困发生率最有效的途径。进入脱贫攻坚阶段,习近平同志指出:"要加大扶贫劳务协作,提高培训针对性和劳务输出组织化程度,促进转移就业,鼓励就地就近就业。"可见,实现劳动力的充分就业,是反贫困的核心手段。教育扶贫最终也是通过提升劳动力知识技能水平,并在未来实现充分就业达到脱贫目标。

第一节 广西转移就业扶贫的发展历程

一 早期的转移纾困(1950—1978 年)

为缓解石漠化地区土地的超载压力,解决石山地区贫困人口生存问

---

① 格尔茨(Clifford Geertz)1963 年出版的《农业的内卷化》(*Agricultural Involution*)提出的概念,农业内卷化指农业发展到某一阶段达到一种确定的形式后,便停滞不前或无法转化为另一种高级模式的经济现象,传统农业具有典型的内卷化特征,并以过密的劳动投入为标志。

题,从20世纪50年代开始,广西贫困大石山区就安排一些贫困人口和劳动力举家转移。这些转移既有政府组织安排的由人口稠密的土山区向人口稀少的土山区跨县转移、县内转移,也有少数实现自发转移,如都安县向田东等县的转移,原西隆县的德峨等高海拔石山区向人口较少的低海拔土山区转移,巴马县组织部分特困地区的瑶族群众向生产生活条件较好土山区的迁移,环江县将石山区群众搬迁到土山区,龙州县石山乡镇少数农民通过亲属关系等向土山乡镇的自发转移。从都安县向外转移人口达到数万人,环江县的"整村迁移"使几十个自然村消失。

这一时期的转移就业具有鲜明的行政性质,主要是将石山区稠密的贫困人口向人口稀少的土山区迁移,迁移以后的劳动力也继续从事农业生产,由政府安排一定土地和生产资料。在当时历史条件下,这种转移纾困的方式具有合理性。首先,这种方式使一定区域内的劳动力和耕地资源实现优势互补。例如,凌云县土山区的面积占全县国土面积的60%,人口却不到40%,农业生产条件恶劣的石山区国土面积只有40%,却集中超过60%的人口,这种人口与土地资源的不均衡直到现在还存在。石山区劳动力的转移使得土山区大量尚未开发的土地得到开发利用。其次,土地归国家所有使得政府有一定量的土地分配。人民政权建立前,广西各地的土地兼并达到相当高的程度。据1933年广西师专对22县48村的调查统计,当时不到10%人口的地主和富农却占有51.2%的土地,贫农达到69.6%的人口,却只占有20.8%的土地。[①] 土地归国有使得政府能够在一定程度上分配土地。最后,工业和服务业能够提供的就业机会少。由于工业和服务业不发达,城镇发展慢,城镇的就业机会很少,城镇本身还有部分待业人员工作没有得到解决,因而转移纾困只能主要依靠发展农业生产。

二 改革开放至"八七扶贫攻坚"(1979—2000年)

1979—1985年期间,广西探索农村改革之路,在全国率先成立村民委员会,开全国村民自治的先河,这一创举获得国家的认可并以法律的形式对村民自治予以确认和推行。广西努力推进农村经济体制改革,尽

---

① 刘方富:《民国时期广西土地问题及其变迁》,《沧桑》2006年第5期。

管有波折，但陆续实现家庭联产承包责任制，由于市场经济的快速发展，农产品价格得到提高，加上一系列休养生息政策，极大地激发和调动了广大农民的生产积极性，全区的农业生产获得很大的发展。20世纪80年代初期，城镇有大量的"待业人口"[1]，为了防止农村劳动力大量进入城镇造成城镇就业紧张，各地限制农村人口进入城镇。国家对农村剩余劳动力的转移制定了"就地转移，离土不离乡，进厂不进城"的政策。1979年广西城镇待业人员达到16.4万人，1985年下降到8.7万人。尽管城乡二元结构限制作用强烈，但经济体制从"计划经济向有计划的商品经济"转变，市场经济的发展为农村劳动力提供了大量的工作机会，特别是东部沿海地区大量劳动密集型工业的快速发展，相对较高的工资对农村劳动力形成了很大的吸引力。

1986—1993年，在国家指导下广西设立了扶贫开发专门机构和专项资金开展有计划、有组织、大规模的扶贫开发工作。通过劳务输出实现广西农村地区剩余劳动力转移成为广西各级党委、政府实施扶贫开发的一项重要工作内容。比如，石漠化严重的都安县1987年前后开始探索劳务输出和异地开发，先后向北海、柳州、南宁、北京等地输送了一批务工劳动力和异地开发人员。1988年广西全区农村劳动力转移人数已达到62.58万人，虽然之后农村劳动力转移人数随着国家经济形势起落产生了一些波动，但是增长是总的趋势。1992年，邓小平同志发表南方谈话后，广西农村劳动力转移人数大幅提升到73.29万人，其中区外务工劳动力人数43.55万人，而区内转移仅29.73万人。[2] 劳务输出逐渐成为贫困地区重要的脱贫手段，特别是农业生产条件恶劣的大石山区更加依赖的劳务输出，甚至成为唯一的脱贫手段。1992年都安县输出劳务6.3万人，占全县劳动力总数的23.46%；全年劳务输出总收入1.08亿元（人均1702.53元），占当年农业总收入的34.46%。[3] 劳务输出总收入远超地方一般财政收入。通过大规模劳务输出，广西贫困人口收入实现大幅增长，

---

[1] 待业人口：指在城镇中达到劳动年龄、有劳动能力，并向有关部门登记要求工作而尚未就业的人口。
[2] 莫林：《广西农村劳动力转移的现状及其问题》，《调研世界》1994年第4期。
[3] 韦焕德、韦贞明：《都安发展劳务输出取得好效果》，《广西政报》1993年第4期。

农村贫困状况得到进一步缓解。①

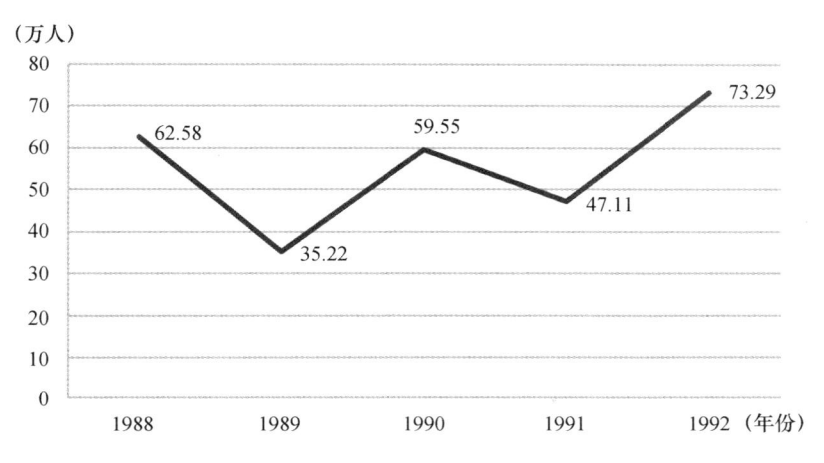

图 6-1　1988—1992 年广西农村剩余劳动力转移数量变化情况

1994—2000 年国务院制定并实施《国家八七扶贫攻坚计划》。为了积极探索贫困人口通过有序流动实现就业、摆脱贫困的有效方式，劳动部与国务院扶贫办决定开展劳务输出扶贫试点，广西成为劳务输出扶贫试点省区之一。1997 年广西《自治区民委关于加强我区民族乡工作的意见》，要求要认真组织贫困民族乡的劳务输出。贫困县组织劳务输出，要特别注意帮助贫困民族乡的劳务输出，力争做到每个贫困户中有一名 18—35 岁的身体健康、有一定文化水平或必要的职业技能的劳动力外出务工，增加贫困户的收入。在一系列政策推动下，到 2000 年广西农村劳动力转移超过 400 万的规模，有研究测算 2000 年农村流出劳动力达到 675 万，流动率为 21.07%。② 广西所有的贫困村都有了劳动力转移，而且条件恶劣的石山地区劳动力转移的比例要显著高于土山和平原地区。

---

① 韦继川、周光华：《贫困发生率：70%→2.4% 的巨变——我国消除贫困促进和谐的伟大实践》，广西新闻网，2018/10/4 - 2020/1/4（http：www.gxnews.com.cn/staticpages/20071115/newgx473b717e - 1292313.shtml）。

② 吴寿平：《农村劳动力流动、人口城镇化与城乡居民收入差距的实证研究——基于 1978—2015 年广西的数据》，《学术论坛》2016 年第 8 期。

三 21世纪初劳动力转移加速（2001—2011年）

2000年以后，随着国家西部大开发战略的实施，广西经济增速显著提高，广西城镇化快速发展对农村劳动力的吸纳进一步加强，农村劳动力转移加速。同时，随着中国经济的强劲发展，东部沿海省区对劳动力的需求也大幅增长，这一时期，国务院先后颁布《中国农村扶贫开发纲要（2001—2010年）》和《中国农村扶贫开发纲要（2011—2020年）》并组织实施。

广西从2005年把扶贫重点区域从县级层面深化到4060个贫困村，大力开展"整村推进"扶贫，加强了贫困村脱贫规划，加大劳务输出。这一时期，广西针对边境地区、东巴凤革命老区和大石山区、桂西五县等特困区域，整合全区力量分批集中开展了基础设施建设大会战。全区农村未解决温饱的人口从2000年的150万下降到2006年底的76万，初步解决温饱但不稳定的农村低收入人口由650万人下降到283万人。2009年，广西农村贫困人口下降到298万人，贫困人口占农村人口的10%左右。到2010年，广西农村劳动力转移总规模超过1000万，比改革开放初期农村劳动力转移的规模增长数十倍，外出务工获得大量的劳务收入，极大降低了农村贫困发生率。但是，农村青壮劳动力大量外出务工，也引发了农村社会结构的深刻变化，带来农村"空心化"、留守儿童等一系列负面影响。

第二节 广西脱贫攻坚阶段的转移就业扶贫

2012年以后，国家大幅提高了贫困线标准，并明确提出精准扶贫、脱贫攻坚实现2020年全部脱贫摘帽的要求。2010年以后，广西农村劳动力外出务工人员开始逐步出现返乡趋势，根据有关部门统计，2011—2013年广西赴外省务工人员返乡人数分别为5.1万、7万、8.6万，2012年、2013年分别增长了38%、23%。据统计部门调查，2013年广西农村劳动力转移就业总人数高达1165万人，务工地域以区外为主，达到662万人，占全区转移就业人数的56.8%；区内503万人，占43.2%；由于地缘、文化等因素，广西农村转移劳动力区外就业以广东为主，占区外转移就业人数的94.1%；2013年，全区尚有215万农村劳动力没有实现充分就业。①

在"精准帮扶"的新要求下，农村贫困人口的劳动力转移被提到新的高度。2012年《"十二五"时期广东广西扶贫协作计划纲要》明确提出：广西每年向广东输出的劳务人员确保在10万人以上，要安排一定资金用于输出前职业技能培训和劳务输出。在原有基础上，两广进一步完善了劳务合作协调机制和联席会议制度，组织开展"春风行动""就业援助月""民营企业招聘周"等一系列就业服务专项活动。仅2015年广西就组织输出劳动力35万人，实现劳务收入157.5亿元。劳务合作实现了两广经济发展的双赢，缓解了广东劳动力短缺的状况，也锻炼和提升了广西务工人员素质，增加了劳务收入。

《"十三五"脱贫攻坚规划》进一步强化了劳动力转移就业的要求，提出一系列项目。例如，"春潮行动"要求到2020年，力争使各类农村转移就业劳动者都有机会接受1次相应的职业培训，优先保障有劳动能力的建档立卡贫困人口培训。重点群体免费职业培训行动要求组织开展贫困家庭子女、未升学初高中毕业生等免费职业培训，到2020年，力争使新进入人力资源市场的贫困家庭劳动力都有机会接受1次就业技能培训；使具备一定创业条件或已创业的贫困家庭劳动力都有机会接受1次创业培训。农民工等人员返乡创业培训五年行动计划（2016—2020年），要求推进建档立卡贫困人口等人员返乡创业培训工作。开展劳务协作也有新的要求，即输出地政府与输入地政府要加强劳务信息共享和劳务协作对接工作，全面落实转移就业相关政策措施。从2016年起，广西依托精准扶贫数据库，对精准识别出200多万建档立卡户的农村贫困劳动力，有针对性地开展各种就业帮扶活动，从形式上颠覆了以往广撒网的招聘形式，实现招聘信息投送的高精准性。

同时，广西还通过加大职业技术和就业培训、雨露计划扶贫培训、劳务输出、技校结对帮扶54个贫困县、安排扶贫公益岗位、创办扶贫车

---

① 广西壮族自治区人力资源和社会保障厅课题组：《广西农村劳动力转移就业、返乡创业和设立农民工创业园（区）调查研究报告》，《人事天地》2014年第7期。

间等方式，鼓励农村劳动力特别是贫困劳动力转移就业。据有关统计，2012—2016 年，广西全区贫困地区实现转移就业新增 339.7 万人次。2017 年以来，广西针对返乡人员不断增长的现状，动员返乡人才留乡创业就业，意向留乡就业 6.57 万人、留乡创业 5.85 万人，新增 2.44 万贫困人口转移就业。为了实现促进贫困家庭劳动力转移就业，广西加大雨露计划扶贫培训补助力度，实行应补尽补政策，雨露计划每年促成 3 万名以上贫困劳动力实现稳定就业，确保 10 万人实现脱贫。2013 年至 2016 年，广西投入财政专项扶贫资金 6.93 亿元，实现农村贫困家庭子女和青壮年劳动力 77.8 万人次接受学历教育和技能培训。为了鼓励工业企业聘用贫困劳动力，广西 2017 年 9 月出台文件对企业进行补贴，"自治区内企业或社会组织吸纳建档立卡贫困家庭劳动力就业，签订 1 年以上劳动合同的，按企业或社会组织为其实际缴纳的社会保险费予以补贴，不包括个人应缴纳部分"[①]。

值得注意的是，虽然近年来政府加大对转移就业的扶持力度，但农村人口的转移就业却没有显著增加，在一些地方反而减少了。劳动力市场供求关系扭转，农村劳动力工资水平快速增长，很多贫困劳动力有了很大的选择机会和就业空间。广西各地政府针对农民工和贫困农户组织的大型就业招聘会最终达成就业协议并实现就业的比例很低，普遍不到 10%。

第三节　广西转移就业扶贫实践创新及益贫效应

经过 30 多年的实践探索，贫困劳动力转移就业经验和做法已经相当成熟，进入脱贫攻坚阶段后，政策支持力度、资金投入力度和人员组织力度都得到空前强化。据统计，2016 年至 2019 年 8 月，广西已累计帮扶 223.61 万贫困劳动力实现就业，发挥了"造血式"扶贫在打赢全区脱贫攻坚战中的关键作用。

---

① 《广西壮族自治区人民政府关于做好当前和今后一段时期就业创业工作的通知》（桂政发〔2017〕48 号）。

一 实践与创新

（一）大力发展扶贫车间和扶贫养殖场，推动就近就地转移就业

2015年山东省在鄄城县群众就近转移就业的实践基础上提出"扶贫车间"的概念。为了降低用工成本，山东省鄄城县工业园区的一些加工企业充分利用农村闲散劳动力，把一些技能要求不高的简单工序下放或者外包到乡村加工。这种生产模式是产业链分工协作的一种体现，在改革开放过程中全国很多地方都出现过这种非正式的加工场地。2012年笔者在指导开展玉林市大中型水库后期扶持政策评估时，这种小型加工厂就已经是库区移民就近就地就业重要的收入来源，特别是对那些需要照顾家庭，难以长时间外出务工的留守妇女具有非常重要的意义。这种非正式小型车间在税收、劳动保障和合同关系等方面都不规范，劳资双方的合作关系往往依赖社会关系和人脉渠道结成。贫困地区，特别是深度贫困地区在发展扶贫车间上具有明显的劣势。但在政策支持下，广西各地结合自身实际情况，因地制宜地进行了探索。

2017年广西出台政策开始大力推动在贫困地区设立扶贫车间的工作。为贯彻落实中央关于打赢脱贫攻坚战三年行动的重大决策部署，2018年广西又出台政策进一步鼓励支持企业、社会组织和个人在贫困村、易地扶贫搬迁集中安置点等建设就业扶贫车间，吸纳建档立卡贫困人口就近就地就业。2017—2018年两年间，崇左市天等县就创建"扶贫车间"283家，带动就业人数约1.9万人，其中8000多名贫困人口在家门口实现就业，为广西"扶贫车间"发展探索出了很好的经验。河池市大化瑶族自治县在难以引进劳动密集型企业设立扶贫车间的贫困村因地制宜地发展"扶贫养殖场"，2019年上半年，大化县开工建设扶贫养殖场达411个。

（二）大幅增设乡村公益性岗位，就地安置就业

乡村保洁、护林巡山、农村公路养护等工作一直长期存在，但由于过去财政支持力度有限，这些工作岗位少，能够覆盖的贫困人口极为有限。脱贫攻坚阶段，广西所有贫困户劳动力情况进入大数据系统，政府能够全面掌握贫困劳动力的就业状况。广西通过开发保洁员、生态护林员、道路简易维护员、水利维护员、留守老人儿童巡查员等5个方面的乡村扶贫公益性岗位，帮助一批贫困户提高家庭收入，实现就近就地就

业。广西百色市西林县在2018年实现整县脱贫摘帽，但一些贫困户既不能外出打工，在当地又缺乏足够的就业机会。经过努力，到2019年10月共开发乡村扶贫公益性岗位619个，为全面脱贫打下了良好的基础。

（三）加大政策扶持力度，深入开展大众创业万众创新

广西结合各类工业开发园区、农业产业园，盘活闲置厂房等存量资源，2015—2016年支持20个贫困县建设示范性农民工创业园，给予每个园区500万元资金补助和10—20公顷用地指标。到2019年底广西全区38个农民工创业园入驻企业722家，提供就业岗位44431个，吸纳贫困人口就业3915人。在全国率先实施农民工创业担保贷款贴息工作，仅2016年广西全区农民工创业担保贷款总量就达到8.2亿元，支持超过10000人实现创业。

（四）加大培训力度，开展各类就业服务活动

脱贫攻坚阶段，广西各部门纷纷加大了本部门资金的培训投入，加大了科技特派员选派。仅2018年，广西就选聘贫困村科技特派员2873名，开展实地科技服务总数6.4万人次，开展技术培训6538场、参与人数29.94万人次，引进、示范推广优新品种2230个，推广先进适用技术2983项，公关解决关键技术问题1622项，指导研发新产品474个，指导服务科技种养基地2597个。广西统筹开展"百日行动""专项行动""就业援助月""春风行动""民营企业招聘周"等活动，充分利用广播、电视、报纸以及网络、手机等新闻媒体及放送招聘信息，开展就业咨询、法律援助等宣传活动，深化粤桂劳务协作，服务企业发展。

二　益贫作用

（一）扩大农民就业渠道降低土地承载压力

贫困不是社会主义，消灭贫困是社会主义的本质要求。著名经济学家刘易斯在1954年的《劳动无限供给条件下的经济发展》和1972年的《对无限劳动力的反思》两篇论文中，将现代经济发展过程视作现代工业部门相对传统农业部门的扩张过程，在这个过程中，工业部门会一直持续吸收沉积在传统农业部门中的剩余劳动力，当经济发展到一定程度，对劳动力的需求不断加大，农业剩余劳动力逐渐变得稀缺起来，劳动力供给由供给充足向稀缺的转折点即"刘易斯拐点"。刘易斯劳动力转移理

论为分析发展中国家的经济发展提供了简单有效的透视框架，后来这一理论被不断丰富和发展。受到历史条件的限制，广西在早期纾困的过程中以行政手段对贫困劳动力进行转移安置就是为了解决最基本的生存问题，在当时的特困区域辛勤地进行农业劳作已经不能养活越来越多的人口。在"除了沙漠以外最不适宜人类生存的地区"解决最基本的生存问题并非易事。从内部条件看，可以开垦的土地不仅极其缺乏，而且过度的人为活动会导致"石漠化"灾害不断扩大。从外部条件看，当时的工业部门无法提供足够的就业机会，甚至相当多的城市青年必须通过"上山下乡"才能解决就业问题。

改革开放以后，正如刘易斯理论描述的那样，城镇和工业部门不断地吸引农村劳动力加入，但是与发达国家走过的历程有所不同，广西农村劳动力外出务工最初的动力不是为了追求更高的收入报酬，而是为了能够生存下去。这个最基本的出发点在改革开放40年后的今天仍然是重要的原因。当前，劳动力转移就业对人均耕地极度缺乏的大石山区、水库库区和自然保护区群众仍然是解决温饱问题最可靠的途径，在很多情况下甚至是唯一的途径。作为一种佐证，山区特别是大石山区人口转移就业的比例远高于农业生产条件较好的河谷盆地和平原地区。例如，天等县是崇左市的农业生产条件最差的国家级贫困县，2003—2015年天等县的农民纯收入一直在崇左市七个县（市、区）中位列倒数第一，但天等县农民纯收入构成中的工资性收入却一直是崇左市最高的。[①] 外出务工的农民越来越多，农民人均工资性收入明显提高。2017年广西农村居民人均工资性收入3242元，比1985年增长117倍。[②]

1985年，广西只有22.1%的森林覆盖率，有三分之二的林地处于"无林"状态。由于劳动力转移规模的扩大，加上相应的环境保护政策，例如，2001年广西开始实施天然林保护政策，2003年广西开始实现退耕还林政策，这些政策有效扭转石漠化发展方向，广西石漠化土地面积逐

[①] 2016年国家住户调查方法制度改革后，不再发表农村居民人均纯收入，2017年天等县的农村居民可支配收入略高于大新县，崇左市位居第6。

[②] 广西壮族自治区统计局：《居民收入大幅增长 生活质量明显提高——改革开放40周年和自治区成立60周年经济社会发展成就系列报告之十五》，2018/12/4 - 2020/4/17，广西壮族自治区统计局网站（http://tjj.gxzf.gov.cn/ztlm/60zn/t2400970.shtml）。

年减少。2013—2017 年广西石漠化治理成效进一步显现，43 个石漠化治理重点县中有 27 个县的森林覆盖率超过 60%，广西整体生态环境质量保持全国前列，植被生态质量和植被生态改善程度居全国首位。

（二）加快土地流转促进农业规模经营

伴随着广西农村劳动力转移，广西农业剩余劳动力逐渐减少，农户外出务工后其承包的耕地和山林的资源转由亲友代为经营，使人均耕地经营面积出现事实上的增加，从而为农业规模经营创造了一定的土地条件。农业规模经营有利于提高农业劳动生产率，进而增加经营者的农业收入。近年来，由于劳动力转移总的规模维持在一个较高的水平，大量的土地被农民合作社、家庭农场、农业龙头企业租用，这些新型农业经营主体在政府相关扶持政策的扶持下发展迅速。据有关方面统计，到 2018 年广西农民合作社数量达到 4.4 万余家，比 2016 年增加 17.75%；家庭农场、市级以上重点农业龙头企业分别达 7413 家、1262 家。在 1262 家市级以上重点龙头企业中，有 1 家龙头企业年销售额超过 100 亿元，3 家龙头企业年销售额 50 亿元以上，有 32 家龙头企业年销售额 10 亿元以上，有 358 家龙头企业年销售额超亿元。[1] 到 2018 年，广西土地流转面积超过 900 万亩，广西有 1744 个示范区，核心区面积达 280 万亩，入驻企业（合作社）4585 个，平均每个企业（合作社）经营面积达到 610 亩以上。在"以奖代补"政策的推动下，广西龙州县等大力开展土地整治，"小块并大块""以奖代补"，仅龙州县就已完成"并地"18.45 万亩。[2]

劳动力转移促进农业规模经营还体现在养殖业的逐步专业化。普通农民家庭养殖猪和牛等大型牲畜的比例降低，养殖专业户养殖规模扩大，猪肉、牛肉的总产量还实现了增长。1985 年时，广西生猪存栏数为 1435.73 万头，出栏数为 693.43 万头，猪肉产量为 60.80 万吨，人均猪

---

[1] 邱宜钢、贺亮军：《领着农民一起闯出新天地——广西新型农业经营主体发展观察》（2017 年 12 月 8 日），2018/4 - 2020/1/4，广西新闻网（http://www.gxnews.com.cn/staticpages/20171208/newgx5a2a113f - 16735697.shtml）。

[2] 袁琳、许志平：《化零为整 土地生金——从龙州县"小块并大块"看广西农村发展》（2017 年 11 月 30 日），2018/10/4 - 2020/1/4，广西新闻网（http://news.gxnews.com.cn/staticpages/20171130/newgx5a1f3696 - 16709461.shtml）。

肉占有量为15.7公斤。① 由于大量劳动力外出务工，很多地方养猪农户不到10%，但广西2017年生猪出栏3355.1万头。作为黑山羊的主产区之一，大化、马山等县春节期间市场上山羊肉的价格一般略高于南宁市区，其中，很重要的因素就是春节期间大量外出务工人员回乡过年扩大了短时期当地山羊肉需求，供应却跟不上。

农业规模经营，特别是农业龙头企业的发展使得竞争力较弱的贫困劳动力可以实现就近就业。广西天峨县公昌村是典型的石山村，耕地十分有限，没有地表水源，只能依赖"水柜"存蓄天然降雨使用，农村生产条件曾经非常恶劣，过去农产品主要是玉米和大豆。由于公昌村主要青壮年劳动力外出务工，由当地村民创办的广西天峨县山旮旯实业有限公司承包租赁全村大部分闲置土地，从事山野葡萄、蔬菜和中药材种植，并发展生猪、鸡和鸵鸟养殖，注册了"山旮旯"品牌，并建立了良好的市场销售渠道，所有产出的农产品供不应求，该公司雇用了村民进行农业工作，为贫困农户就地就业增加了收入，在大石山区走出了一条不寻常的脱贫致富路。

（三）提高劳动者综合素质加速资本积累

广西大量农村劳动力外出务工不仅能够获得高于在本地从事农业生产的工资性报酬，还因为参与产业链，接受企业和雇主的相关培训或者在实践中摸索创新，劳动技能水平得到不同程度的提升，在外出务工的实践中农村劳动力逐渐掌握了一定的生产技能，这些技能往往是在学校学历教育中难以学到的。广西农村劳动力通过在第二、第三产业的转移就业不仅掌握了相关行业的技能，还完成了一定的资本积累，很多人实现了从打工仔到自己做老板的转变。

武鸣灵马镇原服务于过境公路运输司机的灵马鲶鱼饭店以"灵马鲶鱼"作为招牌菜，在国道203线变更以后纷纷走出灵马镇，扩展到新修建公路沿线。20世纪80年代，汽车运输业蓬勃发展，道路状况差导致汽车轮胎破损率高。陆川人发明"陆川风炮补胎"技术使得拆卸效率大为提升，通过亲友的传帮带，在公路沿线补胎成为陆川外出务工的一个重要领域，陆川补胎从业者扩展到全国大部分公路，甚至条件恶劣的青藏

---

① 何若钢：《广西种猪业发展现状》，《中国猪业》2012年第2期。

高原也能见到"陆川补胎"的招牌。玉林市博白县大量农村劳动力从事餐饮行业,"玉林风味""博白大排档"等餐饮店在广西 14 个地市都有分布,博白厨师成为很多夜市流动餐饮摊位的重要力量。20 世纪 90 年代中后期天等县在深圳务工人员开设了桂林米粉店,通过亲友传帮带,"桂林米粉店"扩展到了上海、北京,高峰时天等人在北京开设的桂林米粉店达 500 多家,一间 50 平方米的米粉店一年营业额在百万元左右。

农村劳动力在外闯荡的经历和资本积累对回乡从事农业发展也有很大的帮助。广西凌云县泗城镇陇雅村党支部书记吴天来 2014 年被评为广西"扶贫攻坚好支书"。吴天来因为家庭贫困读到高二就辍学了,在外出务工过程中他发现当地的中药材在外地市场有销路,陇雅村一种石头(锑矿)可以卖钱,于是吴天来组织乡亲们开采锑矿,并收购中药材外销,承接一些工程项目,成为当地令人羡慕的"致富能人"。吴天来自己致富以后,拿出大部分积蓄投入村里基础设施建设,带领全村发展甜皮石斛、种桑养蚕和生猪养殖,经过多年不懈努力,将生产生活条件恶劣的大石山区改造成为村貌整洁的美丽乡村。广西横县校椅镇辉兴奶牛养殖专业合作社始建于 2010 年,是以返乡创业人员为核心组建的专业合作社,返乡创业者曾经在广东长期从事奶牛养殖,并完成相当的资本积累。该合作社组织并提供成员所需的奶牛种、饲料,收购成员饲养奶牛所生产的生鲜乳,引进新技术、新品种,开展奶牛养殖技术培训及交流,已发展合作社社员 200 多名,带动农户 120 多户,2015 年成为横县创业孵化基地。

(四)提升教育重视程度阻断贫困代际传递

农村劳动力因受教育水平较低等因素影响,人力资本在转移前处于较低的水平,在外出务工经商过程中会遇到很多问题和困难。尽管在一小部分人中仍存在"读书无用论",但绝大部分的外出务工人员通过自身经历普遍认识到教育和劳动技能对就业和收入的影响,劳动力市场的需求极大地提升了外出务工人员对子女教育的重视程度,引导他们加大对子女教育的投入。越来越重视教育并热衷将子女送到乡镇和县城接受教育已成为广西农村居民的风潮。2018 年富川瑶族自治县 5 个贫困发生率最高的深度贫困村都处于西岭自然保护区内,但 5 个村的学龄儿童基本随父母到县城或者外地就读。随着对建档立卡贫困户教育扶持力度的加强，因贫辍学的现象已经非常罕见，同时，农村生源也纷纷向城镇集中，分享城镇更加优质的教育资源。

（五）促进广西工业化和城镇化发展

从中国改革开放的实践来看，农村劳动力转移的"人口红利"为中国经济持续快速发展注入了强大的动力。有研究表明，在中国1978—2015年16.7倍的劳动生产率增长中，有44%来自劳动力资源的重新配置，也即是劳动力转移就业。[①] 广西学者在20世纪90年代也认识到这种"人口红利"的存在，将农村劳动力视为"人力资源"而不是"剩余人口"。[②] 1978年广西城镇化率仅为10.61%，近90%的居民是农村居民，农村居民贫困发生率高达70%。改革开放以来，特别是进入21世纪以来，随着劳动力转移加速，广西城镇化进入加快发展的重要时期。2017年广西常住人口城镇化率为49.21%，比2000年的28.15%提高了21.06个百分点，年均提高1.24个百分点；比1978年提高38.6个百分点。

作为农村劳动力转移就业最主要的领域，广西非公有制经济发展迅速，非公经济发展总量由小变大，由弱到强，逐步成为广西全区经济发展主动力。据统计，2016年末，广西非公企业33.9万个，占全区企业的比重达到96.6%；全年非公经济增加值达9888.1亿元，占GDP比重达54.0%；非公经济对全区经济增长的贡献率达63.7%，在整体经济中的地位不断上升。[③]

从20世纪90年代开始，劳动力务工收入已经逐渐成为除国家转移支付外广西各贫困县最重要的经济收入来源，是县域经济发展重要的驱动力量。例如，都安县2017年地方一般公共预算收入完成仅2.6亿元，但2017年都安县15万人外出务工，务工收入保守估计超过40亿元。这些务工收入中有相当一部分寄回都安，正是有了这些务工收入，农村居民才能扩大各项消费，带动各行各业的发展。近年来，广西多地都开展了

[①] 蔡昉：《中国经济改革效应分析——劳动力重新配置的视角》，《经济研究》2017年第7期。

[②] 莫林：《广西农村劳动力转移的现状及其问题》，《调研世界》1994年第4期。

[③] 广西壮族自治区统计局：《壮乡腾飞结硕果　砥砺奋进谱新章——改革开放40周年和自治区成立60周年经济社会发展成就系列报告之一》，2018/12/3－2020/4－17，广西壮族自治区统计局网站（http：//tjj. gxzf. gov. cn/ztlm/60zn/t2400957. shtml）。

欢送农民工外出务工的活动，并开展农民工维权活动，努力保障农民工的合法权利。

可见，农村劳动力转移已成为广西工业化和城镇化发展的重要支撑。近两年，广西不断出台加强就业创业各项扶持政策，加强就业信息收集和劳务输出服务。2018年广西全年新增贫困劳动力转移就业41.48万人，开发乡村公益性岗位1.67万个，吸纳贫困劳动力就业1.66万人；聘用3.45万贫困人口担任生态护林员。出台支持就业扶贫车间建设的政策措施，认定就业扶贫车间1160家，吸纳1.29万贫困劳动力就近就业，到2020年计划建设2000个以上就业扶贫车间。2018年底，广西贫困地区农村居民人均可支配收入增长10.5%，比广西平均增幅高0.7个百分点。

第四节　激发转移就业扶贫新动能

一　针对贫困家庭劳动力转移就业困难提供特殊支持方案

通过打工实现脱贫为农村地区树立了样板，正常状态的农村家庭如果实现劳动力转移，有选择地放弃较低收益的农业生产，那么该家庭摆脱贫困就是大概率的事件了。在实际扶贫工作中，政府部门也是本着"一人打工，全家脱贫"的原则，鼓励贫困劳动力外出务工。劳动力的健康程度和家庭扶养、赡养人口的负担成为决定农村青壮年劳动力是否能够实现外出务工的重要影响因素，贫困家庭抵御疾病和风险的脆弱性使得劳动力并不能自由地外出务工。随着广西农村劳动力转移深度加强，农村剩余未转移劳动力表现出几个相似的特征：一是劳动力健康状况不佳，因病因残致贫家庭大致占到建档立卡贫困户的40%左右；二是农村年老体弱者，45岁以上劳动力者在就业市场受到歧视，特别是农村劳动力转移的主要部门都青睐于青壮年劳动力，50—59岁年龄段农村劳动力很难被雇用，这恰恰是第一代农民工年变老后遇到的现实问题；三是受教育程度低又有抚养、赡养负担的劳动力，他们劳动技能较差，就业选择本来就面临诸多限制，又有儿童或老人需要照料看护，不能长时间外出务工，只能就近务工，而周边没有足够的就业机会；四是极少数的"懒汉"，尽管数量不多，但是造成的影响却很大，使得很多贫困户背负"懒惰"的污名。正是由于这些因素的存在，使得过去最常规的扶贫手段和办法即劳动力转移不能实现，转移就业扶贫面临现实困境。

基于农村未转移劳动力的特征越来越显著，未来必须为低收入家庭劳动力提供针对性的劳动力转移方案，使他们也可以实现劳动力价值，从而降低贫困发生的风险。一是针对因病因残实施特殊的劳动力开发方案。区分各种慢性病和不同类型的残疾，对于能够进行劳动的低收入家庭劳动力专门设立相应的劳动力开发方案并精心组织实施，实现因户施策、因人施策，对于客观上不能进行劳动的低收入家庭采取低保兜底的方式确保低收入家庭不愁吃、不愁穿，有基本的社会保障。区分贫困家庭中的病人、残疾人与其他健康劳动力，促进健康劳动力的合理开发。二是设立社区看护中心解决困难家庭看护问题。针对贫困家庭病人、残疾人、老人和幼儿负担重的问题，应当逐渐筹集设立社区看护中心，融合社区养老和助残，使得低收入家庭中的健康劳动力能够外出务工获得较高的劳务收入。三是继续增加公益性岗位。针对很多贫困劳动力难以长期外出务工的情况，可以增加公益性岗位，包括公益性护林员。通过公益性岗位解决部分低收入劳动力就近就业的问题。四是大力发展就近就业的扶贫产业。"扶贫养殖场""扶贫车间"能为留守妇女和不能长期外出务工的贫困劳动力提供灵活的就业机会。应当进一步加大对"扶贫车间"等扶贫产业的政策支持力度，并转变成为长期支持政策，促进"扶贫车间"转变为欠发达地区的"就业车间"。

二 加快户籍和就业制度改革，促进农村劳动力市民化

改革开放初期，人口众多和劳动力富余往往被视作一种历史包袱和社会问题，因此制定了"就地转移，离土不离乡，进厂不进城"的政策，特别是在户籍制度和就业制度上长期对农村劳动力转移设置政策障碍，这就从根本上制约了整个社会人才的合理流动，对农村劳动力转移也一直存在阻碍作用。经过不断改革，农村劳动力转移才得到有效提升，1983年起允许农民从事农产品的长途贩运和自销，第一次突破了农村劳动力就业的地域限制；1988年允许农民自带口粮到邻近城镇就业，第一

次突破了城乡就业藩篱。[①] 到 20 世纪 90 年代初期市场供销改革，取消粮票等票证制度，才使得农村转移劳动力能够大规模地进入各级城镇和企业居住和就业。户籍管理制度和就业制度虽然经过一些改革，但总体上看仍然对农村劳动力转移不够友好。2019 年中国常住人口城镇化率为 60.60%，而户籍人口城镇化率只有 44% 左右。2017 年广西常住人口城镇化率为 50.22%，而户籍人口城镇化率为 31.72%。因此，未来还要进一步加快户籍和就业制度改革，有效促进和提升农村劳动力市民化程度，使他们更好地融入城市和社区，提高户籍人口城镇化率。

三　就业服务跟不上市场需求，劳动力转移就业服务机制仍需完善

目前广西各类就业培训还难以做到以需求为导向，行政化特征明显，对促进农村劳动力转移的实际作用不大。除人社部门有培训项目外，组织部门、农业部门、林业部门、妇联、共青团等多部门都有培训项目，但是这些培训项目很难整合资源用到农村劳动力特别是贫困劳动力最迫切需要的培训上。一方面，一些部门开展的培训班如果不发补贴甚至筹不够到场的人数；另一方面，很多外出务工青壮年劳动力难以接受到符合自己需求的就业培训。2018 年重新修订《广西壮族自治区就业补助资金管理办法》以后，培训项目和资金使用有所改善，但在整合各种培训资源方面还面临许多困难。另外，贫困劳动力数据库作用还没有得到充分发挥。到 2018 年广西已经建设了 1255 个乡镇（街道）就业社保服务中心、14268 个村级综合服务中心，基本建成"区、市、县、乡、村"五级联通的公共就业社保服务体系。建立贫困劳动力数据库，数据库已录入农村劳动力信息 2418 万条，其中，贫困劳动力 384 万条（含已脱贫人员）。但是，贫困劳动力数据库的不完善，利用率低，即使有用工需求，很多时候也无法联系上贫困劳动力。

因此，逐步完善农村劳动力转移服务机制仍是未来需要强化的重点。加强信息化建设，以就业需求为导向，整合提升各部门培训资源，提高贫困劳动力培训实效，改革和完善培训机制及其他管理制度，不断挖掘

---

① 蔡昉：《穷人的经济学——中国扶贫理念、实践及其全球贡献》，《世界政治与经济》2018 年第 10 期。

农村劳动力合理利用的潜力,提高劳动力生产率,不断增加农村劳动力的收入。

四 农村劳动力转移结构性矛盾显现,亟须加快城乡劳动力市场一体化建设

尽管教育是重要的影响因素,但不是影响农村劳动力在城镇就业的决定性因素,由于城乡二元结构的存在,农村劳动力在城镇劳动力市场中始终处于相对劣势。据1982年的统计,当时广西160万名职工中,没有达到初中文化水平的职工有41.68万人,占26.2%,未达到二级工技术水平需进行技术补课的32.24万人,占19.6%。[1] 而当时不少农村初中生,甚至农村高中生却因为户籍问题不能在城镇就业。1993年广西87.19%的农村转移劳动力是初中以下文化水平,12.81%是高中文化水平,尚有3.31%是文盲或半文盲。[2] 20年后,2013年广西外出务工群体还是以青壮年为主,以21—30岁青年居多,其次是31—40岁,在文化程度方面,已经提升为以初中文化为主,占60.7%,其次是高中,占16.5%。[3] 但是,由于城镇劳动力受教育也普遍提高,因此农村劳动力受教育水平提高并没能显著地改变就业层次,因为相对城镇劳动力,农村劳动力受教育水平仍然偏低。政府、事业单位和企业倾向于雇用受教育水平更高的劳动者,即使相关岗位根本不需要劳动者受教育程度达到研究生或者大学本科水平。另外,大量的企业雇主青睐廉价劳动力,但是现在劳动力供求关系和新一代农民工对薪酬的要求已经不允许廉价劳动力的持续存在。没有合理的收入,很多农村劳动者宁愿赋闲在家也不外出务工。

此外,随着农村劳动力逐渐稀缺,农村劳动者在劳动力市场的谈判能力不断增强,很多招聘会签订就业合同的比例都不高。2018年前10个月两广劳务协作共同组织现场招聘会251场,在线招聘会88场,广西组

---

[1] 肖永孜:《广西劳动力资源的利用和开发》,《改革与战略》1987年第3期。
[2] 莫林:《广西农村劳动力转移的现状及其问题》,《调研世界》1994年第4期。
[3] 广西壮族自治区人力资源和社会保障厅课题组:《广西农村劳动力转移就业、返乡创业和设立农民工创业园(区)调查研究报告》,《人事天地》2014年第7期。

织贫困劳动力进场应聘 20.82 万人，直接输送上岗就业仅 1.45 万人。农村劳动者谈判能力增强还体现在频繁的跳槽和更换工作，工作环境和工作条件不满意，很多农村劳动者就辞职不干，这种情况在新一代农民工中特别显著。在扶贫实践中，一些贫困劳动力对政府介绍和安排的工作不满意也不愿意，存在对工作"挑三拣四"的现象。

因此，加快推进城乡劳动力市场一体化建设是未来应对民工潮、用工荒及城乡结构性失业等问题的重要手段，也是统筹城乡发展的重要内容，必须从根源上破除制度性、政策性、行业壁垒、劳动力市场服务体系和农村劳动力素质低等方面的障碍，构建城乡统筹就业机制，形成城乡劳动力市场一体化的良好格局。

第 七 章

深化教育扶贫

百年大计，教育为本。德国著名哲学家黑格尔曾经说过，没有教育，一个人就会注定贫困。世界各国多年反贫困的经验也都证明了教育扶贫是阻断贫困代际传递最有效的方式，也是消除贫困最根本的途径。2015年《中共中央、国务院关于打赢脱贫攻坚战的决定》明确指出，"加快实施教育扶贫工程，让贫困家庭子女都能接受公平有质量的教育，阻断贫困代际传递"。"发展教育脱贫一批"成为脱贫攻坚的主要路径也是最根本的路径之一。

第一节 教育扶贫的理论阐释

教育扶贫具有切断贫困恶性循环的功能，在各国的扶贫体系中一直处于突出位置，是一种可持续的扶贫方式。教育扶贫是造血式、参与式扶贫，其内涵是通过让贫困人口接受教育和培训，提高贫困人口的受教育水平和科学文化素质，帮助贫困人口掌握致富的知识和技能，提高自我发展能力，缓解能力贫困，从而实现减贫脱贫的目的。美国经济学家杰米森在对我国贫困地区的研究中发现，每个农户成员多接受一年教育，农业产量就可增加8%，每个户主多接受一年教育，则可增加3%的产量。[1] 教育扶贫的效益不仅在于提高个人长期收入，还包括提高国民素质和社会文明程度、增加就业等社会收益，最终有助于在更大范围消除贫

---

[1] 马晓燕：《关于实现我国教育资源合理配置与教育供求均衡的思考》，《上海教育科研》2001年第1期。

困，进而塑造社会文明发展进步强大的动力。教育扶贫具有三方面的显著特点：

首先，教育扶贫是通过教育手段来"扶贫困之危"。贫困人口的受教育程度低、文化素质不高一直被认为是致贫的最深层次原因，特别是造成贫困代际传递的恶性循环，从而形成根深蒂固的贫困思维和贫困文化。"扶贫先扶智，治贫先治愚"，从这个层面来讲，教育是实现贫困人口和贫困人群"内生性"脱贫的根本手段，一方面可以转变贫困人群的脱贫观念，使他们具有"内生性"脱贫的意愿、意识、信念和毅力；另一方面使他们具有参与市场经济的知识、能力、方法和手段，从而彻底打破贫困代际传递的闭环，促进贫困人口的可持续发展，实现脱贫和走向富裕。

其次，教育扶贫是通过扶贫途径来"解教育之困"。由于地处偏远、经济落后和我国教育资源配置不均衡等原因，贫困地区教育水平一直整体落后，这也是制约贫困地区发展的重大短板。通过扶贫的途径，增加对贫困地区教育事业的投入和支持，促进贫困地区基础教育、高等教育、职业教育、就业和技能培训水平的提升，改善贫困地区办学条件，规范办学过程，提高办学质量，从而进一步办好贫困地区的教育事业，让贫困地区的孩子享有公平接受优质教育的机会和条件，从这个意义上讲，教育扶贫也是要"扶教育的贫困"，解决困扰贫困地区教育发展的难题，提升教育事业的总体发展水平。

最后，教育扶贫具有显著的参与式扶贫特征。教育扶贫直接作用于贫困户本人，它不对扶贫对象的经济生活进行显性干预，而是通过教育的途径来增强其内在的改变自己生活境遇的能力和动力。所以，教育扶贫需要贫困户自身有极高的参与度，贫困户参与的热情和程度是决定其成效的重要方面。

第二节　教育扶贫的发展脉络和政策体系

下面我们将通过对教育扶贫的国家政策以及广西制定的相关政策进行梳理，以期对广西教育扶贫的实施路径和发展脉络有一个全面清晰的认识。

一 国家扶贫政策中的教育扶贫

从八七扶贫攻坚计划开始，我国到目前已经制定了几个有关专项扶贫开发的纲领性文件，用来指导各个时期的扶贫开发工作。其中，教育扶贫都是必不可少的内容，而且随着我国综合国力的不断增强和扶贫开发工作的深入推进，教育扶贫的基础性作用和重要地位越来越凸显。

（一）《国家八七扶贫攻坚计划（1994—2000年）》

八七扶贫攻坚计划从1994年开始实施，是我国扶贫开发工作的第一个纲领性文件，以解决当时贫困人口的温饱问题为主要目标，在教育扶贫方面的主要任务是：积极推进贫困地区农村的教育改革，组织好贫困县的"燎原计划"，普及初等教育，做好农村青壮年的扫盲工作，加强成人教育和职业教育。这个时期的重点是解决贫困地区农村基础教育的普及问题。

（二）《中国农村扶贫开发纲要（2001—2010年）》

《中国农村扶贫开发纲要（2001—2010年）》是指导我国扶贫开发工作的第二个纲领性文件，其目标是力争在2001—2010年的10年间，提高和改善贫困地区和贫困人口的生产生活条件，加快脱贫致富步伐。围绕这一目标，教育扶贫的任务在于努力提高贫困地区群众的科技文化素质，通过加强基层教育，实行农科教结合，推进普通教育、职业教育、成人教育统筹，加强有针对性的短期培训和职业技能培训，增强贫困人口、农村居民掌握先进实用技术的能力。这一时期在加强贫困山区基础教育的同时，更加注重贫困人群文化素质和实用技术能力的提高，教育扶贫朝多元化方向发展。

（三）《中国农村扶贫开发纲要（2011—2020年）》

这一时期是我国扶贫开发的重要攻坚期，全国划分了14个集中连片特困地区（广西属于其中的滇桂黔石漠化片区），国家集中人财物力对这些集中贫困地区进行重点帮扶、连片开发。这一时期，对教育扶贫的要求和投入也空前加大。提出到2020年，基本普及学前教育，义务教育水平进一步提高，普及高中阶段教育，加快发展远程继续教育和社区教育。从学前教育、义务教育、高中教育、中等职业教育、职业和终身教育等六个方面提出量化脱贫和工作任务。把教育扶贫往前拉长到学前教育，往后延伸到高中、职业等教育，可以说是国家对缩小城乡教育水平发展差距的一个重要举措。

在专项扶贫的重点工作方面，一是瞄准农村贫困家庭中为继续升学的应届初、高中毕业生参加劳动预备制，给予一定的生活费补贴；二是对农村贫困家庭新成长劳动力接受中等职业教育给予生活费、交通费等特殊补贴；三是对农村贫困劳动力开展实用技术培训。

在教育行业扶贫的重点工作方面，推进边远贫困地区适当集中办学，加快寄宿制学校建设，加大对边远贫困地区学前教育的扶持力度，逐步提高农村义务教育家庭经济困难寄宿生生活补助标准；免除中等职业教育学校家庭经济困难学生和涉农专业学生学费，继续落实国家助学政策；推动农村中小学生营养改善工作；在民族地区全面推广国家通用语言文字；加大对各级各类残疾学生扶助力度；积极开展贫困地区劳动力进城务工就业培训。

（四）《中共中央、国务院关于打赢脱贫攻坚战的决定》

《决定》提出要坚决打赢扶贫攻坚战，到2020年实现"我国现行标准下农村贫困人口实现脱贫，贫困县全部摘帽，解决区域性整体贫困"，确保到2020年所有贫困地区和贫困人口一道迈入全面小康社会。明确提出要"通过教育脱贫一批"，实施教育扶贫工程，让贫困家庭子女都能接受公平有质量的教育，阻断贫困代际传递。这是针对新形势提出的实施精准扶贫和精准脱贫的新要求，要求教育扶贫更加瞄准贫困地区的学生、教师、学校施以扶贫政策。提出重点保障和提升贫困地区义务教育，健全学前教育资助制度，普及高中阶段教育，率先对建档立卡的家庭经济学生实施普通高中、中等职业教育免除学杂费，让未升入普通高中的初中毕业生都能接受中等职业教育。

针对贫困学生方面，提出了"稳步推进贫困地区农村义务教育阶段学生营养改善计划"，建立保障农村和贫困地区学生上重点高校的长效机制，加大对贫困家庭大学生的救助力度，提高中等职业教育国家助学金资助标准。对贫困家庭离校未就业的高校毕业生提供就业支持。

针对教师方面，全面落实连片特困地区乡村教师生活补助政策，建立乡村教师荣誉制度；推动特岗计划、国培计划向贫困地区基层倾斜，同时建立省级统筹乡村老师补充机制，推动城乡教师合理流动和加强对口支援。

针对贫困地区学校发展方面，一是更加合理布局贫困地区中小学校；二是加快标准化建设；三是加强寄宿制学校建设；四是加强有专业特色并适应市场需求的中等职业学校建设。办好特殊教育、远程教育、加强新型职业农民培训。大力实施边远地区、边疆民族地区和革命老区人才支持计划，制订贫困地区本土人才培养计划。积极推进贫困村致富带头人培训工程。

（五）《教育脱贫攻坚"十三五"规划》

为了完成脱贫攻坚战的任务，针对贫困地区教育发展仍比较落后的问题，作为行业扶贫部门，国家教育部于2016年印发了《教育脱贫攻坚"十三五"规划》，这是我国首个教育脱贫的五年规划，也是"十三五"时期教育脱贫工作的行动纲领。其目标要求是，到2020年，贫困地区教育总体发展水平显著提升，实现建档立卡等贫困人口教育基本公共服务全覆盖，保障各教育阶段从入学到毕业的全程全部资助，保障贫困家庭孩子都可以上学，不让一个学生因家庭困难而失学。每个人都有机会通过职业教育、高等教育或职业培训实现家庭脱贫。主要内容包括：

一是深化教育脱贫顶层设计。核准建档立卡教育人口底数，明确《规划》职责分工，要求各地结合实际系统谋划教育脱贫的政策措施。

二是实施好教育脱贫五项重点任务。提出夯实教育脱贫根基、提高教育脱贫能力、拓宽教育脱贫通道、拓展教育脱贫攻坚、集聚教育脱贫力量，从精神动力、财政支持、教育帮扶、信息技术、社会力量五个层面，构建多方参与、协同推进的教育扶贫大格局。

三是全面保障教育脱贫政策落实。强化责任、加强保障、完善工作机制和加强信息公开公示，问需、问计、问效于群众，确保贫困群众真正得到实惠。

四是营造良好舆论环境。加大对教育脱贫的宣传力度，总结推广教育脱贫攻坚中涌现出来的典型案例、先进集体和先进个人，把扶贫纳入基本国情教育范畴、动员社会各界关心支持教育扶贫工作，形成人人知晓教育脱贫政策，人人参与教育脱贫的良好氛围。

此外，30多年来我国还建立了从基础教育到高等教育、职业教育，同时涵盖贫困地区贫困学生资助、师资队伍建设的教育扶贫行动体系，确保教育扶贫政策得到有效实施。

表7-1　　　　　　　　我国教育扶贫行动主要内容

分类	主要内容
学前教育	学前教育三年行动计划
	学前教育资助体系
基础教育	国家贫困地区义务教育工程
	农村中小学远程教育工程
	农村寄宿制学校建设工程
	中西部农村初中校舍改造工程
	农村中小学布局调整工作
	农村义务教育薄弱学校改造计划
高等教育	对口支援西部地区高等学校计划
	面向贫困地区定向招生专项计划
	教育部直属高校定点扶贫工作
职业教育	职业学校针对贫困地区招生
	雨露计划
	职业教育帮扶农村劳动力转移计划
	求学圆梦行动
学生资助	建立教育资助体系
	农村义务教育学生营养改善计划
师资建设	贫困地区教师培训
	贫困地区师资支援行动
	贫困地区校长培训行动

二　广西推进教育扶贫的政策体系

进入脱贫攻坚阶段以来，广西除了落实上述国家有关教育扶贫的政策和行动以外，还根据本地实际，因地制宜制定了一系列有针对性的教育扶贫政策，特别是重点实施"八大教育帮扶计划"，构建并不断完善贯穿于教育发展全过程的资金投入、对象瞄准及资助办法等扶贫政策体系。

2014年，自治区人民政府发布了《关于开展教育精准扶贫扶持贫困家庭子女上学就业的实施意见》，内容包括精确瞄准教育扶贫对象、优先享受教育资助、实施扶贫培训补助、定人定向结对帮扶、落实招生就业帮扶、加强管理强化监督等方面。2015年，为完成打赢脱贫攻坚战的任务，包括《关于脱贫攻坚教育帮扶实施方案》在内的广西"1+20"脱贫攻坚配套政策文件出台，并提出明确的目标要求。即：到2020年，实现贫困地区教育发展整体水平接近全区平均水平；基本普及学前教育，达到义务教育学校基本办学条件，基本实现县域义务教育均衡发展，基本普及高中阶段教育，教师队伍整体素质显著增强；学前三年毛入学率达到82%，九年义务教育巩固率达到92%，高中阶段教育毛入学率达到87%；每年开展生产经营型、专业技能型和社会服务型等新型职业农民教育培训0.3万人次，累计培训1.5万人次。为实现这些目标，广西专门制定了针对农村学前教育、义务教育薄弱学校、高中阶段教育、县级中专、高等教育、特殊教育、学生学业、教师队伍等八大教育帮扶行动计划。（见表7-2）

表7-2　　　　　　　广西脱贫攻坚教育帮扶行动计划内容

名称	政策内容
幼儿园帮扶计划	实施二期学前教育三年行动计划，实现贫困地区公办乡镇中心幼儿园覆盖；大力扶持多元普惠幼儿园发展，建立学前教育"县—乡""乡—村"两层结对帮扶
义务教育薄弱学校帮扶计划	精准实施"全面改薄"工程，投入54个贫困县资金50亿元左右，实现贫困地区小学高年级学生和初中生"应宿尽宿""一人一床位"，切实解决"大通铺""大班额"问题；进一步优化义务教育学校布局，先建后撤，标准化建设村小学和教学点；加快贫困地区中小学校信息化基础设施建设，开展教师信息技术应用能力全员培训；建立"市—县""县—乡""乡—村"三层结对帮扶
高中阶段教育帮扶计划	重点支持贫困县新建、改扩建一批普通高中学校。扩大高中阶段教育招生规模，重点满足贫困地区学生入学需求。支持有需求有条件的贫困县发展多种形式的高中教育。建立"市—县"结对帮扶机制
县级中专帮扶计划	支持每个贫困县办好1所新型中等专业学校，改革专业设置，推进职业教育集团化办学，实现行业性职教集团自治区重点产业全覆盖、区域性职教集团14个市全覆盖，面向全区建立40个集民族工艺传承创新、文化遗产保护、高技能人才培养、产业孵化于一体的职业教育基地。建立职业教育结对帮扶

续表

名称	政策内容
高等教育帮扶计划	支持贫困地区高校开展优势特色学科专业，区内本科第一批重点高校招收贫困地区学生专项计划每年增幅不低于1%。贫困地区考生继续享受现有高考加分政策。高等学校民族班每年招收本科生1200名左右。少数民族高层次骨干人才培养计划每年招收博硕士生300人
特殊教育帮扶计划	加大对贫困地区特殊教育学校基础设施建设、教学和康复设施配置的支持力度，落实2016年起义务教育阶段特殊教育学校和随班就读残疾学生生均公用经费财政拨款标准达到每生每年6000元，实施特殊教育职业教育建设试点项目
学生学业帮扶计划	完善从学前教育到高等教育各阶段学生资助政策，对建档立卡贫困户子女就学实施15年免费教育，把少数民族预科班的家庭经济困难学生纳入高校国家资助体系，"雨露计划"扶贫助学补助应补尽补，落实就业帮扶政策，确保精准就业，建立贫困家庭学生结对帮扶
教师队伍帮扶计划	实施中小学教师公开招聘专项考试，给予乡镇以下教师岗位适当倾斜。实施农村义务教育阶段学校教师特设岗位计划、农村小学全科教师定向培养计划和壮汉双语教师定向培养计划，实施贫困地区乡村教师生活补助计划，自治区统筹资金按每人每月不低于200元标准给予奖补。优先保障贫困地区学校教师用编，职称（职务）评定向贫困地区倾斜，支持贫困地区县级中专建设"双师型"教师

总体来说，广西在落实国家教育扶贫政策的过程中形成了贯穿于个体发展全过程的政策闭环。特别是脱贫攻坚阶段以来，广西各地加大推进落实教育扶贫政策措施，从实施方式来看，既有贫困地区教育发展总体部署，也有落实到具体的实施项目，既面向学生也关怀教师，既加强基础教育也支持特色教育，既考虑整体布局也针对本地实际，基本形成了贫困地区义务教育普及、学校基础设施建设、学生资助体系、教师队伍建设、民族教育发展、职业教育提升、高等教育支持等教育扶贫政策全覆盖的局面。

第三节　广西推进教育扶贫经验与成效

多年来，广西积极落实国家有关教育扶贫的政策和行动，通过积极争取中央支持、完善义务教育经费机制、调整优化支出结构等方式，不断推进贫困地区教育发展。2007年，广西已全面实现"两基"（基本扫除青壮年文盲，基本普及九年义务教育）目标，在全国5个民族自治区中第一个通过国家验收，取得了历史性成就。党的十八大以来，我国扶贫开发进入脱贫攻坚阶段，广西的教育扶贫领域也由过去主要以提升贫困地区整体教育水平为主向普惠教育扶贫与精准教育扶贫相结合的模式转变，更加注重教育扶贫的针对性和有效性，强化精准施策，实现贫困地区教育公平与质量的整体提升。

一　促进协调发展：贫困地区教育事业整体提升

一是义务教育均衡有力推进。不断加大对贫困地区义务教育薄弱学校的扶持。2016年，广西教育基建投入义务教育建设项目资金51.65亿元，其中用于贫困地区义务基本教育建设资金28.74亿元，占总投入的55.6%；大力支持贫困地区村小学和教学点建设。积极指导各地根据农村实际，科学合理调整优化农村学校布局，保留并办好必要的村小学教学点；在广西所有中小学（幼儿园）实施结对帮扶制度。由市、县教育行政部门统筹辖区优质教育资源，对口帮扶薄弱学校，普遍建立"市—县""县—乡""乡—村"三级结对帮扶。在全区建立起义务教育薄弱学校的特别扶持体系。截至2018年底，全区义务教育巩固率已达95%，超过全国平均水平，全区98个县（市、区）通过义务教育基本均衡发展国家督导评估，通过率达85%，基本消除义务教育超大班额。

二是学前教育和高中阶段教育稳步发展。实施建档立卡贫困户子女在学前教育阶段免保教费和在普通高中阶段免学杂费政策，实现所有建档立卡贫困户子女享受15年免费教育。积极扶持贫困地区多元普惠幼儿园发展，认定600所贫困地区幼儿园为广西多元普惠幼儿园。仅2016年，广西教育基建投入学前教育建设项目资金7.36亿元，其中投入到54个贫困县扩大学前教育资源资金4.82亿元，占总投入的65%。2018年广西学前教育毛入园率达85.6%、乡镇中心幼儿园覆盖率99.6%，普惠性学前教育资源覆盖率达68%。支持贫困地区高中教育方面，确保建档立卡的贫困应届初中毕业生都有机会升入高中阶段教育学校读书。在每市选择1—3所自治区示范性普通高中面向全区或全市招收50—150名优秀建档立卡初中毕业生，组建普通高中"圆梦班"，确保所有建档立卡学生都能升入高中阶段学校就读。2018年，全区高中阶段教育毛入学率达89.4%。

三是中等职业教育特色彰显成效突出。经过先后两轮的职业教育攻坚，广西在全国少数民族地区率先建成了规模最大的职业教育体系，在全区300多所职业院校共设置近400个高职专业和250多个中职专业，覆盖18个中职专业大类和19个高职专业大类。积极推进职业教育扶贫富民，全力支持贫困地区和贫困家庭的孩子学习就业技能，百色、崇左、河池等革命老区专门为贫困家庭的孩子们开设"巾帼励志班""百川励志班""博世励志班"等，基本实现"上学一人、就业一个、脱贫一家"。同时，广西还实施了教育"励志圆梦"计划，平均每年在中职学校设立励志圆梦班128个，帮助建档立卡的农村贫困家庭子女免费接受中职教育，帮助实现100%就业。

四是高等教育水平不断提升。广西不断加大对贫困地区高校发展的支持力度，将右江民族医学院的临床医学专业列入自治区级优质专业，河池学院的小学教育专业列入自治区级特色专业，右江民族医学院、河池学院、百色学院的3个专业列入自治区级创新创业教育改革示范专业，分别给予专项资金资助。支持右江民族医学院建设民族医药教学团队、百色学院建设中科创业学院创新创业教学团队和河池学院建设机电信息技术创新创业教学团队。实施高校"强基创优"计划的高层次人才引育项目，扩大贫困地区学生接受高等教育机会。如2016年，广西安排贫困专项计划2950个，其中国贫专项计划750个，比上年增加300个；区内本科第一批重点高校安排贫困专项计划200个，比上年增加2%，完成每年增幅不低于1%的目标；安排面向建档立卡家庭贫困户精准脱贫专项计划2000个。

二 提升教育公平：确保教育扶贫精准惠泽贫困学子

一是全面落实学生资助政策，确保不让一个贫困孩子因家庭困难而失学。坚持全民共享发展成果的理念，落实和完善从学前教育到高等教育各阶段学生的资助政策，对所有农村建档立卡贫困户子女实行15年免费教育。同时，还规定将建档立卡贫困户家庭学生100%纳入国家助学金资助范围，并且明确在同一学段就学期间无论其家庭是否脱贫，原享受的资助政策不变。在就业帮扶方面，实现了两个"100%"目标，对建档立卡的毕业生实施100%的帮扶，有就业意愿并愿意接受帮扶的建档立卡毕业生100%就业。开展"农村建档立卡贫困户家庭普通高校毕业生就业帮扶行动"，进行专项检查和督促；举办培训班，提高建档立卡毕业生就业能力和求职技巧。各高校建立和完善校级—院系—班级三级联动机制，指定专人负责，结对帮扶，对"建档立卡毕业生"开展"一对一"心理咨询和就业帮扶，并提供3个以上的工作岗位信息，优先向用人单位推荐，确保其顺利就业。

二是关注和支持特殊教育发展，解决残疾儿童接受义务教育问题。指导各地组织开展对未入学残疾儿童进行上门入户大排查，根据残疾程度采取适当的方式做到"一生一案"。推进贫困地区特殊教育学校建设；统筹中央和自治区资金，支持贫困地区特殊教育学校建设；完善特殊教育经费保障机制。组织召开广西示范性特殊教育学校评估培训会，指导接受评估的特殊教育学校做好迎评准备。大化、德保等贫困县特殊教育学校相继通过广西示范性特殊教育学校评估验收。

三 强化控辍保学：严格落实"双线四包"工作制

随着脱贫攻坚进入三年决胜期，广西农村地区还不同程度存在义务教育学生失学辍学现象，特别是一些贫困地区初中学生、留守儿童失学辍学问题还比较突出。针对这一问题，2018年7月，自治区出台《关于进一步加强控辍保学提高义务教育巩固水平的通知》，各县（市、区）按照通知精神，围绕"一个都不能少"的工作目标，建立起控辍保学"双线四包"工作机制和"三级联动"防护网络。"双线"即县、乡镇、村一条线，教育局、学校、班级一条线；"四包"即县领导包乡镇、乡镇干部包村、村干部包村民小组、村民小组包户,教育局领导包学校、校领导包年级、班主任包班、科任教师包人。"三级联动"即乡镇政府(街道办事处)、村(居)民委员会、村民小组联动,建立健全由政府分管领导担任召集人的控辍保学联席会议制度,全面压实政府、部门、学校、家庭控辍保学责任,切实提高义务教育巩固率,确保贫困户脱贫、贫困村摘帽、无义务教育阶段适龄儿童少年辍学。

2019年初,为早日解决"两不愁三保障"突出问题,广西还全面发起义务教育、基本医疗、住房安全和饮水安全"四大战役",计划利用一年左右时间集中力量、尽锐出战,解决制约全面脱贫的短板。2019年共投入35.9亿元建设义务教育学校,发放教育补助资金17亿元,补充义务教育阶段教师2.4万名;加大力度排查义务教育阶段失学辍学的贫困户适龄子女,采取劝说教育、送教上门等多种方式劝返,确保适龄儿童接受义务教育。

四 优待教育人才:注重改善乡村教师生存和发展状况

采取多种措施提升乡村教师待遇,重点解决乡村教师住房等问题,为乡村教师缴纳住房公积金和各项社会保险费;适当降低乡村教师在乡或在县城申请公共租赁住房、经济适用住房、限价商品住房、危旧住房改造申请门槛。推进以公共租赁住房、限价商品住房和集资建房等多种形式建设中小学教师安居房。为提高连片特困地区乡村学校及教学点义务教育教师生活水平,广西还启动了乡村教师生活补助计划,2015年发放补助资金2.43亿元给10万名教职工。贯彻落实国家乡村教师荣誉制度,为提升乡村教师职业荣誉感,从2016年开始,正式启动乡村学校从教30周年教师荣誉证书颁发工作。

加大乡村学校教师补充力度,实施农村小学全科教师定向培养计划。如2016年,面向82个县(市、区)定向招收和培养全科师范生3000多人。实施县级中职学校教师定向培养计划,落实国家的"特岗教师计划",面向91个县(市、区)招聘中小学特岗教师6600余人,重点补充农村寄宿制学校、教学点教师;面向19个县(市、区)招聘中职特岗教师74人,为县级中等职业学校补充了一批专业课教师。2019年面向66个县(市、区),招收和培养定向师范生3348人,其中小学教育专业招生 1608 人、紧缺薄弱学科教师培养招生 1740 人。积极开展教师工作坊建设，共建设 200 个特级教师工作坊和 20 个中职名师工作坊。通过"师带徒"方式，每年辐射带动培训教师上千人，此外，每年组织实施"国培计划"和"自治区区培计划"。

专栏　　　　　　　广西大石山区的"环高经验"

环江高中是广西环江毛南族自治县的一所高级中学，创建于 1937 年 11 月，是一所规模较大、设施齐全、师资力量雄厚的高级中学。2000 年，学校晋升地区级重点中学，2001 年，被确立为自治区级示范性普通高中。这所学校的校容校貌整洁美丽、学生勤奋刻苦、教师积极向上、学校管理规范。近年来，学校坚持"中等入口、优质出口，优质入口、高端出口"的办学业绩，教学成效非常突出。2005 年以来，环高已有 12 人考上清华、10 人考上北大，且年年有学生考入全国十大名校。2016 年全校上一本线的学生 214 人，二本 805 人；2017 年上一本 278 人，二本 1241 人，一本上线率超过 20%，位居自治区同类学校前列，保持了学校一本上线人数持续上升的态势。这份成绩单在广西贫困地区特别是大石山区非常难得，环江高中的发展很有值得借鉴的意义。

一是高度重视教育，积极争取外部支持。环江县委、县政府历来重视教育，特别是对环江高中的重视、投入和支持，可以说是不遗余力的。除硬件投资外，政府每年都从财政中拨出专款，并与人社、财政、纪委、绩效办等职能部门研究协调，将学校的部分非税收入，列为环高班主任工作补贴、教师超工作量补贴、对优秀教师的学年奖励等。尤其值得称道的是，县里对高三学生每人每月补助 120 元营养餐费，关心学生身心健康。此外，积极争取社会资金支持，加大对贫困学子的生活补助和支持力度，主动争取到广州市政府助学金（品学兼优贫困生 2000 元/人·年）、中央彩票公益金——滋惠计划（品学兼优贫困生 2000 元/人·年）、香港房角石资助（品学兼优贫困生 1500 元/人·年）、加拿大某慈善组织（学习特别优秀贫困生 3500 元/人）、自治区民委（学习优秀的高一新生，1000 元/人·年），让贫困学子更加安心就学。

二是最大限度支持学校引进优秀人才。赋予学校自主选人的权利，鼓励学校到各师范院校进行"双选"，物色招聘优秀老师，在编制、资金、手续等方面给予尽可能的支持。到目前为止，该校成功从北京、深圳、贵州、黑龙江等地引进了一批优秀人才。优秀师资力量是学校教育质量提升的基础。

三是坚持"走出去、请进来"，开拓教师视野，提高教师业务水平。环江高中已与中央民族大学附中、广西师范大学附中、南宁市三中、博白县高中建立了教育合作共建单位或教学协作关系。每学期，他们都会分期分批地派出教师到这些共建单位观摩学习，参加当地的教研活动，同时也分期分批地邀请这些名校老师到本校进行示范性教学，从而营造浓厚的教学教改研究氛围。县财政专门设立教师外出考察的专项经费，每年 50 万元，专款专用。

四是树立教育理想激励教师荣誉。抓好思想政治工作，通过树立教育理想和激励教师荣誉，激发教职工的工作热情，尊重每一位教育工作者的付出，对特别优秀的教师加强精神褒奖，学校领导也经常向社会推介这些优秀教师，让他们在媒体面前得到褒扬，营造"我奉献我光荣"的无上荣耀，从而在学校形成敬业奉献的良好氛围，使教师们真正做到守土有责，"不需扬鞭自奋蹄"。同时，加强物质奖励，对优秀教师的激励机制包括各种评优、荣誉奖及职称晋级，也包括每年底按员工贡献大小颁发的一、二、三等工作奖金、优先分配经济适用房等。

五是充分利用各种优惠政策，为学生减免学费减少负担，激发学生读书热情。环江毛南族自治县教育主管部门常善于利用自己的少数民族政策，主动向上级要项目、要投入、要经费。其中仅普通高中免学费项目，2016年春季学期环江县普通高中免学费学生数为4829人，免学费资金238.482万元已足额拨付至各学校。每年的学期开学，县委书记都要亲自参加开学典礼，为优秀学生颁发助学金奖学金，鼓励贫困学生努力学习。

第四节 深化教育扶贫的思考与前瞻

经过多年扶贫开发的努力，特别是进入脱贫攻坚阶段后的强力扶持，广西贫困地区教育事业获得了长足进步，教育扶贫也在脱贫攻坚战中发挥了重要的基础性作用，实现了"扶贫困之危"和"解教育之难"的齐头并进。到目前为止，广西贫困人口已实现了15年免费教育，因贫辍学现象已杜绝，贫困地区的义务教育条件和质量得到明显提高，贫困家庭借助职业教育或职业培训实现脱贫得到有效保障。总之，实现2020年"两不愁三保障"的教育保障要求可以预期。

在全面完成脱贫攻坚任务的同时，广西也在进一步加快推进扶贫开发与乡村振兴的有效衔接，加快构建解决相对贫困的长效机制。其中，教育扶贫是必不可少的内容和途径。从当前情况来看，广西农村教育事业和教育扶贫仍然存在许多短板。主要表现在：农村人口整体文化仍以初中以下为主，整体偏低，接受新事物、新技术的能力不强，小农意识和"等、靠、要"思想比较严重，自我发展能力弱；义务教育投入不足，教学设施和办学质量相对较差，教育资源配置不均衡，城乡教育发展之间的数字鸿沟面临更加凸显的"马太效应"；校点撤并后导致的教育成本也加重了农村家庭负担；对家庭相对贫困学生的助学和补助标准仍然偏低；贫困地区师资力量不足，结构不合理，教师待遇、教育质量不高，再加上"毕业就失业"的教育收益降低，厌学和"读书无用论"导致的辍学现象仍时有发生。进一步总结和发展脱贫攻坚阶段教育扶贫的先进经验，对未来构建解决相对贫困的教育扶贫长效机制，有重要的引导和启示作用。

一 多渠道筹措教育经费，提升教育基础设施水平

在积极争取国家投入增加的前提下，拓宽渠道筹措义务教育经费，改变过去由中央、地方政府投入义务教育经费的单一方式，形成以国家投入为主，社会力量、国际组织、个人广泛参与的义务教育经费筹措渠道。另外，必须建立义务教育经费的使用、管理、监督制度，保证教育经费专款专用，把有限的经费用到最需要的地方。可在广西财政中专项列支教育扶贫经费，积极争取国家设立教育扶贫专项经费。继续加强贫困地区教育基础设施建设。继续完善农村学前教育行动，支持符合条件县区、乡镇加快建设中心幼儿园，扩大学前教育资源。深化"全面改薄"工程，在贫困地区新建、改扩建一批学校，加大寄宿制学校建设力度，改善义务教育办学条件。加强贫困地区保留的村小学和教学点建设，重点对教学基本设施、教师配备、教学质量、课程开设等方面进行完善提升。实施高中阶段教育突破发展工程，统筹国家和自治区普通高中专项经费，优先支持贫困地区继续新建和改扩建一批高中阶段教育学校。助力县级中专建设，重点支持贫困县县级中专改善办学条件，支持部分贫困县县级中专建设示范特色专业及实训基地。支持特殊教育建设，实施第二期特殊教育提升计划，重点支持贫困县特殊教育学校改善办学条件，实施特殊教育职业教育建设试点项目。

二 持续抓好"控辍保学"，实施农村中小学校素质教育提升工程

继续完善"双线四包"控辍保学的工作模式，并使之制度化、长效化，按照"一个都不能少"的目标实施精准教育帮扶计划，建立农村家庭子女义务教育就学辍学跟踪服务网络平台系统，探索"互联网+爱心扶贫"模式，为社会力量参与教育扶贫提供联系的平台和桥梁。大胆创

新，借鉴巴西有条件的现金转移支付计划①，探索建立针对贫困户辍学现象的广西贫困人口有条件现金转移支付制度。实施全区农村寄宿制中小学生营养早餐计划。以政府为主导，发动团委、青基会等群团组织力量，发动民营企业、社会爱心人士等其他社会力量，参与支持农村寄宿制中小学生营养早餐计划，可考虑按照每人 3 元的补助标准，保证农村寄宿制小学可以提供中小学生营养早餐，改善农村学生的营养指数和健康水平。

实施农村中小学校素质教育提升工程，提升教育质量和教学水平，增强课堂吸引力，防止厌学逃学。着力提高农村中小学校办学质量和教学水平，特别是要加强村小学和教学点建设，全面推进偏远农村线上线下、"双师教学"模式改革，帮助乡村教师提升教学质量，丰富乡村课堂内容和课程吸引力。同时，要增加农村中小学校音、体、美专业教师编制，每个校点都要配备一名以上专业音、体、美教师，促进科学文化知识与音、体、美教育相结合，促进学生的全面健康发展。加强学校结对帮扶工作指导，推进城乡教师、校长交流轮岗工作，进一步发挥大学生志愿服务西部计划作用，确保帮扶到校、帮扶到师、帮扶到生。

三 提高教育帮扶的精准对接，特别关注农村留守儿童

教育扶贫是一种参与性较强的扶贫模式，对教育扶持政策精准对接贫困人口的要求更高，既要教育发展覆盖到"面"，也要让教育帮扶关注到"点"，实现教育帮扶的应帮尽帮、应扶尽扶。不同地区、不同家庭的贫困状况和对教育脱贫的现实需求不尽相同，不同学段、不同类型教育的发展状况也存在差异。推进教育扶贫必须深度剖析当地教育事业发展的瓶颈因素和关键领域，区分不同学段、不同类型教育发展的"短板"和现实情况，精准把握农村各类家庭子女的困难和需求，并以此为基础，实施分类指导、精准施策、多措并举与综合帮扶。进一步加强教育结对帮扶机制建设，确保帮扶到校、帮扶到师、帮扶到生，提升薄弱学校的

---

① 率先在广西少数民族聚居的深度贫困村启动试点探索，规定在贫困户家庭中只要有义务教育适龄少年儿童，并且在校出勤率达到规定时间以上，这个家庭就可以享受政府发放的一定补助金，补助标准按照少年儿童人数和贫困程度实行差异化补助。

办学水平和教学水平。支持高职院校和城市职业学校通过管理、课程、师资、设备"四下乡"帮扶薄弱县级中专。加快农村地区教师周转住房建设力度，改善基本生活条件。真正将教育扶贫资源有效分配到农村类型地区、薄弱学校和贫困人口的最迫切脱贫需求上，切实保障教育精准扶贫治理效能的发挥。

加强对农村留守儿童的关注，使其走出教育扶贫工作"边缘"地带，回到政策观照的视野。建立完善的留守儿童关爱和服务机制，分区域开展留守儿童摸底排查工作，对辍学、未登记户籍、处于困境或无人监护、父母一方无监护能力的留守儿童群体进行分类识别并逐一建立信息档案，推进留守儿童户籍管理、学籍管理和建档立卡信息平台的整合衔接，准确掌握留守儿童数量、年龄、家庭情况、监护人、就学状况等基本信息，实行动态监测，提供精细化服务，使每一个留守儿童都能得到最精准、最有效的帮扶和关爱。

四 统筹城乡教育能力建设，建设农村上学就业扶助体系

按照"城乡统筹、强弱搭配"原则，将城乡义务教育学校划分为若干个学区，通过改革学校管理体制、教育资源调配机制和教育教学管理方式方法，实现学区内资源配置、师资调配、教学管理、教学研究、学校招生、质量评价的"六统一"。组织指导农村地区编制普及高中阶段教育攻坚计划，提升普通高中教学能力。深入推进县级中专综合改革，建立县级职校发展长效机制，遴选重点支持的职业教育集团，持续推进职业教育集团建设，推动民族地区职业教育特色发展。继续推进乡村教师支持计划，做好中小学教师统一公开招聘工作，做好教师走教支教工作。深入实施"农村义务教育学校教师特设岗位计划""县级中等职业学校教师特设岗位计划"，推动优质师资向贫困地区农村学校、薄弱学校流动。

建设农村困难家庭子女上学就业扶助体系，继续实施教育精准扶贫专项招生计划，及时下达各市高中招生指标，确保有意愿的农村家庭孩子都有机会升入高中阶段教育学校读书，深化教育公平。完善职业教育圆梦班管理制度，做好职业教育圆梦班相关工作。扎实做好少数民族预科班和高校民族班招生工作，在高等学校招收民族班，实施少数民族高层次骨干人才培养计划。研究并落实建档立卡贫困户子女就学 15 年免费教育政策与缓解相对贫困长效机制、乡村振兴建设的政策衔接。继续贯彻落实建档立卡高校毕业生就业帮扶措施，抓好农村困难家庭高校毕业生精准就业帮扶工作。

五 推进优质教育资源向职教倾斜，充分发挥职教带贫作用

职业教育是摆脱代际贫困、提升人生价值的有效方式。农村困难家庭学子通过职业教育学到一技之长，增强致富本领，实现一人高质量就业带动全家脱贫致富。目前的重点是要全面提升职业教育质量和水平，吸引更多的农村孩子愿意到职业学校接受教育。按照着力"拔穷根"的思路，促进优质职教资源向贫困地区、贫困家庭倾斜，加快培养符合农村地区产业需求的技术技能型人才，广泛开展各类技能人才培养培训。

一是提升相对贫困地区中等职业教育办学能力。由于相对贫困地区中职学校办学条件相对简陋、师资匹配与专业建设相对滞后、职业教育吸引力有待增强，在精准扶贫精准脱贫过程中，应加大政策支持和资金投入，特别是加大中央资金、项目扶持力度，支持相对贫困地区中职学校提升办学能力。根据产业发展对技术技能人才需求，在相对贫困地区的每个地级市重点办好1—2所中等职业学校，每个县（市、区）重点建设1所有特色的职业技术学校（职教中心），形成各具特色、布局合理的中等职业教育办学氛围。鼓励贫困县中职学校与其他高职院校一体化办学衔接工作，适度扩大高等职业院校面向贫困县中等职业学校学生的单独招生和注册入学比例，弥补贫困地区职业教育发展的软肋。通过中职学校教师到企业实践训练、企业技术管理人才到学校任教等措施，扩大农村"双师型"教师规模，提高专业实践教学水平。坚持就业导向，创新灵活开放的选人用人机制，从政策层面为农村中高职毕业生顺利就业开辟绿色通道，真正实现农村困难家庭"输出一人、致富一户"。

二是加快区域性公共实训基地建设。相对贫困地区职业教育发展最大的不足是学生实践教学条件落后，建立区域性的公共实训基地，便于推进校企合作、产教融合，便于开展集团化办学，便于整合各方面资源服务学生技术技能训练，也便于加快贫困地区技术技能人才培训和劳动力转移。因此，可根据不同片区经济社会发展对技术技能人才的需求，建立若干大型开放的职业教育公共实训基地，作为加强校企合作、产教

融合的重要平台，统筹区域内外有利资源，为片区培养大批技术技能人才和掌握实用技术的农民。

三是加大实用技术技能培训力度。相对贫困地区广大青壮年劳动力没有得到有效开发，没有掌握过硬的致富本领，是脱贫致富的最大瓶颈。职业教育在农民群众实用技术技能培训方面有着得天独厚的资源优势。职业教育必须紧紧围绕帮助贫困家庭靠技术技能脱贫的目标，一方面，建立公益性职业农民培养培训制度，以县为主、整体推进、全员覆盖，统筹教育、人社、扶贫、农牧等部门的培训资金和项目，形成有效衔接、资源共享的贫困地区技术技能人才培训机制，确保贫困家庭至少一人掌握一门致富技能。另一方面，要打造贫困地区职教集团，重点建设一批特色鲜明、服务"三农"的涉农专业点，面向贫困地区积极培养新型职业农民。此外，可以发挥市、县中职学校（职教中心）资源优势，以市为单位建立"乡村振兴实用技术技能人才培养培训基地"，以县为单位建立"乡村振兴新型职业农民培训中心"，在资金、项目上给予倾斜支持，承接城乡富余劳动力转移就业创业培训和劳务品牌培训等项目。

六 加强乡村教师队伍建设，提升教师整体素质

教师是教育事业发展的基础，提高乡村教师队伍整体素质是推进农村教育可持续发展的关键因素之一。要把加强乡村教师队伍建设作为"支点工程"。

一是精准补充农村中小学师资。坚持"按需设岗、按岗招聘、精准补充"的原则，建立自治区级统筹规划、统一选拔、严格标准、精准招考、优中选优的农村乡村中小学教师补充机制，着力破解结构性矛盾，重点补足配齐英语、体育、美术等紧缺学科教师。实施"精准扶贫乡村教师培养计划"，每年选拔一批家庭困难、学业优秀、有志从事乡村教育的优秀高中毕业生到师范院校就读，定向培养、协议服务。改革培养模式，精准免费培养"小学全科""中学一专多能"的乡村教师。

二是着力加强农村学前师资队伍建设。出台国家幼儿园编制标准，指导各地核定公办幼儿园教职工编制并核拨经费。实施"国家学前教育阶段教师特岗计划"，参照农村义务教育阶段学校特岗教师政策，重点补充相对贫困地区行政村幼儿园师资。创新贫困县学前师资多渠道补充机

制，实施"乡村振兴农村学前教师特聘计划"，鼓励各地优先从政府扶持就业的高校毕业生、大学生村干部、农村富余小学教师、未就业高校毕业生中聘用农村幼儿园专任教师和保育员，将农村幼儿园教师纳入乡村教师生活补贴范围。

三是精准培训相对贫困地区师资。构建乡村教师、校长专业发展支持服务体系，在加强国家和省级教师培训机构建设的同时，重点加强市县级教师培训中心建设。实施"'国培计划'乡村振兴乡村教师培训行动"，重点针对英语、体育、美术等紧缺学科教师、双语教师和百人以下小规模学校教师开展培训，不断加强对边远地区、民族地区、革命老区的教育局长、中小学校长、幼儿园园长和教师培训。着力改进教师培训方式，针对相对贫困县乡村教师个性化培训需求，以"点菜式"培训为主，采取送培下乡、专家指导、校本研修、网络研修等多种形式，增强培训的针对性和实效性。

四是提高乡村教师待遇。全面落实"乡村教师支持计划"，对相对边远山区、相对贫困地区乡村学校教师在生活补助、职称评聘、培训进修、评优提职等方面进行倾斜。设立边远贫困地区乡村教师特殊津贴，依据边远程度和工作量，实行差别化班主任津贴和寄宿制学校双岗教师岗位补助。积极改善乡村教师生活条件，为村小、教学点和乡村幼儿园教师建设教师周转房，把乡镇中小学、幼儿园教师住房纳入保障性住房建设计划。完善乡村教师荣誉制度，既要强调精神方面的积极鼓励，也要有物质奖励和权益保障，分别设立"乡村学校从教20年、30年奖励专项基金"，通过政府拨款、社会资助等多种途径，鼓励和引导社会力量投入，每年拿出一定数额的资金给予物质奖励。精神和物质的双重激励对鼓励广大教师坚守乡村教学一线、长期从教、终身从教有着积极深远的重要意义。

五是继续开展教育扶贫挂职支教活动。选派城市中小学校长到相对贫困地区农村学校挂职，选派城市优秀教师到边远贫困地区、革命老区和民族地区农村学校支教，组织乡镇中心幼儿园教师到贫困地区小学附设幼儿园及教学点巡回支教，选派高校优秀大学生以"顶岗实习"的形式赴相对贫困地区教学支教。协议返聘退休特级教师、高级教师到乡村中小学和幼儿园支教讲学，并给予一定经费补助。

七 加强培训资源整合,提高贫困户素质和就业技能水平

一是把扶贫、发改、人保、农业、教育、科协、妇联等部门各自分散的培训资金整合起来,建立培训资金整合集中使用机制,统一制定农村职业技能培训规划,加强对农村实用技术和劳动力转移就业培训,培训资金的使用要重点向相对贫困地区和困难家庭倾斜。

二是大力实施校校联合、校企联合、培企联合和部门联合,通过"农家课堂"开展农民实用技术培训,通过与扶贫龙头企业等联合培训实施岗前技能培训,多形式、多工种开展贫困劳动力技能培训,提高劳务输出就业能力。

三是大力发展"互联网+劳务培训",推广"云教育""365大学""慕课"等平台和模式,通过大规模公开在线课程,把多种互联网新技术、电脑游戏等技术融入新一代远程教育课程,将高质量、实用性强的知识技能有效输送给农民,提供平等教育机会和平台,增加农村人才的创业就业能力。

八 创新对口支援教育扶贫模式,借力优势教育资源

对口支援教育扶贫是帮助民族地区和少数民族发展义务教育的一个很好的经验。要进一步加强对口支援教育扶贫的模式创新。

一是加强贫困地区学校与区外重点院校的对口帮扶。采取"请进来,走出去",鼓励贫困地区学校主动与自治区内外优秀院校开展全方位的合作关系,在招生、专业建设、课程开发、师资队伍建设与交流、学生交流等方面形成长期稳定的合作关系,开展教育扶贫协作,通过优质学校重点帮扶、带动的方式,整体提升贫困地区学校的综合实力。

二是加强专业院系层面的专业对接服务。鼓励自治区内外发达地区学校的教师骨干,对接相对贫困地区职业学校的相关专业,形成"一帮多"的帮扶合作格局,逐步提高农村学校专业建设与人才培养的水平。

第八章

开展健康扶贫

在诸多扶贫举措中,健康扶贫占有不可忽视的重要地位,正如毛泽东同志所说,"身体是革命的本钱",人类能够顺利从事社会活动的前提条件是拥有健康的体魄。在长期的扶贫攻坚实践中,因病致贫、因病返贫是阻碍群众脱贫致富的重要原因,也是阻碍我国实现全面小康社会的一大难题。习近平总书记曾说过,"没有全民健康,就没有全面小康",在推动实现全面建成小康社会的道路上,必须要把人民的健康福祉摆在优先发展地位,全力维护广大人民群众的身体健康,切实解决长期以来困扰基层群众"看病难、看病贵"问题,走出一条全面、扎实、有效的"健康之路"。

广西作为全国脱贫攻坚的主战场之一,因病致贫返贫一直是贫困人口实现脱贫致富道路上的"拦路虎"。截至 2017 年 5 月,广西贫困人口中因病致贫、因病返贫约占 23.3%。2019 年,在广西脱贫攻坚推进大会上,因病致贫返贫仍然被认为是当前贫困户致贫返贫的首要原因。深入实施健康扶贫不仅是打赢脱贫攻坚战的基本要求,也是实现人民对美好生活向往的必然要求。

第一节 广西推进健康扶贫的历史轨迹

一 新中国成立初期到改革开放前(1949—1977 年)

(一)有效控制传染性疾病传播

新中国成立之初,经济萧条、百废待兴,寄生虫病及各种传染病横行肆虐,人民平均寿命低,无力应对和处理流行疾病和疫情,全民医疗卫生面临严峻形势。因此，这一时期的卫生工作主要是针对全民健康进行公共卫生建设，确立了预防为主的卫生工作方针。这一时期特别强调预防和初级保健，把更多的人力、物力投入到预防而非治疗上，如给民众注射多种预防传染性疾病的疫苗，并利用生产队来组建卫生机构、发动群众开展公共卫生运动。1953年至1965年广西共投入卫生基本建设资金3294.65万元。1952年，全区拥有公立医疗卫生机构603个，到1965年，全区卫生机构数量增加至7080个，并对严重危害人民健康的传染性疾病开展调查和防治工作，传染病得到有效控制，总发病率不断降低，人口死亡率和婴儿出生死亡率不断下降，人民平均寿命延长。

（二）建立了以公社为主体的合作医疗制度

针对当时农村卫生薄弱情况，发展了农村合作医疗制度。该制度主要是为村民提供预防性服务、基础医疗和疾病治疗服务的筹措资金和支付系统，用于为村民提供低费用的医疗保障服务的互助互济性制度。该制度在执行疾病预防计划方面非常有成效，可保证病人在早期便得到诊断、治疗，并且可巩固人民公社的基层卫生组织，特别是对患病的贫困人口起到了很大的帮助作用。1956年全国人大一届三次会议通过《高级农业生产合作社示范章程》，首次赋予了集体承担农村社会成员疾病医疗的职责，1959年全国农村卫生工作会议正式肯定了农村合作医疗制度。到1976年，近93%的人民公社建立了合作医疗制度。

二 改革开放到20世纪90年代中期（1978—1994年）

这一时期国家开始有计划、有组织、大规模地开展扶贫攻坚工作，但在健康扶贫方面重视不够。1984年中共中央、国务院发布的《关于尽快改变贫困地区落后面貌的通知》中，仅简单提到"山区的科技、卫生工作也应有切实的规划"。

但是，随着整个社会公共卫生事业的发展，广西医疗卫生水平有了明显提高，县以上全民所有制医疗卫生防疫保健机构在改革中得到加强和发展，形成了支援和带动农村卫生事业发展与技术进步的基础；农民看病难、住院难、手术难的窘况有所缓解，传染病发病率降低，血吸虫病、丝虫病、疟疾等地方性疾病达到基本消灭或控制的标准，全区人均寿命达到70岁，乡村卫生建设水平不断提升。这时的医疗卫生领域呈现以下新特点：

（一）医疗卫生领域开始市场化

随着社会主义市场经济的建立，我国医疗卫生领域开始引入市场化机制，逐利的市场化倾向改变了我国医疗卫生保健走向，使医疗卫生重心从公共卫生转向医疗服务，政府对医疗卫生机构的投入逐渐减少，管理层级也开始下放。20世纪80年代中期，乡镇卫生院由县卫生局管理转为由当地乡镇政府管理，一些乡镇政府财力吃紧，不仅没有促进乡镇卫生医疗工作的开展，还出现了截留、挪用上级给予卫生院拨款的情况。令人欣慰的是，广西一些地区开源节流，从财政中挤出资金来发展农村卫生事业。如河池市从财政中挤出1400多万元，为923个村建立了卫生所，210万各族群众参加了合作医疗，龙州县加大对村级卫生所的投入，所有行政村均建立了卫生所。

（二）合作医疗作用开始逐渐弱化

随着农村公社的逐步消失和集体化的瓦解，原本的合作医疗纷纷解体，到1996年底，全区只有111个村坚持办合作医疗，覆盖率不到1%。原本具有公益性质的赤脚医生也开始朝专业化乡村医生转变，开设私营诊所，逐利导向非常明显，农村医疗卫生建设也更加困难，农民日益增长的医疗卫生需求与医疗卫生供给不足的矛盾加剧。对此，广西把发展和完善村级合作医疗和扶贫攻坚计划一起抓，各地采取"农民个人投入为主、各级政府适当支持、集体扶持"的多渠道筹措资金办法，并按自愿原则确定与当地经济发展相适应的农民个人集资来发展合作医疗。

这一时期的扶贫工作更多是强调解放生产力，施行灵活、开放的政策，通过扩大贫困地区农民的经营主动权来实现脱贫。而在医疗卫生保障方面，尽管广西曲折中有进步，但由于市场化的影响，公立医院药品批零加价高，没有医疗保险的人多数居住在农村。农民看不起病、借钱看病、卖财产看病、住不起院的情况非常普遍。

三 医药卫生体制改革时期（1994—2011年）

1994年，我国掀开医疗体制改革的序幕，推进市场化改革的力度不断强化。这一时期健康扶贫开始得到强化和发展。

(一) 政府开始逐步重视医疗卫生在扶贫中的作用

这一时期政府重要文件中关于健康扶贫的论述相较以前有所明晰，但多是作为改善贫困地区的基本生产生活条件而提出的，专门针对扶贫的医疗卫生措施并不多。

1992 年，广西发布《关于加强农村卫生工作的通知》，明确农村卫生工作的主要任务和指标，在卫生建设、疾病防治、公共卫生、卫生保健方面作出了具体要求。1994 年，《国家八七扶贫攻坚计划（1994—2000年）》发布，当中提出："卫生部门要建立和完善贫困地区三级医疗预防保健网；大中专医学院校要为贫困地区培养定向招生、定向分配的医务人员，稳定乡村医疗队伍，提高乡村医生服务水平；制定和落实控制地方病的措施。"据此要求，1996—2005 年，广西加大公共卫生体系的建设力度，基本完成了自治区、市、县疾病预防体系和卫生监督体系改革，建立了突发公共卫生事件医疗救治体系，到 2005 年共有乡镇卫生院 1295 个，[1] 基本做到了大多数贫困乡有卫生院、贫困村有卫生室，基本控制住了贫困地区的主要地方病。到 2007 年，广西建立各级疾病预防控制中心 105 个，卫生监督所 106 个。[2]

(二) 医疗卫生市场化进一步加剧

这一时期，我国医药卫生体制改革进入深化阶段，2001 年出台的《关于农村医药卫生体制改革的指导意见》，专门提到了中央和省级政府要加大对贫困地区的财政投入力度，根据需要用于卫生扶贫，并要求加强对贫困地区的卫生人员培训、技术和管理指导，要求多力量、多形式、多渠道支持农村贫困地区的卫生事业的发展。但文件中指出，农村卫生工作经费主要由县级财政支持，而政府的卫生投入占卫生总费用的比例不断下降，导致乡镇卫生机构发展困难。这个时候，卫生产权制度改革使民营和外资开始涌入卫生机构，造成卫生机构开始具有一定的盈利倾向。

(三) 新型农村合作医疗制度开始推广

2002 年，《中共中央、国务院关于进一步加强农村卫生工作的决定》

---

[1] 李秋洪、蓝日基：《广西简志》，广西人民出版社 2008 年版，第 263 页。
[2] 广西壮族自治区卫生厅：《广西卫生 50 年》，广西人民出版社 2008 年版，第 6 页。

明确指出：要"逐步建立以大病统筹为主的新型农村合作医疗制度"。从2003年启动以来，广西新型农村合作医疗从无到有、从小到大，已经建立起基本符合广西农村实际的制度框架和运行机制，有效减轻了农民负担。2007年，全区新农合筹资标准从2006年的每人每年45元提高到每人每年50元，参合人数从2006年的1214.82万人提高到2801.84万人。2008年，广西新型农村合作医疗实现全覆盖，补助范围进一步扩大，补助标准提高到每人每年80元，2009年提高到100元。

（四）开展专项卫生治理运动

2002年，中国初级卫生保健基金会联合中国红十字基金会推出了大型公益活动"中国健康扶贫工程"，主要开展疾病普查普治项目、大病救助项目以及资助基层卫生人员培训项目，到2008年，所开展项目覆盖全国29个省，受到了社会的广泛关注和群众的好评。但该项目并非政府主导，不能从根本上改变医疗卫生的境况。

2003年，广西针对贫困程度深、集中连片的东兰、巴马、凤山三个县份开展专门的基础设施建设大会战，三县32个乡镇卫生院项目得以实施，明显改善了三县的医疗卫生事业落后状况，为老区人民健康提供了更有效的保障。

（五）实行新农村卫生建设

2006年，中央一号文件提出要进行社会主义新农村建设，并将之纳入"十一五"规划，这为农村的医疗卫生发展创造了良好的政策环境，"十一五"规划中用单独一节来阐述农村卫生工作，内容更为详尽和全面，主要提出了"加强以乡镇卫生院为重点的农村卫生基础设施建设，健全农村三级卫生服务和医疗救助体系。培训乡村卫生人员，开展城市医师支援农村活动。建设农村药品供应网和监督网"。广西根据中央相关文件指示精神，实行县级医院业务收入"总量控制，结构调整"，开展农村医疗机构药品集中采购，推进了农村医疗机构人事分配制度改革，推进了医疗机构收费项目公开查询业务，狠抓卫生行业行风建设，有效遏制了医药购销的不正之风，增强了医疗机构的活力和医药收费的透明度，减轻了人民看病贵、医务人员采购药品吃回扣等问题。同时，初步建立了医疗保险政策体系。

不难看出，我国开始逐渐重视健康扶贫的作用，但由于我国医疗卫生体制改革市场化的原因,政府对卫生医疗事业的主导不够、拨款不足,医疗卫生市场混乱,加之农村新型医改涉及面广,农村看病难,农民看不起病,因病致贫的问题依然突出,健康扶贫仍在艰难前行。

第二节　广西脱贫攻坚阶段健康扶贫做法及成效

党的十八大以后,我国扶贫开发进入了脱贫攻坚阶段,以习近平同志为核心的党中央把打赢脱贫攻坚战作为实现全面小康社会的底线目标要求和最大政治任务,要求按照"两不愁三保障"的标准,确保到2020年实现贫困县、贫困村、贫困户全部脱贫摘帽,而健康医疗正是"三保障"的内容之一,健康扶贫被提到了前所未有的高度。2015年《中共中央、国务院关于打赢脱贫攻坚战的决定》也对医疗保险和医疗救助脱贫的措施提出了明确的要求和具体的措施。2016年国家卫计委、国务院扶贫办等15个部门联合印发《关于实施健康扶贫工程的指导意见》,对健康扶贫的组织实施作出了重要部署,各地根据中央相关部门的要求也在积极推进健康扶贫工作落实。

根据中央相关文件精神,健康扶贫的对象包括农村贫困人口(包括建档立卡贫困人口、不在建档立卡范围内的农村低保对象、农村特困人员和贫困残疾人);其目标主要是通过开展健康扶贫相关行动,结合深化医药卫生体制改革进程,保障他们享有基本的医疗卫生服务,防止因病致贫、返贫;主要手段是完善医疗卫生制度,加强贫困地区医疗卫生建设,对大病和慢性病等疾病进行专项攻坚行动,全面提高农村医疗卫生服务能力,减轻患病贫困户经济负担,减少病患。

广西作为全国脱贫攻坚的主战场之一,因病致贫、返贫仍是困扰广西扶贫发展的一大难题。在精准扶贫的利好政策的推动下,广西在健康扶贫方面采取了许多富有成效的工作措施,出台了一系列健康扶贫政策文件,进一步明确了健康扶贫在打赢脱贫攻坚战中的重要地位和作用。健康扶贫开始作为专项行动在脱贫攻坚工作大局中稳步推进,并取得明显成效,因病致贫、返贫的比例不断减少。2017年广西建档立卡贫困户因病致(返)贫占贫困人口总数的11.07%,2016年为18.03%。2015年底全区"因病致贫"户数35.5万户，2016年全区18.52万户，2017年底减少至12.6万户，2019年以来，全区因病致贫户已减少到2.09万户，广西基本医疗保障战役取得了决定性进展，基本医疗保障的突出问题基本得到解决。

一 为实施健康扶贫提供完善的政策保障

（一）整体政策规划有序

2016年国家卫计委、国务院扶贫办等15个部门联合印发《关于实施健康扶贫工程的指导意见》，对全国健康扶贫工程作了整体部署。广西作为扶贫攻坚的重点地区，在健康扶贫工作上紧跟中央步伐，先后出台了《脱贫攻坚卫生帮扶实施方案》（桂政办发〔2016〕9号）、《广西健康扶贫攻坚行动计划（2017—2020年）》等，作为主管部门的自治区卫计委也密集出台相应的政策文件予以落实，如《关于印发广西健康扶贫工程"三个一批"行动计划实施方案的通知》（桂卫发〔2017〕15号）、《自治区卫生计生委关于印发〈2018年全区健康扶贫工作要点〉的通知》（桂卫基层发〔2018〕7号）、《广西壮族自治区健康扶贫兜底保障资金管理办法》（桂卫发〔2019〕11号）等。这些部署性文件对各地各部门开展健康扶贫工作起了很好的指导性作用，能够引领各地各部门良好有序地开展健康扶贫工作。

（二）医疗队伍建设政策保障有力

广西在壮大基层医疗队伍方面下发了保障性文件，如《广西壮族自治区人民政府办公厅关于印发〈广西改革完善全科医生培养与使用激励机制实施方案〉的通知》（桂政办发〔2018〕125号）、《自治区卫生计生委、自治区教育厅关于做好2018年全区村卫生室订单定向医学生招生工作的通知》（桂卫基层发〔2018〕13号）、《广西壮族自治区卫生健康委员会、广西壮族自治区教育厅、广西壮族自治区财政厅关于做好2019年全区村卫生室订单定向医学生招生工作的通知》（桂教办〔2019〕97号）、《关于开展2019年艰苦边远地区全科医生特设岗位计划招聘工作的通知》（桂卫人发〔2019〕5号）等。这些政策文件为推动乡镇医疗卫生队伍的进步与发展创造了良好的发展条件。

(三) 专项政策可操作性强

广西还针对健康扶贫的具体措施下发了一系列专项文件，如《关于印发广西健康扶贫工程"三个一批"行动计划实施方案的通知》（桂卫发〔2017〕15号）、《广西壮族自治区人力资源和社会保障厅、财政厅、卫生计生委、深化医药卫生体制改革工作领导小组办公室关于进一步做好城乡居民基本医疗保险扶贫工作的通知》（桂人社发〔2017〕64号）、《广西壮族自治区人力资源和社会保障厅等五部门关于进一步做好建档立卡贫困人口医疗费用"一站式"结算工作的通知》（桂人社发〔2018〕39号）、《广西壮族自治区健康扶贫兜底保障资金管理办法》，等等。这些专项政策对工作要求和细则进一步具体化，解答了地区和部门在推进健康扶贫过程中的困惑，使各级各部门可以更好、更具体地落实健康扶贫。

广西针对因病致贫、返贫问题采取了一系列行动措施，农村贫困人口医疗保障水平和贫困地区医疗卫生服务能力得到明显提高，因病致贫贫困人口住院费用大幅度降低，9种大病贫困患者得到集中诊治，健康救助解困一批成果明显。

二 提升基层医疗卫生服务能力

(一) 改善基层医疗卫生设施条件

全面建立标准化的乡镇卫生院、村卫生室，配置必备的医疗设备，完善疫病疾病防控防治体系。截至2017年，广西卫生机构总数已达34012个（含村卫生室），医院589个，其中公立医院330个。基层医疗卫生机构32034个，其中，乡镇卫生院1264个，村卫生室20770个；其次，医疗卫生机构床位数不断增加。2017年底，全区医疗卫生机构床位数240713张，比上年增加了16003张，增长了7.12%。每千人可配置的医疗卫生机构床位数由2016年的4.64张提高到2017年的4.93张，增长了6.25%；医院床位数161079张，比上年增加12599张，增长了8.49%。

广西还将医疗机构标准化建设要求，纳入了自治区脱贫摘帽核验标准。"十三五"期间预计投入164.7亿元实施《广西基层医疗卫生机构能力建设行动计划（2016—2020年）》，其中2017年共投入42.54亿元，支持包括贫困地区在内的基层医疗卫生机构建设1504个项目，包括业务用房351个，设备购置项目1153个，涉及中央投资建设项目188个，其中，乡镇卫生院业务用房建设项目308个，设备配置项目956个，建设面积35.71万平方米。截至2017年12月20日，业务用房建设项目已开工284个（中央投资项目全部开工），完成投资7.05亿元。2018年安排第一批资金24.85亿元，有力保障了医疗卫生发展所需资金。其中，上半年全区筹措医疗救助资金6.8亿元，已有190.05万人获得资助。从2016年到2019年，广西投入105.75亿元，支持包括贫困地区在内的基层医疗卫生机构建设项目3009个，县、乡、村三级医疗机构基本达标，就医环境进一步改善。①

（二）加强基层医疗卫生人才队伍建设

实施本土医疗卫生人员培养计划，进一步加大农村订单定向医学生免费培养力度，全区招收免费本科生520名，专科生600名，较2016年本科招生增加120人，并向贫困地区倾斜项目名额，共安排54个贫困县做好2017届定向医学生毕业后接转工作。2012年入学的农村订单定向免费医学本科毕业生共245人，已全部回到定向服务地报到，在当地卫生计生行政部门的安排下，已有185人与定向服务的乡镇卫生院签订就业合同，落实了就业岗位，其中51人已办理了入编手续。2019年度招生本专科1320人、中职3073人继续实施农村订单定向医学生免费培养。

推进基层中医药服务能力建设项目，继续深入开展中医名医名家走基层行动，扎实推进基层医疗卫生机构中医馆项目建设，加强中医药民族医药适宜技术推广。2017年，全区卫生计生人员总数404828人（含乡村医生31211人和卫生员2940人），卫生人员比上年增加14240人，增长了3.65%。其中，乡镇卫生院卫生人员数70860人。每千名农业人口乡镇卫生院卫生技术人员数1.37人，比上年增加0.03人；乡镇卫生院执业医师和执业助理医师数17121人。② 乡镇卫生院注册护士数19391人。

---

① 唐湘利：《广西健康扶贫取得阶段性成效》，2019年11月23日，人民健康网（http://health.people.cn/n1/2019/1123/c14739-31470594.html）。

② 广西壮族自治区卫生计生统计信息中心：《2017年广西卫生和计划生育事业发展情况简报》，2018年5月21日，广西壮族自治区健康委员会网站（http://wsjkw.gxzf.gov.cn/xxgks/tjxx/sjnbss/2018/0521/50712.html）。

2018年，全区有100%的社区卫生服务中心、98.64%的乡镇卫生院、98.89%的社区卫生服务站、89.06%的村卫生室能够提供中医药服务，提供中医药服务基层医疗卫生机构占比居全国前列。[①]

2018年自治区卫生计生委、编办、财政厅、人力资源社会保障厅、中医药管理局、医改办6部门联合出台《广西壮族自治区开展艰苦边远地区全科医生特设岗位计划工作实施方案》，在全区设立艰苦边远地区全科医生特设岗位，首批300个指标，优先服务于48个贫困县，财政给予每人每年6万元的补助。2019年为艰苦边远地区招聘全科医生特岗120人，财政给予每人每年8万元薪酬待遇补助；可以得到医师职称到基层或对口帮扶医疗卫生机构服务晋升达到一定期限，但是，时长由6个月增加至12个月；配合出台《鼓励引导支持人才向艰苦边远地区和基层一线流动的十条措施》，指导百色、北海、河池等地出台提高乡村医疗卫生队伍待遇保障水平、乡村医生"乡聘村用"等政策措施，逐步缓解基层医疗卫生人才队伍薄弱问题。着力解决乡村医生"空白村"的突出问题，农村基层医疗卫生技术人员专业素质和服务水平得到逐步提高和改善，有效推动了基层卫生服务体系建设。

（三）健全城市医院对口支援制度

广西为推进健康扶贫，大力发展城市优秀医院对县级医院、乡镇卫生院远程医疗服务，健全城市医院对口支援制度，借助相对先进的城市医院的优势来带动广西基层医院、卫生院快速发展。2017年，印发《自治区卫生计生委关于继续开展三级医院对口支援县级综合医院工作的通知（2016—2020年）》《自治区卫生计生委关于印发加强三级医院对口帮扶广西贫困县县级医院工作方案的通知（2016—2020）》，组织34家区内三级医院以及15家广东省三级医院对82家县级综合医院（含33个贫困县）进行对口帮扶，各支援单位与受援单位已全部签订协议，并按要求开展工作。2018年以来，持续开展城市三级医院对口支援县医院。按照广西8市33县与广东省5市26县（区）"一对一"结对帮扶，相应调整安排了33个广东省医疗机构对口帮扶广西33个贫困县级医院对口支援关

---

① 广西壮族自治区卫健委：《为建设壮美广西铺就健康基石》，《广西日报》2019年1月4日第4版。

系，落实各项帮扶工作任务。2018年1—6月，全区各支援医院共派出医务人员191人，诊疗15947人次、会诊887次、义诊661人次、讨论培训3420人次、教学查房434次、手术求教153次。

三　多渠道提高医疗保障水平

（一）加大了财政投入力度

城乡居民基本医疗保险整合后，全区各地按照自治区的要求，结合实际，主动探索，分别整合财政资金3亿余元，多渠道、多形式为当地建档立卡农村贫困家庭实施兜底保障；实施"198"兜底保障政策，全区建档立卡贫困人口住院和门诊特殊慢性病符合规定的医疗费用实际报销比例达到90%和80%。

（二）提高了医疗服务水平

医疗保障服务更加优化，多部门联合推动全区县域内定点医疗机构实现"一站式"直接结算功能，落实"先诊疗后付费"制度，实现村卫生室基本医保报销；实行"先享受待遇后备案"制度，简化优化贫困人口门诊特殊慢性病办卡流程，打通贫困人口门诊特殊慢性病治疗享受医保待遇"最后一公里"。2017年，全区医疗卫生机构总诊疗2.61亿人次。其中，医院总诊疗9846.20万人次，基层医疗卫生机构总诊疗人次数1.40亿人次。乡镇卫生院总诊疗人次数5005.82万人次，比上年减少136.92万人次，下降2.66%。2017年，全区医疗机构出院人数897.56万人，其中农村三级医疗机构出院人数474.45万人（其中县级医院228.44万人，乡镇卫生院246.01万人）；其次是病床使用率不断提高。2017年，全区医院病床使用率87.95%（其中公立医院91.18%，民营医院64.31%）。医院出院者平均住院日为8.6日（其中公立医院8.6日，民营医院9.4日）。2019年全区共为符合条件的51.68万贫困人口办理了门诊特殊慢性病卡，2019年5月底较简化程序以来新增41.75万人。

（三）提高了报销比例

广西全面落实贫困人口基本医保、大病保险、医疗救助、商业保险等政策措施，贫困人口住院报销比例达到国家规定要求，目前广西贫困人口全部购买城乡基本医疗保险，贫困人口住院费用实际报销比例达90%以上。2017年全区医疗机构门诊病人次均诊疗费用为123.5元，医院为191.1元，综合医院为191.8元；乡镇卫生院为65.3元，均低于全国平均水平；全区住院病人人均住院费用5864.5元，专业医院8027.8元，综合医院为7966.9元，乡镇卫生院为1514.5元，均低于全国平均水平。

(四) 放宽了报销范围

2018年，广西贫困人口基本医疗保险取消住院起付线，报销比例提高5个百分点。贫困人口大病保险起付线降低50%，报销比例提高10个百分点。医疗机构门诊和住院费用不断下降。广西还把国家基本药物目录内药品按照甲类药品比例报销，对贫困人口城乡居民保险实行二次报销，鼓励实施补充商业保险和财政补助等兜底措施。贫困人口全部纳入重特大疾病医疗救助范围，实行医疗救助兜底，2017年支出6.22亿元医疗救助资金，救助困难群众235.07万人次。2018年一季度，自治区财政下达医疗救助资金6.25亿元，累计救助困难群众91万人次。

(五) 铺开了"先诊疗后付费"服务

自治区卫计部门将农村贫困患者县域内"先诊疗后付费"服务从15个试点地区向全区范围全面铺开。在全区范围内落实"一站式"服务，基本实现了基本医保、大病保险的"一站式"直接结算服务，减轻贫困人口就医垫资负担。

截至2017年12月31日，全区贫困人口住院费用实际报销比例平均为86.68%，较2016年度（52.84%）提高33.84个百分点，全区105个有扶贫开发任务的县（市、区）中，共有79个县区实际报销比例超过80%，其中63个达到90%以上。2019年上半年，全区95.25万贫困患者得到诊疗服务，总救治率达到96.92%；集中专项救治大病病人4.45万人，累计救治率98.51%。

(六) 实施了分类救治

进一步加强国家确定的9种大病的救治工作；逐步扩大集中救治病种，投入566万元实施"光明行动"医疗扶贫工程，对符合治疗条件的贫困白内障患者开展救治。2018年，全区累计已对儿童先天性心脏病、白血病、终末期肾病等9种大病患者8646例进行治疗，占核定患病人员的99%；完成白内障贫困患者手术3845例，已全部完成2016年核定人数的治疗。全区41.92万需救治贫困患者中，累计有39.16万得到了治疗服务，总救治率达到93.41%，并确保了全区2017年脱贫摘帽因病致贫因病返贫患病人口全部得到门诊、住院或家庭医生签约治疗服务。自治区卫计委投入财政资金1.28亿元，开展双百万农村妇女"宫颈癌、乳腺癌"免费筛查，将"两癌诊疗"纳入了新农合重大疾病保障范围给予报销，把阳性贫困妇女纳入集中救治范围。全区完成宫颈癌检查516399人，宫颈癌及癌前病变检出率为1.08‰，随访率达99.12%，治疗率达92.92%；已完成乳腺癌检查530262人，乳腺癌及癌前病变检出率为0.42‰，随访率达85.45%，治疗率达96.15%。自治区卫计委联合自治区妇联建立"贫困母亲两癌救助专项基金"，对患病贫困妇女每人给予1万元救助资金，已累计救助5608人，有效减轻了农村妇女"两癌"患者的医疗负担。2018年，农村妇女"两癌"筛查项目覆盖全区所有县市区，贫困地区以县为单位农村妇女"两癌"检查项目覆盖率为100%。截至2019年底，累计集中救治6.15万名大病患者、家庭医生签约服务623.68万人，基本覆盖全区所有常住贫困人口。

四 推进公共卫生服务有效落实

（一）实施妇幼"源头"健康扶贫

建立"四道防线"减少贫困人口因患病致贫返贫，控制出生缺陷发生率。2017年1—12月，为3.5万对孕期筛查双阳夫妇进行地贫基因诊断，地贫基因诊断补助率为100%；为9771对夫妇双方基因诊断结果为同型的胎儿进行产前诊断，地贫产前诊断补助率为100%；减少致死致残缺陷胎儿出生2518例，全区出生缺陷发生率降至每万人93.73名。截至2019年，广西防控出生缺陷发生率在西部省份保持先进行列。

（二）加快推进改厨改厕工作进度

把改厨改厕工作列入广西宜居乡村"基础便民"专项活动的重点工作，积极大力开展改厕改厨工作，提高乡村卫生环境。截至2017年11月3日，广西农村改厕已开工55.2万户，完工40.6万户；农村改厨开工50.3万户，完工37.1万户；农村改圈开工15491户，完工10297户。[①]

---

① 骆万丽、潘兮：《我区全力推进农村改厕改厨改圈工作》，《广西日报》2017年11月13日第2版。

2018年广西继续深入贯彻落实"厕所革命"的指示精神,加速推进农村"改厕改厨"步伐,按照分解任务落实,落实分工、倒排工期、加强督查的工作方法,加强对资金使用管理,专款专用,进一步提高资金的使用效益,确保改厨改厕工作顺利推进。截至2018年6月23日,2018年全区改厕项目开工总量为209861户,竣工总量为117706户。全区改厨项目开工总量为191060户,竣工总量为106066户。[1]

五 推动医疗卫生体制改革助脱贫

(一)推动医联体建设缓解看病难

广西开展五种模式的医联体建设,采取"六统一"等八个方面措施全力推进形成了在城市主要组建医疗集团和跨区域的三二医联体、在县域主要组建医共体,同时辅以专科联盟和远程医疗协作网的网格化医联体建设框架。截至2019年11月,全区共组建三二医联体141个、城市医疗集团9个、专科联盟159个、县域医共体354个,乡镇卫生院参与率69.59%。[2] 一些县级人民政府主动与自治区级相关医院加强联系,签订协议共建医联体,提高县级公立医院的医疗能力水平,进而为提高乡村医疗卫生水平打下基础。

(二)完善药品供应保障体系缓解用药难

2019年,全区按照国家有关部门政策要求,基层、二级、三级公立医疗机构国家基本药物采购配比分别为61%、35%、29%,均已达到政策要求。1515家公立医疗机构已登录并绑定短缺药品信息直报系统,绑定率超87%。实行采购省际价格联动药品1509个,平均价格降幅12.34%,最高降幅77.65%。此外,广西建立了相对完善的自治区短缺药品供应保障工作会商联动机制,依托全国短缺药品信息直报系统,对短缺药品进行清单动态管理,对短缺药品进行重点监测,并合理设置临

---

[1] 陈芊洁、潘荣赛:《2018年全区基础便民"专项活动"农村改厨改厕工作现场推进会在融安召开》,2018年7月2日,广西壮族自治区住房和城乡建设厅网站(http://zjt.gxzf.gov.cn/News/ShowNews.aspx?id=196580)。

[2] 佚名:《积极推进卫生健康事业2019年各项工作实现既定目标》,2019年11月29日,广西壮族自治区人民政府门户网(http://www.gxzf.gov.cn/xwfbhzt/gxtjjcylwsjgnljsxdjhxwfbh/bjzl/20191129-781193.shtml)。

床必需急（抢）救药品库存警戒线，能够较好应对药品短缺问题。

（三）加强医疗卫生行业综合监管整乱象

侵害群众利益问题专项整治行动成效显著，2019年4月，广西卫生健康委员会等8个相关厅局联合印发《关于开展广西医疗乱象专项整治行动的通知》，采用多种媒体曝光医疗乱象，将之置于舆论监督的风口。截至2019年11月底，全区立案4556件，同比增长39.24%；罚款1607.95万元，同比增长24.81%，消除了县级监督机构"零案件"现象。[1] 同时，在全国率先改革护士执业注册流程，取消5种证明材料，优化审批手续，行政审批改革效果明显。

第三节　广西实施健康扶贫的经验亮点

广西健康扶贫工作成效明显，创新创造了健康扶贫的做法，得到国家卫生健康委的通报表扬，并连续3年在全区行业扶贫会议上作典型经验介绍。广西健康扶贫的经验亮点主要有：

一　聚焦看病难、看病贵问题有突破

（一）创建"198"兜底保障政策助脱贫

为确保贫困群众看得起病，相关部门联合出台多项文件政策，在原有医疗保障政策基础上，在全区推行"198"兜底保障政策，其中的"1"指的是符合参保条件的建档立卡贫困人口（以国扶系统提供数据为准）100%参加基本医疗保险；"9"指的是未脱贫、两年继续扶持期内建档立卡贫困人口符合健康扶贫兜底保障规定的，住院医疗费用实际报销比例达到90%；"8"指的是门诊特殊慢性病门诊医疗费用实际报销比例达80%。

全国各地均有兜底保障政策，广西在此基础上，创造性地进一步细致完善，丰富了兜底保障政策的内容和要求，为各地相关部门落实健康扶贫工作指明了目标和方向。在这项政策的指导下，2019年，广西建成全区统一的全民参保登记数据库，建档立卡贫困人口的基本医保个人缴

---

[1] 佚名：《铺就健康广西幸福路》，《广西日报》2020年1月3日第8版。

费部分的财政补助从60%提高到100%，全区建档立卡贫困户参保率100%，贫困人口参加基本医保实现全覆盖。通过提高住院报销比例等5项医保倾斜政策，全区贫困人口在县域内定点医疗机构住院治疗实际报销比例达到90%，较2016年提高近30个百分点。

（二）扩大集中救治大病病种

为确保贫困人口"看得好病"，广西先后将原有集中救治的大病病种，按国家要求扩大到25种，并对大病实行临床路径管理，进一步规范大病救治工作。从2017年至2019年，全区建档立卡因病致贫返贫户已累计减少约12.03万户。特别是对患有先天性心脏病、白血病等大病的贫困患者开展集中救治，实施"光明扶贫工程"，同时强化高血压、糖尿病、结核病、重型精神病等重点慢性病家庭医生规范化服务，全区586.3万贫困人口家庭医生签约服务基本实现应签尽签。

（三）对症下药提高慢病卡办理效率

针对广西长期存在的群众办理慢性病卡办理部门多、手续烦琐、耗时长，导致相当数量的符合办卡条件的患者无法及时办卡的问题，广西在上林县开展慢性病卡简化流程办理的先行试点。从2019年6月6日起，上林县率先在全自治区开通贫困人口办理慢性病卡"绿色通道"，实施门诊慢性病卡办理政策倾斜，制定《上林县建档立卡贫困人口门诊特殊慢性病待遇保障集中攻坚工作方案》，由医疗机构先垫付记账慢性病检查认定费，方便建档立卡贫困人口到乡镇卫生院或县级医院办卡。该县将高血压、糖尿病、严重精神障碍、癫痫4种门诊特殊慢性病放宽到乡镇卫生院组织认定，乡镇卫生院评审专家资格可放宽到执业医师职称。同时，优化门诊特殊慢性病认定流程，对疑似患有29种门诊特殊慢性病的贫困人员，通过县卫生健康局组织认定后，由定点公立医院录入审批信息并上传，县医保经办中心实时审批通过，医院当场就可以打印门诊特殊慢性病卡。

从今年5月起，广西对建档立卡贫困慢性病患者实行先享受待遇后备案制度后，建档立卡慢性病患者的认定和办理慢性病卡的实效性大幅提升，原先认定和办卡工作快则一个月，慢则三个月，现在除一些病种需要等待检测结果外，一般在一天内即可办结，确保建档立卡慢性病患者及时享受待遇保障。截至2019年11月，全区建档立卡贫困人口办理门诊特殊慢性病卡人数达 40.07 万人，较今年 5 月底新增 34.65 万人，增长 349%，有效打通了慢病卡办理的"最后一公里"。

二 创新医联体建设模式，优化配置医疗资源

医联体指的是区域医疗联合体，是把同一区域内的医疗资源整合在一起，实现医疗资源的优势共享，统筹协调管理和推进，通常是把同个区域内的三级医院、二级医院、社区医院、乡镇卫生院、村卫生室等组成一个医疗联合体，旨在解决区域内百姓看病难、看病贵，实现医疗资源下沉到基层，让人民满意的医疗目标。广西结合地方实际，创造了有典型意义的"三江模式""灌阳经验"和"上林模式"。

（一）紧密型医联体的"三江模式"

"三江模式"在广西健康扶贫工作中是一大亮点，该做法区别于《国务院办公厅关于推进医疗联合体建设和发展的指导意见》中提出的四种医联体模式（城市医疗集团、县域医共体、跨区域专科联盟、远程医疗协作网）等松散型医联体，是广西在医联体建设方面成功的创新探索。该做法是在柳州市中医医院与三江侗族自治县中医医院构建紧密型医联体的成功做法上推广开来的，形成可借鉴、可复制的模式，在 2019 年 4 月的自治区卫生与健康大会上，被自治区主席陈武定义为医联体探索的"三江模式"。该模式也得到国家中医药管理局高度认可，列为深化医药改革工作的典型经验在全国推广。这种紧密型医联体采用"五个不变、三权转换"的建设新思路。"五个不变"，即县级医院的隶属关系、人员身份、资产归属、原有债权债务关系和单位性质保持不变。"三权转换"，即县级医院的领导班子配备调整建议权、人事管理权及中层干部任免权、绩效分配权由市级医院掌握。这种建设方法有助于把先进医院的优势传导到下级医院，带活下级医院的资源，培养优秀人才，更有助于整合区域内医疗资源、促进优质医疗资源下沉、提升基层医疗服务能力、完善医疗服务体系，有效缓解了基层看病难、看病贵等困扰基层健康扶贫的问题。

"三江模式"在广西医联体建设中引起强烈反响，在柳州市遍地开花，如今，进入医联体建设新阶段，"三江模式"的医联体建设向"三个转变"升级：从"医疗资源下沉"向"经验模式下沉"转变，从"1 +

1"向"1+N"转变（即由一家医院联结一家医院向联结 N 家医院转变）；从"三二""二一"两级互动向"三二一"三级联动转变（"三二一"指的是以区域内的一所三级医院开头，然后联合到二级医院、卫生服务中心，社区医疗机构）。

（二）打造集团式医联体的"灌阳经验"

灌阳县在医疗卫生服务体系的改革中，积极探索创新，全力破除不合时宜的体制机制弊端、突破利益固化的樊篱，组建起全区乃至全国第一个县、乡、村医疗机构一体化的医院集团，得到国家卫计委和自治区卫计委高度肯定。该县主要领导牵头成立县公立医院集团管理委员会和监事会，政府主要管方向、管政策、管规划，负责选聘公立医院集团院长等重大决策，明确在"五个不变"（不改变机构建制、不改变公益属性、不改变基本功能、不改变人员编制身份、不改变财政投入渠道和保障方式）前提下，批准由县人民医院、县中医院、县妇幼保健院和 9 家乡镇卫生院组建成立灌阳县公立医院集团，有效整合区域内的人才、技术、设备等优势医疗资源，统一调配、使用和管理实现资源效益最大化。

"灌阳经验"的突出特点有：打造责任共同体，明确政府办医主体责任，保障对公立医院投入；强化医疗机构的服务供给责任，将医联体建设和家庭医生签约服务有机结合；落实医院集团院长负责制、任期目标责任制和绩效考核制等自主运行权限。打造管理共同体，医院集团实行人、财、物统一调配、使用和管理。打造利益共同体，通过改革医保基金管理方式，实行县域"总额预付、结余留用、超支合理分担"模式。打造服务共同体，通过区域内就诊转诊无缝对接，形成医院与基层结合、医疗与医保结合、医疗与预防结合的医疗卫生服务新模式。

"灌阳经验"把区域内的医疗单位统一为一盘棋，提高了医院诊疗水平，也减少患者不必要的向上转诊，减轻上级医院就诊压力和患者负担。今后，加快转变卫生与健康事业发展方向，优化区域医疗卫生资源配置，推进医疗卫生工作重心下移、资源下沉，推动医疗卫生服务从"以医院为重点"向"以基层为重点"转变，从"以治病为中心"向"以健康为中心"转变，将是这类模式的医联体建设的努力方向。

（三）县域医共体建设"上林模式"

2014 年以来，上林县积极推行县乡医疗卫生服务一体化改革，成为广西壮族自治区首个推行医疗卫生服务县乡一体化改革的县份，医共体改革实践取得显著成效。上林县整合县、乡、村三级医疗资源，以县级医院为龙头、乡镇卫生院为枢纽、村卫生室为基础的县、乡、村医疗服务一体化管理机制，统一调配人员、统一管理业务、统一配置资源，通过落实分级诊疗、双向转诊，优化服务流程，提升服务效率，实现县域内就诊率达到90%的目标，解决边远农村群众"看病难"问题，达到"小病不出乡、大病不出县"。该种模式由县里把村卫生室的人、财、物归由卫生院统一管理，形成了县、乡、村三级医疗卫生服务一体化的联动网络模式，以此解决村医的工资待遇、养老保险、业务培训及村卫生基础建设等问题，逐步实现村卫生室管理规范化，双向转诊、分级诊疗多渠道化。该县还借助互联网+医疗模式，实施南宁智慧健康信息惠民工程，搭建一体化医疗信息大平台，建设以电子健康档案为核心的全县互联、数据共享的卫生信息平台，逐步缩小县域卫生信息化的城乡差距，有效支撑全县医疗卫生事业的深化改革与可持续发展。经过改革，该县基本实现了群众受益、基层发展、县级提升的医改新局面，创造了全国农村医改的"上林模式"，开创了群众受益、网底夯实、乡镇发展、县级提升、多方共赢的医改新局面。

不难看出，"上林模式"主要在农村基层的医疗卫生改革问题上取得了突破，这种模式使人、财、物高度整合，实现集团化统一管理、统一运行，共同提高县域医疗服务能力和水平。下一步，这种模式可以继续全面整合全县医疗资源，在医疗、管理、科研、教学、学术交流、文化宣传、学科发展等深化合作方面取得更多突破。

第四节 完善健康扶贫的有效路径与战略衔接

一 完善健康扶贫的有效路径

广西健康扶贫在短短几年时间迅速发展和进步，是贫困群众乃至全区人民的一大福祉。然而，发展得快并不代表没有问题，尤其是对于完善医疗卫生保障体系而言。部分乡镇医疗卫生基础建设还存在短板，仍有部分的乡镇卫生院和社区卫生服务中心业务用房和基本诊疗设备未达到国家标准要求，农村居民医疗需求不断提高与乡镇卫生院医疗服务不能满足人们需求的矛盾依然凸显；医疗人才队伍业务水平整体不高，高学历人才、高职称人才、学科带头人普遍缺乏，其中检验、影像等辅助科室的专业人才以及中医药类人才尤其缺乏；贫困人口医疗保障水平距离国家要求还有一定差距，建立统一兜底保障机制，安排省级健康扶贫资金的时间晚，在统筹层次、筹资水平、保障力度等方面还有待施展和提高。

因此，在脱贫攻坚战即将取得全面胜利之时，我们仍有必要反思在健康扶贫工作上的不足，寻找出有效的健全、完善之要点，为接下来在健康扶贫方面的部署提供决策参考。

（一）针对短板加强基础医疗卫生建设

针对乡镇医疗卫生建设现存的短板进行强化提升建设，争取在短时间内推动项目上马，确保基层医疗卫生如期跟上脱贫时间表，并为下一步发展打下基础。

一是要督促现有项目加快进度。贯彻落实广西基层医疗卫生机构能力建设行动计划，积极组织专家队伍赴各地监督检查，建立项目红黑榜制度，督促指导各地加快项目进度，完成近年来的基建项目开工率、设备项目签订合同率的绩效目标要求。

二是补足基层医疗不达标的短板。尽快组织开展乡镇卫生院达标情况摸底和业务用房建设需求调查，对不达标的予以汇总成册，全面掌握不达标的主要原因和具体困难，强化相关主要分管领导责任，适当倾斜和加大对不达标的乡镇卫生单位的投入力度，使乡镇卫生院硬件和软件均达到国家标准。

三是加大对基层中医院的投入力度。加强加大中医馆投入力度，全面完成"十三五"末85%以上的社区卫生服务中心和70%以上的乡镇卫生院设立中医综合服务区（中医馆）的要求，并不断提升服务水平。在基层乡镇政府、党委的考核中加入中医馆建设的指标，促使基层在这方面做出实绩。

（二）多渠道强化基层医疗人才队伍建设

基层医疗人才队伍是推进健康扶贫工作的一线力量和有生力量，针对广西基层医疗人才队伍相对薄弱的现状，今后应着重加强这几方面工作：

一是增加贫困村医务人员的数量，提高其执业质量。根据乡村人口情况适当增加医务人员编制数，尤其对贫困边远山区的乡村要重点考虑增加。

二是加强在岗医疗人员队伍建设，提高乡村医生医疗服务水平。要促使医务人员参加培训，在绩效上对乡镇医疗人员的培训进行硬性要求，并和职称晋升挂钩；要提高培训的质量和水平。通过邀请行业、领域内的知名专家来授课，选购或编撰地方性医学教材发放学习，选派高层次人才下乡镇进行结对帮扶提高等方式使培训人员获得实质性提高。

三是加强中医民族医人才培养，开展中医民族医适宜技术推广。通过高校培养，卫计部门应加强与高校的联系合作，支持高校发展中医民族医人才培养，与高校共同探讨人才培养方案与计划，吸引毕业生前往乡镇工作，从而使高校的培养更符合健康扶贫的现实需要；通过医院培养，通过选派一批乡镇有中医发展潜力的乡村医务人员前往中医民族医实力雄厚的医院进行进修学习，借助医院提高乡镇医务人员的中医民族医水平；通过特设全科医生培养，招聘的特岗全科医生当中有中医特长的，应要求充分发挥其作用，带动基层医务人员的中医水平不断提高。

（三）注重从顶层设计提升医疗保障水平

提升现有制度的医疗保障水平，需要从顶层设计入手，在政策保障、财政支持、医疗费用支出等方面作出明确规定，由上至下地强力推动，才能在短时间内实现快速提升的目标。

顶层设计具有指导性、关联性和可操作性的重要作用，完善的顶层设计可以帮助下层准确把握方向目标，指导下层快速推进项目实施。当前广西健康扶贫在医疗保障方面的顶层设计应注重以下方面：

一是做好完善顶层设计的基础性工作。负责顶层设计的单位部门要开展适度的实地调研工作，听取相关单位和人员的真实呼声，尤其是针对医疗改革试点地区、单位进行重点调研，针对存在问题做好详细台账，组织相关单位、专家学者逐条对照、认真研究。在正式出台政策前广开言路，接受社会各界的批评指正，不断修改完善，从而使健康扶贫的顶层设计最大限度符合广西实际情况。

二是建立全区统一的、各级财政分级承担的、各部门医疗保障政策有效衔接的贫困人口医疗费用兜底保障制度。主管上级部门要在现有的医疗费用兜底保障政策的基础上，进一步规范各级财政的责任担当、费用比例，汇总各地的工作亮点、先进经验，继续深化、细化医疗费用保障政策，使之具有更强指导性和可操作性。其次，针对涉及医疗费用兜底保障的各个部门涉及对象、工作内容、侧重点不同的实际情况，要加强相关部门之间的沟通协调，组织相关人员定期进行调研、督查，及时掌握政策之间承转衔接存在的难点和瓶颈，并提出参考性解决方案，直接反馈到主管部门和领导手中，使兜底保障政策尽快完善投入使用。

三是配套制定控费措施，严控不合理医疗费用，切实减少政府医疗保障费用负担。根据中央关于健康扶贫工程的要求，严格落实县域内农村贫困人口住院先诊疗后付费的要求，加快对居民医保系统、健康扶贫一站式系统的改造更新，并鼓励有条件的地方探索扩大农村贫困人口先诊疗后付费机制的范围，做好区域范围内的信息联通、资金流通衔接工作；继续深入推进支付方式改革，结合实际情况，根据不同地域、不同人群的疾病和医疗服务特点采用针对性的复合支付方式，加强基金的预算管理和监督，改革医保和医院间的费用支付方式，逐步减少按项目付费的方式，不断减少贫困群众的负担；强化分级诊疗制度建设。加强对农村家庭医生制度的健全完善，强化监督责任落实，使农村家庭医生切实发挥减轻贫困户负担、保障健康的重要作用。针对贫困地区常见病、多发病，加强和医疗卫生机构、院校的合作联系，有目标地加强贫困地区相关专业和临床专科建设。鼓励探索县乡村一体化医疗联合体等方式，合理配置区域内优质资源，按照"基层首诊、双向转诊、急慢分治、上下联动"的要求，不断提高基层医疗服务能力，逐步实现大病不出县的目标。

四是加强查处打击医疗违规行为的力度，保障顶层设计顺利实施。相关部门要定期开展打击医疗违规的活动。人社部门开展医保欺诈专项整治活动，联合民政部门等重点检查五保、低保和精准扶贫等保障对象住院救治工作情况，重点查处定点医疗机构是否存在伪造病历、挂床住院、分解住院、降低标准入院、违反标准收费、"空刷卡"等违规行为，加大医疗行为监管，加强健康扶贫资金管理，畅通群众举报途径，对违规挪用、滥用、贪污资金的行为严惩不贷，确保资金真正用到人民的健康需求上。

二 推进健康扶贫的战略衔接

打赢脱贫攻坚战是实现全面小康社会的底线目标要求,但这并不意味着2020年后的健康扶贫使命终结。迈入后小康时代,无论是我国扶贫工作由消除绝对贫困向解决相对贫困问题转变,还是面临着乡村振兴的长期任务,健康扶贫都是其中的重要内容和有效途径。展望未来,广西还要推动实现健康扶贫关口前移,相关部门要建立贫困地区健康危险因素防控长效机制,实施艾滋病防治攻坚行动,贫困地区重点疾病综合防控攻坚行动、地方病现症病人分类救治等综合防治行动,加强健康宣传引导,培育群众健康生活理念,落实健康中国、健康广西行动计划,为群众创造良好的健康环境,提升群众整体健康素养。

(一)把健康扶贫融入健康中国战略中

人民健康是民族昌盛和国家富强的重要标志,我国为此提出了"健康中国"的发展战略。2016年,中共中央、国务院印发了《"健康中国2030"规划纲要》;2019年,国务院印发《国务院关于实施健康中国行动的意见》。该意见强调,国家层面成立健康中国行动推进委员会,制定印发《健康中国行动(2019—2030年)》,并印发《健康中国行动组织实施和考核方案》。与之相应,广西也出台了《"健康广西2030"规划》,指出到2030年要实现人民健康水平持续提升、主要健康危险因素得到有效控制、健康服务能力大幅提升、健康产业规模显著扩大、促进健康的制度体系更加完善这些目标。并提出分三个阶段实施,分别是稳步推进阶段(2017—2020年)、深化加速阶段(2021—2025年)、全面完善阶段(2026—2030年)。当中提到要扎实开展广西健康扶贫攻坚行动计划,提高贫困人口的健康保障水平,加大分类救治力度以及加强医疗机构对口帮扶工作。2019年底,广西又印发《健康广西行动实施方案》,提出到2022年全区健康促进政策体系基本建立,到2030年基本实现健康公平。

健康扶贫在脱贫攻坚期取得了重要进步和突破,为实现优质高效的整合型医疗卫生服务体系和完善全民健身公共体系提供了许多有效的经验和做法,推动了基层医疗卫生服务水平的发展进步。健康中国战略是以基层为重点的,根据该战略的安排,未来还要推进健康扶贫和基层公共医疗卫生服务相结合：一是要加强基层中医药服务水平，努力让所有基层医疗卫生机构都能够提供中医药服务；二是要促进民族医药发展，让广西壮医、瑶医、侗医等后继有人，发展兴旺；三是要建立医疗机构与残疾人专业康复机构双向转诊机制，推动基层医疗卫生机构优先为残疾人提供基本医疗、公共卫生和健康管理等签约服务；四是要建设遍及城乡的现代医药流通网络，提高基层和边远地区药品供应保障能力；五是要优化多元办医格局，优化基层医疗准入政策，支持社会力量、执业医师等到基层开设医疗卫生机构；六是要继续加强基层医疗人才队伍建设，尤其要加强高层次人才队伍建设，加强急需紧缺专业人才培养培训；七是要创新人才使用评价激励机制。夯实基层医务人员工资政策，建立符合医疗卫生行业特点的人事薪酬制度，进一步优化和完善护理、助产、医疗辅助服务、医疗卫生技术等方面人员评价标准，等等。未来，基层医疗卫生工作主要是以健康中国战略为指导，逐步补齐基层医疗卫生的短板，同时要进一步探索总结基层医疗卫生管理的经验做法，为健康中国战略的实现补充和完善相关制度。

（二）把健康扶贫融入到实施乡村振兴战略中

实施乡村振兴战略是为满足亿万农民对美好生活的向往，决胜全面建成小康社会、全面建设社会主义现代化国家的重要战略，是包括农业、农村、农民等全方位的综合战略。其中，推进健康乡村建设是乡村振兴战略的重要内容。当前，人民群众健康需求日益增长与医疗卫生服务供给约束之间的矛盾是开展健康扶贫要解决的主要矛盾。近年来，我国基层医疗卫生机构入院人数不增反降，有住院需求的多数奔往县以上的三级医院。实施健康扶贫使基层医疗卫生资源得到进一步丰富和充实，基层医疗卫生和妇幼健康、精神疾病防治等薄弱环节的基础设施软硬件建设得到增强，不断缩短贫困地区和非贫困地区之间基本医疗卫生服务的差距。根据广西乡村振兴战略的安排，健康扶贫是乡村战略内容的组成部分，其中诸如落实农村贫困人口县域内定点医疗机构住院治疗实行"先诊疗后付费"和"一站式"服务等要求已经得到较好落实。

健康扶贫要和健康乡村建设协同推进。健康乡村是一项全面的、体系性的工程，主要目标是建立健全覆盖城乡居民的基本医疗、公共卫生制度，推动优质医疗资源下沉，加强乡村卫生服务能力建设，倡导健康生活方式，提升乡村医疗卫生服务能力。健康扶贫要紧密衔接健康乡村建设工作，实现两者的顺利转化和融合。首先，要全面普及农村健康教育，倡导科学文明健康的生活方式，提升居民文明卫生素质。其次，加强乡村公共卫生服务。完善基本公共卫生服务项目补助政策，以儿童、孕产妇、老年人等人群为重点，以高血压、糖尿病、结核病、严重精神障碍等疾病为重点，扩大服务覆盖面，促进基本公共卫生服务均等化。再次，要改善基层医疗卫生条件。实施基层医疗卫生机构能力建设行动计划，建立常态稳定医疗卫生投入保障机制，提高县乡村三级医疗卫生机构服务供给能力。最后，加强基层医疗卫生队伍建设。推动医疗卫生队伍"县聘乡用""乡聘村用"，稳定基层医疗卫生人才队伍。加大村医培训力度，实施农村订单定向免费医学生培养和乡村医生在岗培训计划。完善基层医疗卫生机构"托低不限高"绩效工资制度。健全政府办村卫生室的乡村医生财政补助机制，增强乡村医生职业的吸引力和队伍的稳定性。

第九章

抓党建促脱贫

我国扶贫开发历来都以政府主导型为主,长期以来各级党政部门在扶贫开发工作中发挥了至关重要的引领和推动作用。进入脱贫攻坚阶段,面对更为艰巨紧迫的脱贫任务,更需要发挥各级党组织的先锋引领作用以及党员干部的模范带头作用。习近平总书记曾指出,"抓好党建促脱贫攻坚,是贫困地区脱贫致富的重要经验"。实践证明,党建促脱贫已经成为打赢脱贫攻坚战的一种有效方式和重要途径。党建越强,党组织越完善,脱贫攻坚的进度就越快、成效就越好。自脱贫攻坚战打响以来,广西非常重视发挥党建促脱贫的作用,强化党建扶贫的精神引领和制度设计,加大对基层党组织建设的指导、支持和监督,不断推动基层党建与脱贫攻坚深度融合,促使组织优势转化为扶贫优势,助力高质量打赢打好脱贫攻坚战。

第一节 广西党建促脱贫的主要做法

党的建设包含政治建设、思想建设、组织建设、作风建设、纪律建设和制度建设等多方面内容。广西始终坚持以习近平总书记提出的"要把扶贫开发同基层组织建设有机结合起来,真正把基层党组织建设成带领群众脱贫攻坚致富的坚强战斗壁垒",以"大党建"为统领,以抓基层党建为突破口,紧密结合深度贫困地区脱贫攻坚大局,创新开展党建工作,强化基层党建与脱贫攻坚深度融合,强化基层党组织,筑牢战斗壁垒,用党建活力激发脱贫动力,在抓党建促脱贫中探索了多种党建扶贫方式,实现了政治建设、思想建设、组织建设等党建内容的全覆盖,并取得了优异成绩。

一 压实主体责任，选优配强扶贫干部队伍

一是严格落实"五级书记"抓扶贫。由自治区党政主要领导担任广西扶贫开发工作领导小组组长，统筹协调推进脱贫攻坚工作。出台《广西壮族自治区脱贫攻坚责任制实施细则》，明确要求各级党政主要领导作为本地脱贫攻坚第一责任人，严格落实"五级书记"抓扶贫，建立"区负总责、市抓协调、县为主体、乡村落实、部门联动"的工作机制。自治区四家班子领导每人联系一个贫困县，一定五年、不脱贫不脱钩。层层签订脱贫攻坚责任书、立下军令状，当年脱贫摘帽县及所在市党委政府向自治区递交脱贫摘帽承诺书。实行责任、任务、资金、项目"四到县"制度，压实县级脱贫攻坚主体责任。开展"五级书记"遍访行动，自治区党政主要负责同志带头遍访，走遍106个有扶贫开发工作任务的县；市县党委书记分别遍访贫困乡镇、贫困村，随机走访贫困户，乡镇党委书记、村支书、第一书记遍访贫困户。

二是在领导层面选优配强。严格按照"不脱贫不调整、不摘帽不调离"的原则来安排贫困县的党政领导班子，保持贫困县党政领导班子的整体稳定。注重选拔敢于担当、勇于攻坚克难的党员干部补充到县级领导班子中。

三是在乡镇层面，有针对性地把那些熟悉"三农"工作、有干劲、能力强、乐吃苦的党员干部补充到乡镇领导班子中。2016年乡镇换届，全区从上级机关交流到基层乡镇党委任职的干部达1100多名，其中90%具有两年以上乡镇工作经历，约80%拥有本科以上学历，促进了乡镇领导班子结构的优化。

四是选好村"两委"班子带头人。2015年以来，对全区贫困村党支部书记进行摸底调查，采取"从后备干部中推、从经济能人中挑、从外出人员中引、从退休干部中请、由第一书记兼"等办法，替换掉不宜继续任职的村支书，调整补充了1114名优秀干部到村党支部书记队伍中。在2017年村"两委"换届前，对不胜任现职的贫困村党组织书记进行了调整，动员6.3万多名返乡人员参与村"两委"换届选举，注重把群众公认的有本事、有能力、肯办事的人才选拔担任村"两委"干部，换届后由优秀人才担任党组织书记的村占60%以上。

五是选好帮扶干部。照"精准选派、因村派人、人岗相适"原则，精准选派第一书记和驻村干部，2016年共选派3.4万名优秀干部到扶贫队伍中，其中5000名贫困村第一书记，实现了全覆盖。同时落实第一书记工作经费和帮扶经费，第一书记每人每年安排1.5万元驻村专项工作经费和每人每年安排5万元以上的帮扶经费，为第一书记开展工作提供经费支持。事实证明，这些帮扶干部对脱贫攻坚起到了非常重要的推动作用，干出了许多辉煌瞩目的成绩。

二 抓好组织建设，充分激发农村基层党组织活力

一是加强农村党支部建设。在农村全面推行党组织"星级化"管理，2017年广西首批评定五星级村党组织748个、四星级村党组织1846个、三星级村党组织2250个。作为星级党组织的贫困村给其他贫困村作了良好的示范。实行软弱涣散村党组织整治常态化，对软弱涣散的农村党组织进行倒逼整治，每年按10%倒排并进行整顿，2017年共整顿转化1450个。

二是增强资金保障力度。开展"村党支部建设年"活动，落实村级组织运转经费不低于9万元且村级组织办公经费每年不低于2万元的保障标准，并按照每名党员每年不少于100元的标准落实村党组织生活经费、每名党员每年不少于120元标准落实培训经费，落实村党组织服务群众专项经费，确保贫困村"有钱办事"。

三是增强农村党员组织学习力度。开展农村党员大培训，对全区85万名农村党员进行人均每年累计不少于32学时的培训，自治区举办农村党员干部示范培训班15期、培训基层骨干1500人次。实施优秀村干部学历教育提升工程，择优选送200名优秀村党组织书记、1400名优秀村干部、1000名新兴职业农民接受在职大专学历、在职中专学历教育。

四是搭建党建促脱贫的优势平台。采取"党支部+公司+合作社+农户"等产业发展模式，村党组织牵头成立合作社和党群致富联合体，搞专业化、规模化、集约化发展，引导成立了3万多个农业专业合作社。实施"双培"工程，支持党员创办领办致富项目，把有能力的党员培养成致富带头人，确保每个有劳动能力的党员都有1个脱贫致富项目、每

个贫困村都有 1 名党员致富带头人、每个有帮带能力的党员至少结对帮扶 1 户贫困户。推动全区各地开展党员结对子、公开服务承诺、"党员中心户"、"党员爱心岗"志愿服务等活动，实现党员群众"手拉手"脱贫致富。

三 加强培训，提升党员干部带动脱贫攻坚能力水平

脱贫攻坚涉及面非常广泛，只有加强针对性的培训，才能让党员干部在脱贫攻坚工作中游刃有余。

一是加强政策和业务培训。自治区多次采取扶贫工作动员部署大会与业务培训会套开、加强区市县乡村五级联动的方式，对党员干部进行脱贫攻坚业务培训，加强对重点政策解读、精准脱贫摘帽标准及认定程序、财政扶贫资金使用管理、第一书记管理等方面内容的培训。

二是加强扶贫专项工作培训。对帮扶干部每年都安排相应的培训，突出扶贫政策、产业发展等内容，增强培训针对性。培训方式上，采取政策业务学习与实地考察观摩、跨地域学习交流相结合，增强培训实用性。

三是加强农村党员素质能力培训。从 2006 年开始，每年对 1.5 万多名农村党组织书记、11 万多名村"两委"干部、119 万多名农村党员进行全员轮训。自治区党委组织部每年编印《党员阅读》，免费发放给农村党员。2016 年以来，全区共举办第一书记培训班 65 期，培训 4450 人次；自治区级举办村"两委"干部、贫困村党组织书记、大学生村官、农村党员骨干培训班 31 期，共培训 1800 多人；共选送 400 名村党组织书记、9400 名农村党员接受大中专学历教育。

四 "党旗引航·电商扶贫"，发挥两新党组织作用

在"互联网+"的大背景下，电商经济开始在社会经济发展中占据一席之地，并逐渐发展到党建扶贫领域。自治区顺应时势推出"党旗引航·电商扶贫"模式，实现了党建扶贫和电商经济的有机整合和突破，有效发挥了两新党组织的作用。通过党组织的强大后盾力量，组织全区村党组织与 300 多家电商企业合作，扶持农村党员能人触网创业、推动农村特色物产上网销售，共带动 8 万名农村党员群众发展电商。党员干部

的积极牵线搭桥，使参与到"党旗引航·电商扶贫"中的电商企业不断增加。为让村民更详细和系统地学习了解电商知识，电商企业代表及社会志愿力量踊跃加入电商知识技能培训中来，有效解答了村民的疑惑，推动了农村电商经济的发展。同时，充分利用节庆时机，策划举办"壮族三月三"电商节、广西版"双十一"、"七一红色购物季"、"农家饭票"以及"我为家乡代言"系列大直播等活动。电商线上促销和实体线下展销相结合，取得了显著的成效。2017年"壮族三月三"电商节30天网络零售额猛增至13.8亿元，[①] 影响力由此可见一斑。为把"党旗引航·电商扶贫"的效应持续发展下去，自治区及时出台广西电商扶贫三年行动计划（2018—2020年），力争每个村建一个电商工作室（站），进一步加强产销对接，把电商扶贫做强做大。截至2018年6月，"党旗领航·电商扶贫"行动带动20多万贫困人口脱贫。

五　粤桂东西扶贫协作，强化党组织合作

粤桂东西扶贫协作是党中央、国务院扶贫工作的重要战略部署，自1996年协作至今，取得了巨大成效。据不完全统计，截至2015年底，广东省各级政府和有关部门、社会各界共捐款（含实物折款）15.15亿元，其中政府拨款9.82亿元，社会捐款捐物5.33亿元。广东给予的大力援助，有力助推了广西贫困地区基础设施、教育文化卫生条件改善，为广西扶贫开发工作添砖加瓦。粤桂扶贫合作的显著成效获得高度认可，在2017年东西部扶贫协作成效考核中，粤桂扶贫协作进入"好"的第一档次，并成为获得国家表彰东西部扶贫协作对口帮扶的两对省区其中之一。从根本上讲，粤桂东西扶贫协作的显著成效，离不开两地党组织的高度配合与协作。

一是两省区党委、政府高度重视扶贫协作工作。20多年以来，广东省历届党委、政府把帮扶广西视为己任，认真开展调查研究，积极探索扶贫协作的有效途径和方式。广西历届党委、政府也把两广扶贫协作作为加快自身经济社会发展的重大机遇，认为广东帮扶广西，大量的工作

[①] 宋瑶：《2017广西"壮族三月三"电商节收官网售达13.8亿元》，2017年4月21日，广西新闻网（http://www.gxnews.com.cn/staticpages/20170421/newgx58f9e734-16123413.shtml）。

在广西方，一定要把衔接工作做好。两省区历届党政主要领导亲自研究决定扶贫协作的重大事情，共同确定行之有效的扶贫协作协议、计划和政策措施。两省区还各指定一位副省长（主席）具体分管两广扶贫协作相关事宜。

二是两省区各级各类党政部门密切沟通联系，深化互利合作。无论是两省区扶贫、经贸、劳动、旅游等部门之间，还是百色市与广州市、东莞市与河池市等地市之间，都积极沟通，紧密联系，协同配合，不断扩大协作成果。特别是"十二五"期间双方陆续签署了一批《"十二五"粤桂战略合作框架协议》《推进两广经济一体化发展工作备忘录》等文件，两省区交流互访日渐常态化。据不完全统计，仅"十二五"期间两省区省部级领导互访达48人次、地厅级领导互访195人次。2017年，广东省共选派71名干部来桂挂职扶贫，选派162名专业技术人才支援。同时，广西选派92名干部到广东省挂职锻炼，其中有33名贫困县党政干部。[①] 两省区扶贫、劳动、教育（含职教合作院校）等部门每年都召开两广扶贫协作方面的座谈会，研究推进扶贫协作工作。

三是以党建为基础，不断提高合作层次。两省区党委、政府在保持沟通顺畅协作的同时，在经贸、交通、旅游、教育、产业、企业、科技、人才、文化等方面，全方位拓展合作领域，细化合作内容，提升合作水平，形成了宽领域、多层次、广形式的区域合作新局面。两地在扶贫协作的过程中也实现了互惠互利，广东到广西来合作发展的企业越来越多、越做越大、越做越强，他们不仅发展壮大赚了钱，而且赢得了资源，赢得了市场，扩大了发展空间。广西方面增加了投入，扩大了就业门路，促进了财政增收和地方经济繁荣，也带动了自身的产业结构调整。

六　以党建抓手，带动农村集体经济发展

农村集体经济是实现贫困村、贫困户稳定脱贫的重要保障，综观华西村、南街村、刘庄等模范村，均离不开大力发展集体经济的原因。发展壮大村集体经济是实现农村同步小康和共同富裕，体现社会主义制度

[①] 韦继川：《携手共圆小康梦——粤桂推动东西扶贫协作纪实》，《广西日报》2018年6月13日第6版。

优越性，提高党为人民服务的能力，稳固党组织在农村执政地位的重要保证。广西第一书记、帮扶单位、村民合作社、农村党支部等在发展集体经济方面做出了许多实在的成绩，带动了农村经济发展，起到了很好的示范作用。

一是第一书记带头引领村集体经济。贫困村第一书记积极为贫困村发展谋思路，引导村民共同发展特色优势产业，积极争取项目资金支持，并通过组织致富能人外出学习考察、定期召开讨论会、下到田间地头指导等形式，帮助群众提高对发展产业的认识和信心。可以说，部分贫困村集体经济能够实现从无到有、从弱到强的转变，党性觉悟高、工作能力强、全心为村民服务的第一书记功不可没。

二是后盾单位倾力助推村集体经济发展。一些后盾帮扶单位党组对精准扶贫非常重视和高度支持，充分利用自身优势为对口扶贫点穿针引线、提供便利。一些后盾单位领导班子成员深入帮扶点调研，积极主动为贫困村发展提供思路、解答疑惑、增强信心；有的后盾单位甚至从集体经济模式选择到产品开发销售实行一条龙服务，真正做到了全心全意为脱贫攻坚服务。

三是发展村民合作社壮大村集体经济。村民合作社是自治区为规范村级集体资金资产经营管理，壮大村集体经济实力而提出建立的农村集体经济组织。村民合作社由村党组织领导，全体村民加入，归集体所有，履行村级集体资产管理、资源开发、经济发展、成员服务等职责。为大力推进村民合作社建设，自治区把村集体经济作为基层党建述职评议考核的重要内容，并出台了《关于发展壮大村级集体经济的若干政策措施》《广西壮族自治区村民合作社登记管理细则（暂行）》等文件，对村民合作社具体事务作了明确规定。村民合作社于 2016 年在全区推行，上级下拨每个贫困村 50 万元集体经济发展启动资金，统一拨到村民合作社进行使用，确保全区所有摘帽村集体经济年收入均达到脱贫指标。截至 2017 年底，全区 15263 个行政村（含 5000 个建档立卡贫困村）100% 设立村民合作社。①

---

① 桂组轩：《广西为村级集体经济输血更造血 村村都有村民合作社》，2018 年 4 月 24 日，八桂先锋网（http://www.bgxf.gov.cn/staticpages/20180424/newgx5ade8190-11508.shtml）。

第二节　广西党建促脱贫的重要经验

一　抓思想建设，激发扶贫脱贫积极性

广西抓思想建设主要体现在两个方面。一是抓扶贫工作人员的思想。贫困地区固然需要国家和地方政府的扶持和社会各界的帮助，但同样也需要贫困地区的干部发挥积极性和创造性，全身心地投入到脱贫攻坚事业中。广西始终把强化党员干部的思想教育放在首位，尤其注重发挥贫困地区党员干部的模范带头作用，在脱贫攻坚实践中，涌现出黄文秀、蓝标河、黄柳谋、王任光、莫文珍、黄久汉、吴天来等一大批脱贫攻坚先进模范人物。其中，黄文秀同志是脱贫攻坚伟大实践中涌现出来的时代楷模和先锋模范代表，获追授"时代楷模""全国脱贫攻坚模范""全国优秀共产党员""全国三八红旗手"等称号。她的先进事迹在全国引起强烈反响，各地党员干部和青年同志通过各种途径，学习她的感人事迹和精神，成为脱贫攻坚的一面精神旗帜。自治区扶贫办因公牺牲干部蓝标河同志也被追授为"全国脱贫攻坚模范"，成为全国、全区扶贫干部的榜样。据统计，自脱贫攻坚工作开展以来，广西已有60多名干部牺牲在扶贫岗位上，他们用自己的宝贵生命践行了初心和使命，诠释了担当和情怀。

专栏	时代楷模——黄文秀

　　黄文秀同志生前任广西百色市委宣传部理论科副科长，派驻百色市乐业县新化镇百坭村担任党组织第一书记。百色市田阳人，2011年6月加入中国共产党。2016年7月硕士毕业后，任职于百色市委宣传部。2018年3月，派驻贫困村党组织第一书记。2019年6月16日，因惦记百坭村防汛工作和群众安危，她回家看望做完手术不久的父亲后，冒雨连夜赶回工作岗位，途中遭遇山洪暴发，道路塌陷，不幸牺牲，献出了年轻而宝贵的生命，年仅30岁。黄文秀同志牺牲后，习近平总书记对她的先进事迹作出重要指示强调，黄文秀同志在脱贫攻坚第一线倾情投入、奉献自我，用美好青春诠释了共产党人的初心使命，谱写了新时代的青春之歌，广大党员干部和青年同志要以黄文秀同志为榜样，不忘初心、牢记使命、勇于担当、甘于奉献，在新时代的长征路上作出新的更大贡献。2019年7月1日，中共中央宣传部发布黄文秀先进事迹，追授她"时代楷模"称号。

2016年,黄文秀从北京师范大学硕士毕业,她放弃了留在大城市工作的优越条件。她说:"很多人从农村走出去就不想再回来了,但总是要有人回来的,我就是要回来的人。"带着为家乡人民服务的信念,她作为定向选调生回到家乡百色市工作。2018年3月,黄文秀同志积极响应党组织号召,主动请缨担任贫困村驻村第一书记。初到贫困村工作的黄文秀面临不小的压力,村里交通不便、产业不强、脱贫任重,472户2067人中,还有103户473人未脱贫,贫困发生率为22.88%。村民不相信、不信任这样一位年轻的"女娃娃"能带领他们脱贫致富。黄文秀不气馁不悲观,她在日记中写道"只有扎根泥土,才能懂得人民",并下定了决心,要把脱贫攻坚这条路走到底。为了实践"不获全胜、决不收兵"的誓言,她直接住到村里,翻山越岭,一户户摸清需求,努力学会当地桂柳话,接近群众,得到了群众的爱戴和信任;她严抓村干部的坐班值班制度,白天落实专人负责在村里接待群众,晚上与村干部一起开展遍访贫困户工作,征求意见、宣传政策,群众满意度大幅提升;她一心扑在工作上,团结村干部,跑项目、找资金、请专家,推动实施村屯亮化、道路硬化和蓄水池修建等工程项目,带领群众发展产业,建立电商服务站解决农产品滞销问题,促进农民增收,村集体经济项目实现翻倍增收……在百坭村的第一年,黄文秀带领全村通过易地扶贫搬迁脱贫18户56人,教育脱贫28户152人,发展生产脱贫42户209人,共计88户417人,贫困发生率从22.88%降至2.71%;村级集体经济收入达6.38万元,实现翻倍增收。驻村满一年之时,她的汽车仪表盘里程数正好增加了两万五千公里。她说道:"我心中的长征,驻村一周年愉快。"她顾大家舍小家,尽管父母长期患病,家境困难,却从未向组织提过任何要求。她把全部的心血和汗水都倾注在脱贫攻坚事业上。

黄文秀同志把青春和热血献给了脱贫攻坚事业,以实际行动诠释了共产党人的初心和使命,用短暂而精彩的人生谱写了一曲新时代共产党员的奉献之歌,为广大党员干部和青年同志树立了一面先锋模范旗帜。黄文秀同志获追授"时代楷模""全国脱贫攻坚模范""全国优秀共产党员""全国三八红旗手""全国五一劳动奖章""中国青年五四奖章""全国敬业奉献模范"等光荣称号和荣誉奖章。

二是抓贫困群众的思想建设。扶贫先扶智,只有贫困群众思想上进,勤劳肯干,才能真正摆脱贫困。广西基层党委和政府非常重视贫困户的扶智工作,要求扶贫干部进村入户开展政策宣传,提高贫困群众积极性、主动性和创造性,引导贫困群众结合自身实际,合理选择脱贫发展方式,为贫困户出谋划策,鼓励贫困户大胆通过创业、搬迁、贷款等方式改善生活,摆脱贫困。其中,田林县组建由讲习骨干、县乡村干部、贫困村第一书记、农民致富能手、农技专家、业余剧团成员等组成的宣讲团，运用壮、汉、瑶等民族语言，以群众喜闻乐见的形式开展扶贫"扶心扶志扶智"活动，组织脱贫模范到各乡（镇）和县直单位开展"脱贫攻坚先锋行"模范事迹巡回报告会，有效激发了贫困群众的内生动力。

二 抓关键少数，压实责任奋力干

打赢脱贫攻坚战是实现全面小康社会的底线目标，是各级党委、政府重大的政治任务和责任要求。牢牢抓住领导干部这个"关键少数"，是我们党治国理政的重要经验，也是打赢脱贫攻坚战的有效途径和抓手。领导干部用不用心抓扶贫、为不为民办实事出成效，是关系党员党性问题的有效反映，是重大的政治问题。自治区党委、政府把打赢打好脱贫攻坚战作为党政机关义不容辞的责任，坚决贯彻落实"中央统筹、省负总责、市县抓落实"的管理体制，强化党政一把手负总责的领导责任制，明确责任、尽锐出战、狠抓实效。自脱贫攻坚战打响以来，广西要求各级党委、政府要把脱贫攻坚作为"十三五"期间头等大事和第一民生工程，牢牢扛在肩上、抓在手上，并及时调整充实自治区扶贫开发领导小组，自治区党政主要领导亲自担任领导小组组长，13位自治区四家班子领导成员担任副组长，53个区直部门主要负责同志担任成员，各市、县扶贫开发领导小组也参照进行调整充实，成立了相应的建设小组、领导小组，由政府各相关职能部门负责人和相关乡镇领导挂帅担责。同时，基层党组织也积极发挥政治优势，宣传发动项目建设，并组织项目建设的实施工作，确保脱贫攻坚项目组织工作有效开展。

三 抓部门责任，促进各行业协调配合

党员干部要发挥脱贫攻坚能动作用，离不开有关单位部门的支持与帮助，从20世纪80年代起，广西党委和政府就明确要求各级各部门密切配合，共同做好扶贫开发工作，并组织党员干部下基层开展结对帮扶。从1995年起，广西开始实行挂钩扶贫，强化脱贫地区和帮扶单位的联系及责任。具体做法是让工作队进村包点，实行"定点、定对象、定时间、包解决温饱"的"三定一包"和"人盯人"的干部包扶制度，

实行群众温饱不解决、帮扶不脱钩。一些工作队把扶贫开发和基层组织建设结合起来，着重建设好村两委班子，提高凝聚力和战斗力，实实在在帮助贫困群众解决了许多困难。在明确部门责任方面，特定时期的扶贫攻坚战显得尤为突出，如1994年实行的《国家八七扶贫攻坚计划》、2000年广西实行的"东巴凤大会战"，都是明确目标、明确对象、明确措施和明确期限，相关责任单位为完成任务高度协调配合，取得显著的扶贫成效。进入脱贫攻坚阶段，贫困地区和贫困群众面临的难题从"老三农"向"新三农"问题转变，在这个过程中，党组织对打赢打好脱贫攻坚战更是发挥了坚强的战斗堡垒作用，形成了多支党建引领扶贫的驻村帮扶工作队伍，促进各部门、各行业之间协调配合，保证党中央、国务院以及自治区党委、政府对脱贫攻坚工作部署得到全面贯彻落实。

四 抓对口帮扶，压实基层党建责任

2011年颁布实施的《中国农村扶贫开发纲要（2011—2020年）》提出，要鼓励和选派思想好、作风正、能力强、愿意为群众服务的优秀年轻干部、退伍军人、高校毕业生到贫困村工作，帮助建班子、带队伍、抓发展。2013年出台的《关于创新机制扎实推进农村扶贫开发工作的意见》（中办发〔2013〕25号）提出进一步健全干部驻村帮扶机制，要求普遍建立驻村工作队（组）制度，并指示可以分期分批安排，确保每个贫困村都有驻村工作队（组），每个贫困户都有帮扶责任人，把驻村入户扶贫作为培养锻炼干部特别是青年干部的重要渠道。选派优秀党员干部下基层扶贫，担任贫困村第一书记或扶贫工作队员，成为党建促脱贫的一项重要内容。据不完全统计，2011—2013年6月30日，中央、区、市、县（市、区）帮扶单位直接投入广西脱贫攻坚的帮扶资金共15亿元，广西区、市、县定点扶贫单位落实干部帮扶贫困户168619户。此外，广西还明文规定，下乡干部尤其是第一书记承担加强基层组织建设的重要任务，帮助村级组织完善各项规章制度，推进组织规范化建设，提高农村党员干部的能力素质。此外，为激励第一书记在扶贫岗位上有作为，2012年自治区党委组织部在管理规定中要求，对符合条件的第一书记，在下派之前就

晋升定级，工作表现差、成效不明显的，要进行批评教育、责令整改，甚至撤换或重新选派，同时还把选派第一书记的帮扶工作情况列入派出单位领导班子考核的重要内容。

第三节　强化广西党建促脱贫的关键领域

一　对脱贫攻坚的反腐力度更为强劲

腐败现象是脱贫攻坚道路上的一大障碍，长期以来，我国扶贫领域存在的一些腐败现象严重损害了广大群众的切身利益，也破坏了党的声誉。脱贫攻坚战启动以来，大量扶贫资金和项目投放到贫困地区，扶贫领域反腐问题显得更为突出。2015年十八届中央纪委六次全会公报明确："严肃查处扶贫领域虚报冒领、截留私分、挥霍浪费行为，为打赢脱贫攻坚战提供有力保障。"2017年底，中央纪委办公厅印发《关于2018年至2020年开展扶贫领域腐败和作风问题专项治理的工作方案》，明确了治理重点和主要措施。广西各级纪检监察机关坚决贯彻党中央决策部署，紧盯群众身边的腐败和作风问题，确保投入到贫困地区的大量扶贫资金和项目用在该用的地方，为此开展了大量专项行动。2015年9月至2016年6月，广西开展查处发生在群众身边的"四风"和腐败问题专项行动；2016年7月至2017年12月，开展扶贫领域监督执纪问责工作；2018年，举全区之力开展扶贫领域腐败和作风问题专项治理工作……各项举措及行动压茬推进，渐次深入。

广西还建立了自治区本级部门联动协调机制，由自治区纪委监委牵头统筹发挥监督作用，扶贫、审计、信访等23个职能部门横向联动发挥监管作用，形成监督监管全区"一盘棋"。此外，广西纪检监察机关还创新探索出"6+2"工作机制，即"每年召开2次专项治理工作例会，部署任务、研究问题；市、县、乡逐级上报当月专项治理工作情况；对线索来源受理、移交管理处置、办理时限和流程等作出明确规定，层层传导压力、压实责任；对问题线索直查直办；对典型案例通报曝光；开展联动协同"等六项制度和专班专抓、蹲点督导两项规定，成功揪出了扶贫领域内的腐败分子。2018年，广西共立案查处扶贫领域腐败和作风问题9614件，给予党纪政务处分8908人。①

二　对帮扶干部的选拔考核更为严格

习近平总书记指出，"要在脱贫攻坚第一线考察识别干部，激励各级干部到脱贫攻坚战场上大显身手"。将想干事、能干事、敢担当、善作为的优秀干部选配到贫困地区，这是以党建促脱贫的重要途径。广西非常注重选派帮扶干部工作，在选派、监督、考核帮扶干部方面逐渐形成一套严格的制度和工作体系。2017年，广西出台管理办法进一步规范管理选派干部，对出现不按规定驻村、不胜任驻村工作、工作任务推进缓慢不达标、造成重大工作失误、违反廉洁规定、不服从安排推诿扯皮等六种情形之一的，按严重程度给予批评教育，直至召回撤换。一些履职不力、无心扶贫的帮扶干部被撤换，三年内不得评优评先，若属于培养对象或后备干部的，则取消其资格，三年内不得提拔或重用，同时也会视情况的严重程度在不同级别进行通报公示，并问责选派单位相关责任人。这一管理规定对驻村帮扶干部起到了很好的鞭策、警示作用。2018年，自治区委员会组织部又出台了《关于做好广西脱贫攻坚（乡村振兴）工作队员驻村安排工作的通知》，明确要求所有工作队员一律要驻村，要求进一步强化，实现了工作队员驻村全覆盖。此外，对帮扶干部的监督考核力度也在不断提高，自治区、市、县三级督查，督查、暗访等不时进行，确保广大帮扶干部工作不松劲、不懈怠。

三　党建工作更具体化、明细化

为进一步发挥党建促脱贫作用，自治区在基层党建工作方面更加具体、明细和严格。一是全面推行基层党组织"星级化"管理，制定星级评定标准，持续开展星级党组织评定命名工作，扎实做好已命名星级党组织核验提升。截至2018年9月，累计命名五星级党组织1048个、四星级党组织2019个、三星级党组织3050个，对185个星级党组织进行了摘

---

① 《全面从严治党的广西答卷——2018年广西党风廉政建设和反腐败工作综述之一》，2019年1月25日，广西纪检监察网（http://www.gxjjw.gov.cn/staticpages/20190125/gxjjw5c4a661c-137510.shtml）。

牌，给予65个五星级党组织降低星级，对292个星级党组织进行警示提醒，形成了农村党组织比学赶超、创先争优的良好导向。二是加强农村党员干部队伍建设，打造脱贫攻坚骨干力量。全面实施村党组织带头人队伍整体优化提升行动，落实村党组织书记县级备案管理制度，每个贫困村至少储备2名村级后备干部。持续抓好农村党员大培训、村"两委"干部大培训和村党组织书记集中轮训，采取上下联动、分级负责的方式，截至2018年9月，统筹抓好全区93万名农村党员、11万名村干部、1.4万名村党组织书记的全员轮训。三是党建任务和责任具体化。要求基层党组织主要负责人签订责任状，落实主体责任，制定好当年党建工作任务清单，主要采用"两学一做""三会一课""主题党日活动"等形式，清单内容作为年终考核组成部分。四是实现党组织的全覆盖。及时对村屯党支部进行排查，党员人数达到要求的成立分部，党员人数不符合要求的及时合并到上一级党支部。同时，在移民搬迁安置点建立党组织，加强群众自治组织建设，确保安置区管理有序有效，党建不留死角。

四 扶贫激励考核更严格有效

一是出台脱贫摘帽激励政策。自治区本级驻村工作队员补助由每人每天15元提高到40元，2018年提高到100元。对如期完成脱贫摘帽任务的贫困县、贫困村给予3000万元、10万元的一次性奖励，并按照每减贫1人奖励200元的标准给予相应的减贫人数奖励。二是落实约谈问责制，进一步压实责任。对脱贫成效不明显，推进工作不力的县（市、区）党政正职进行约谈，对考核结果为三等的县，约谈县党政主要负责同志；连续2年为三等的，对县党政主要负责同志进行诫勉谈话；连续3年为三等的，对县党政主要负责同志进行调整。2017年8月，自治区有关领导同志集体约谈了10个贫困县的党政正职；2018年7月，自治区有关领导同志单独约谈了9个贫困县的党政正职，集体约谈了8个非贫困县的党政正职，明确工作要求，压实攻坚责任。三是不断完善绩效考核机制。修订完善《广西壮族自治区设区市党委和政府扶贫开发工作成效考核办法》《广西壮族自治区县级党委和政府扶贫开发工作成效考核办法》，明确了考核内容、考核方式和步骤及考核结果运用以及考核要求，综合评定扶贫成效。将易地扶贫搬迁、产业扶贫、村集体经济发展基础设施建设、粤桂扶贫协作五场硬仗内容纳入绩效考核，传导压力，推动工作开展。

第四节　思考与启示

从总体来看，广西坚持推进党建工作与脱贫攻坚深度融合，已经形成坚持村党组织的领导核心地位不动摇，把党员群众组织起来、把产业和特点相近的村联合起来、把能人党员和社会力量调动起来、把周边村发展带动起来的"一个不动摇、四个起来"的抓党建促脱贫攻坚工作格局，也将为未来解决相对贫困问题和乡村振兴战略实施提供扎实的工作基础和经验积累。尽管广西在党建扶贫方面已取得显著成效，然而，基层党建方面的薄弱环节也逐渐显现，主要表现为基层党组织普遍薄弱，号召力、组织力不够强，重经济轻党务等现象还普遍存在，党员模范带头作用还有待提升；党员队伍年龄偏大，文化素质偏低，发展党员积极性不高，吸收党员困难，发展党员程序不够规范，等等。这些问题都需要在未来的工作中不断改进与完善。

一　抓党建责任稳定脱贫长效机制

脱贫攻坚战取得胜利后，建立稳定的脱贫长效机制，防止脱贫人口再返贫，是今后解决相对贫困问题和乡村振兴工作不可缺少的重要内容。要使这一机制得以健全和完善，必须加强党建责任，继续抓好组织建设、作风建设、乡村产业引领等方面的工作。

一是继续抓好组织建设。要及时总结基层组织建设和落实"五级书记抓扶贫"的先进经验，加强研究，对接解决相对贫困问题和乡村振兴工作的党建作用发挥，引导基层组织在构建、落实稳定脱贫长效机制中发挥更积极的作用。

二是继续抓好作风建设。作风建设永远在路上，只有持之以恒抓好作风建设，才能让基层党建强起来，人民生活好起来。要加强对照农村工作中的腐败和作风问题开展专项治理，集中力量解决基层形式主义、官僚主义突出问题；要善于把党建工作和农村工作紧密结合，依纪依法惩治贪污挪用、截留私分、虚报冒领、强占掠夺等行为，不断强化基层党纪要求，畅通举报渠道，发现一起查处一起；加强作风督查指导和考核评估，完善作风考核评估机制，严格执行相关工作的督查、通报和协调等 3 项制度。

三是继续抓好乡村产业。要将乡村产业发展纳入县域经济成效考核和党政一把手离任审计内容，加强考核农村产业培育和群众增收力度，加强审计产业扶贫资金投入、使用、收支等内容，使乡村产业不断发展壮大。

二 继续健全完善基层党组织体系

加强基层党组织建设是保持党的先进性、提高党的执政能力的重要基础，把基层党组织建成能够团结动员群众、破除基层发展障碍、促进农村发展新飞跃的坚固战斗堡垒，是今后的重大任务之一。

（一）提升基层党组织建设水平

一是创新基层党组织组织设置和活动方式。要敢于打破乡镇机关、村级党组织和党员之间条块分割的设置模式和活动方式，要本着有利于促进基层资源优化配置，有利于扩大党的工作覆盖面，有利于党员活动和发挥作用的原则来设置党组织，可探索镇村联动建支部、依托产业建支部，让所有党员都能找到组织，推动党的组织有效嵌入农村社会各类基层组织，党的工作有效覆盖农村社会各类群体。

二是继续建强基层党组织。摸清软弱涣散（后进）村党组织并推进持续整顿，推进党支部建设标准化、规范化，加强屯级党支部、流动党支部和党小组建设。将村党组织的整顿情况及时向群众公开公示，鼓励群众加入整治监督队伍；提升"星级化"管理水平，通过合理制定星级的标准和内容，鼓励支部争取评上，严格把握评定程度，动态管理，提高基层党组织的活力；加强基层党组织培训，提高农村基层党组织统筹协调各方、领导乡村治理、发展农村经济能力，增强对农村工作的领导力和组织力。

三是理顺"村两委"关系。要破除"村两委"矛盾的关键点，使两者关系协调、互相进步，大力推动村党组织书记通过法定程序担任村民委员会主任和集体经济组织、农民合作组织负责人，推行村"两委"班子成员交叉任职，互相监督。

(二) 继续加强农村党员队伍的培育力度

一要继续保障党员组织生活的力度不变。把"两学一做"、"三会一课"、主题党日、谈心谈话、民主评议党员、党员联系农户等学习教育制度和形式常态化，切实用习近平新时代中国特色社会主义思想武装基层党员干部头脑，及时掌握中央及上级对党员干部的最新要求，尽量贴合农民党员的实际生活工作情况，灵活利用赶圩、网络、拜神等农村民间活动开展教育活动。

二要推行农村党员积分管理。以积分考评和量化管理为手段，探索建立党员积分管理 App，将党员日常表现和党性状况以分值形式体现出来，推进党员日常管理精细化、标准化，有贡献的加分，违规违纪的要扣分，促进党员履行义务、发挥作用。把年终积分分数作为民主评议的重要依据。同时，评分事项和标准方面应给各基层党支部留有操作余地，以便使积分管理更符合基层实际。

三要加强对流动党员的管理。基层党组织派专人与流动党员联系，及时建立流动党员信息库，线上线下同时发力，加强对流动党员管理。线上把党组织开展的活动情况通过微信、QQ、App 等方式传达给他们，引导他们为组织、为家乡发展建言献策，增强他们的归属感和荣誉感。线下利用流动党员集中返乡的时机，有针对性地开展组织生活，为他们开"小灶"，提升党性修养。引导和鼓励他们反哺家乡，为他们回乡创业干事提供便利，对政治素质高、致富能力强的流动党员要及时纳入基层后备力量培养，以便于他们发挥乡村振兴领头作用。

四要持续加强对党员的发展和培养。加大对优秀青年农民、外出务工经商人员、返乡大中专毕业生、妇女发展党员的力度，尤其要注重把乡贤发展为党员。另外，对于那些具有发展潜力，可发展成优秀党员的村民，要加大观察和培养力度，从而壮大农村党员基础。其次，落实农村党员定期培训制度，开展以农村党员干部主题教育活动为引领的科技、法律、创业等培训，持续推进农村党员大培训。建立相应的培训成效机制，确保培训不走过场，做好效果跟踪反馈工作。

(三) 建强农村党组织带头人队伍

实施村党组织带头人整体优化提升行动，组建以党组织书记、第一书记和优秀党员为强力带头人的先进队伍。

一要善于选人。善于在艰难困苦的条件中考察和提拔干部，在基层培养精英人才，形成基层选人用人导向。首先，加大从本村致富能手、外出务工经商人员、本乡本土大学毕业生、复员退伍军人培养选拔力度，使那些能干事、肯干事、干实事的党员干部能脱颖而出；其次，对于选派下村的党员干部，要真正做到"选优配强"，各级选派把关单位和部门要承担相应的责任，要处理工作不力、责任不实的选派人员，也要追究相关把关单位及人员的责任；最后，实施"一村一名大学生村官"工程，健全完善大学生村官（选调生）招录、培养、管理机制。适当提高基层党员干部的待遇，健全从基层优秀党员干部中选拔乡镇领导干部、考录乡镇公务员、招聘乡镇事业编制人员机制，拓宽发展前途，增强该职位的吸引力和含金量，使优秀人才招得来、留得住、发展好。

二要及时换人。要把那些不能胜任党组织领头人的党员干部及时换下来，能者上，庸者下。以县为单位，逐村摸排分析，对村党组织书记集中调整优化，全面实行县级备案管理；加强对选派的第一书记、工作队员的管理监督，严格考核纪律，对表现不佳使用容错机制后仍不能发挥引领作用、不能令群众满意的党员干部要坚决予以撤换。

三要大力储备人才。大力实施村级后备干部培养储备工程，通过本土人才回引、院校定向培养、县乡统筹招聘等渠道，使每个村储备一定数量的村级后备干部。

四要大力培养领头人。对村党组织书记集中轮训，开展优秀村党组织书记在职大专学历教育。在培养方面要有针对性地提高他们在"三农"方面的知识理解水平和业务能力水平，使他们在乡村带头致富、优化乡村治理方面发挥重要作用。

（四）强化党建责任和保障

推动全面从严治党向基层延伸和巩固，既要加强责任落实，又要提供坚实保障，使党建工作迈得开、推得进。

一是要强化领导的党建责任。严格落实各级党委尤其是县级党委主体责任，进一步压实县乡纪委监督责任，健全完善市、县、乡党委和涉农部门党组（党委）抓农村基层党建工作的责任清单、任务清单、问题清单、整改清单。将抓党建促扶贫、促乡村振兴情况作为每年市、县、乡三级党委书记抓基层党建述职评议考核的重要内容，纳入巡视、巡察工作内容，作为领导班子综合评价和选拔任用领导干部的重要依据。

二是加强农村基层党风廉政建设，强化农村基层干部和党员的日常教育管理监督，加强对《农村基层干部廉洁履行职责若干规定（试行）》执行情况的监督检查，弘扬新风正气，抵制歪风邪气。

三是充分发挥纪检监察机关在督促相关职能部门抓好政策落实方面的作用，加强对落实情况特别是涉农资金拨付、物资调配等工作的监督，严厉打击涉黑涉恶腐败及"保护伞"，严肃查处发生在惠农资金、征地拆迁、生态环境保护和农村"三资"（资金、资产、资源）管理领域的违纪违法问题。推行村干部岗位目标管理和村级小微权力清单制度，严厉整治侵害农民利益的不正之风和腐败问题，坚决纠正损害农民利益的行为。

四是关心关爱农村基层干部，政治上激励、工作上支持、待遇上保障、心理上关怀。重视发现和树立优秀农村基层干部典型，彰显榜样力量。

三　坚持党统筹管理农村工作

习近平总书记指出，要坚持党对一切工作的领导，不断加强和改善党的领导。未来党统筹管理农村工作，应抓住两个要点。

（一）坚持党领导的部门协调机制

健全党委统一领导、政府负责、农业农村工作部门统筹协调的工作体制，强化党的领导核心作用。建立实施乡村振兴战略领导责任制，自治区、市、县、乡、村五级党组织书记作为第一责任人，带头抓乡村振兴。乡村振兴重大事项、重要问题、重要工作均要由党组织讨论决定。县（市、区）党委书记作为"一线总指挥"，要在加强乡（镇、街道）和村（社区）党组织建设方面拿出有力措施，想出好办法。要以身作则，善于调动基层党组织战斗作用。要建立好部门协调机制，各部门落实责任分工，做好协同配合，信息互通、步调一致，形成乡村振兴工作合力。

（二）坚持发展壮大村集体经济

村集体经济是促进农村经济发展的重要手段，搞好村集体经济，可有效增强基层党组织在群众当中的地位和威信。各级党委尤其是基层党委要加强对村集体经济的组织领导，成立专门的领导机构和具体的工作机构，建立起持续长效、齐力共管、协调联动的科学管理机制。指导和督促各地制定好村集体经济发展规划，尤其是县级的村级集体经济发展规划，要进行重点检查。逐级建立村集体经济发展的项目库，做好详细的工作台账，对各地的村集体经济项目进行动态的跟踪管理。对于薄弱村要重点加大扶持力度，统筹项目、资金、人才等资源进行集中攻克，各级留存的党费有盈余的，可以用来支持村集体经济的发展。有关部门要及时介入指导、提供帮助，规范村集体经营管理，尤其是村民合作社，要尽快推动其正常运转，充分发挥带动农村经济发展的作用。

第 十 章

提升电商扶贫

电商扶贫是广西脱贫攻坚"十大行动"的行动内容之一。电商扶贫通过拓宽贫困地区特色优质农产品销售渠道，推动农产品上行，促进农产品流通，不断提升贫困人口利用电商创业和就业能力，让互联网发展成果惠及更多的贫困地区和贫困人口。实践证明，在广西这样一个山区面积较大、交通和信息相对落后、市场发育程度不高的地区，大力打造"互联网+"推动电商扶贫，是促进扶贫产业发展、增加贫困人口收入、带动乡村产业可持续发展的重要抓手，也是助力打赢打好脱贫攻坚战的有效推动器。

第一节　电商扶贫的作用和意义

"电商"是电子商务的简称，是利用信息产业发展成果，通过互联网技术以实现商品交换的方式。它是商品流通的新业态，依托农村电子商务的发展平台，通过一系列的政策手段、服务措施等帮助贫困农户发展生产、增加收入，从而实现脱贫致富的一种扶贫模式。电商扶贫具有非均衡性、非线性、多样性、平台性、广泛性的特点，在商品购销、结算、信息提供上具有开放性、便利性、低成本、高效率的优点，目前已成为城乡各地买卖者广泛使用的商品流通形式，在推进脱贫攻坚工作中具有重要作用。

一　扩大农产品销售，提高农民收入

发展农村电商有利于通过互联网和电子商务摆脱农村信息弱势，实

现直接对接市场，帮助农民降低农产品交易成本，扩大农产品市场销售范围，解决农产品难卖、贱卖问题；农村贫困群体可以充分利用科技中介服务资源，解决农村征集技术难题和成果推广难题，促进农村生产力发展；农民还可以通过基础知识培训及相应的启动资金支持掌握电商知识，开办自己的网店，帮助贫困群体进行网上销售创业，除了带动大量直接就业外，还能带来收购仓储、物流运输、产品包装等种养植业外的一些辅助产业的就业，增加农民收入。

二　打破区域限制，实现资源跨域调配

由于农村贫困地区经济发展落后，产业布局和基础设施领域不平衡，电商扶贫的发展能进一步倒逼贫困地区基础设施优化布局，如公路、铁路、航空所构成的立体交通网络日益完善，有利于区域之间的沟通和交流，使贫困农村发展电子商务物流的一些瓶颈被打破，实现资金、技术、信息、人才的跨区域调配，利用政府的扶贫专项资金定向投资、建立专门的农业发展基金会、配置电脑设备等；将先进的种植养殖及加工技术引入贫困落后的农村；将一些有经营经验的网商和技术人员引入贫困地区帮助做好农产生产、销售和售后服务，实现贫富差异地区之间资源流通，推动贫困地区的跨域式发展。

三　引领扶贫模式创新，助推脱贫攻坚

电商扶贫作为一种新的扶贫模式，在营销平台上表现出"低门槛、低成本、高机遇"的特点，给贫困地区带来了农产品销售的福音。日益扩展的电商规模以及一些"领头羊"式的成功，在农村形成了良好的电商市场环境，越来越多的农户尝试将农产品的开发、销售都融入到这个大环境中来，把特色工农业产品作为卖点，形成规模效应，引导电商进村，抱团取暖，实现共同发展，加快农村脱贫致富的步伐。

第二节　广西电商扶贫的主要做法及成效

近年来，随着淘宝、京东以及国美等大型电商平台的迅猛发展，我国新型电子商务迅速崛起，以现代信息技术服务为主要手段，成为现代

市场体系的重要部分，甚至大有线上网络营销取代线下传统销售的趋势。2015年，"互联网+"首次被写入政府工作报告，为各地经济社会发展指明了新方向。同年5月，国务院印发了《关于大力发展电子商务加快培育经济新动力的意见》，该意见分8大条共29项，被称为电商"国八条"。其中，发展农村电商方面提出利用"万村千乡"市场网络改善农村地区电子商务服务环境，建设地理标志产品技术标准体系和产品质量保证体系，支持利用电子商务平台宣传和销售地理标志产品，鼓励电子商务平台服务"一村一品"，促进品牌农产品走出去。2014年，国务院扶贫办第一次明确提出把"电商扶贫工程"列为2015年精准扶贫十大工程之一，要求"在贫困村开展电子商务扶贫试点，发挥市场化电子商务渠道的作用，促进贫困地区农产品销售和农民增收"。这是电商扶贫第一次列入相关国家政策。2017年，国家层面首次提出"大力实施电商扶贫战略"，将电商精准扶贫的重要性提到新的高度。

在此背景下，广西各地积极借助"互联网+"电商企业的平台技术和商业模式，加快推进电商扶贫行动计划，整合各方面资源力量，在贫困农村扎实开展电商知识普及、电商技能培训、产销对接等活动，推动贫困村产品销售创新发展。资料显示，广西电商交易额从2013年的1266亿元增长至2018年的8002亿元。同时，在精准扶贫、精准脱贫的大背景下，电子商务及其扶贫功能得到了充分重视和挖掘，电商扶贫开始繁荣发展起来，带动贫困地区特色农产品更快、更好地走向全国市场。

一 强化电商扶贫政策支持，推进电商扶贫工作部署

2015年7月，为发挥电子商务的重要作用，加快开放发展步伐，根据《国务院关于大力发展电子商务加快培育经济新动力的意见》，广西出台了《关于推进广西电子商务发展若干意见》，同年，商务厅、财政厅联合推出广西电子商务进农村综合示范工作方案，制定颁布了2015—2017年全区农村电子商务工作实施方案。

2016年2月，自治区政府办公厅印发了《脱贫攻坚农村电商发展实施方案》，作为广西推进脱贫攻坚战"1+20"的政策支持文件之一，提出构建农村电子商务服务体系、建设自治区电子商务公共服务平台、建立农村物流配送体系、完善农村信息通信基础设施、加快建设农村产品

电商品牌、鼓励发展农业生产资料电子商务、增强村级电子商务服务网点服务功能、培育多元化农村电子商务市场主体、抓好人才培训、抓好示范点建设、加大财政投入、实行优惠政策等多条政策举措。同年,广西"党旗领航·电商扶贫"2016年行动计划、2016年广西电子商务创业大赛——"我为家乡代言"活动等电商扶贫项目启动。电商扶贫工作开始步入发展快车道。

2018年4月,自治区印发了《广西壮族自治区电子商务精准扶贫三年(2018—2020)行动计划》,提出加快引进培育一批电商扶贫企业主体,加快推动"电商+产业+扶贫"融合发展。到2020年底,实现全区农村网络零售额翻一番,贫困县电子商务进农村覆盖率达100%,国家级贫困县电子商务进农村综合示范中央财政资金支持全覆盖,村级电商服务站点超过1万个,电商知识和技能培训20万人次以上,构建较为完善的电商扶贫公共服务、配套政策、网货供应、物流配送、质量标准、产品溯源、人才培养等体系,建立以农产品为核心的全产业链各环节相互衔接配套的绿色供应链。同年8月出台的《广西电子商务发展三年行动计划(2018—2020年)》,再次提出加快推动电商扶贫与建档立卡贫困户精准关联,推进"电商+产业+扶贫"融合发展,各级财政要加大对电子商务的支持力度助力乡村振兴。

以上一系列政策措施和工作部署,为推进广西电商扶贫的深入开展奠定了坚实的前提条件。

二 引进和培育电商扶贫主体,构建三级农村电商服务体系

近年来,广西积极引进和培育电商扶贫企业主体,通过"电商入桂"工程行动,一批电子商务企业如浙江传化集团、阿里巴巴"一达通"、浙江聚贸电子商务有限公司、北京至简云图科技发展有限公司、中万环球有限公司等落户广西发展,支持地方、企业和专业合作社开设特色馆、旗舰店、微商城,通过农村淘宝、苏宁易购、"空店"、快递、"村邮乐购"、"邮乐网"、"乐村淘"、"九个农夫"、"爱巴马网"、"巴马资源网"等平台,连续举办广西"壮族三月三"电商节、"七一红色购物季"、"我为家乡代言"电商大集、广西电商年货节和八桂名品年货大集,带动了贫困地区电商网络的建立,有效解决了贫困地区产品销售的难题。

同时，通过国家电子商务进农村示范县建设，加强招商与合作，对供销、信用社和邮政乡村网点进行建设和改造，建立了以县级电商运营中心、乡镇电商服务站、村级电商服务点为支撑的县、乡、村三级农村电商公共服务体系，并持续改造物流到村线路，建立县、乡、村三级物流配送体系，各地结合乡村电子商务服务及配送站点建设项目，搭建贫困村电商终端服务网点，解决农村物流"最后一公里"的问题。截至2019年7月，全区共有48个县获批开展国家电子商务进农村综合示范建设，累计建成服务站点4125个，物流配送网店2731个，网络零售额81.2亿元。培育农产品网销单品2425个，农村电商业务累计培训25.47万人次，全区电商农村覆盖率达92.8%。服务站点覆盖建档立卡贫困村1770个，服务覆盖示范县建档立卡贫困人口133.5万人，累计帮助建档立卡贫困人口销售5.17亿元，增收2.31亿元。累计对建档立卡贫困人口培训8.93万人次，带动建档立卡贫困人口就业7万人。

三 积极策划电商扶贫项目，激发电商扶贫活力

自脱贫攻坚战打响以来，自治区党委、政府积极引导电商扶贫项目和平台建设，进一步激发电商扶贫活力，带动贫困地区产品销售。

2016年，首届广西"壮族三月三"电商节全区网络零售额达到10.7亿元；全区"空店"覆盖10个县156个贫困村；仅百色市，参与杧果销售的电商就达9800家，销售额4.5亿元；其他如，天峨县参与珍珠李销售的区内外企业达40多家，微商1000多人，销售额1.4亿元；柳城县乐村淘电子商务有限公司累计开发130家村镇体验店，覆盖全县的12个乡镇及121个行政村，线上线下交易200万元，促进贫困户人均增收265元。2017—2018年，"壮族三月三"电商节实现网络零售额分别为13.8亿元、20.8亿元，同比增长30%、50.7%；自治区党委组织部、两新组织党工委联合相关厅局连续3年举办"党旗领航·电商扶贫""我为家乡代言"电商大集全媒体直播，每年精选10个县，促进党建与扶贫融合，电视与电商携手，现场展示与网络促销互动，把各县风物特产推广到千家万户，打造了扶贫、扶志与扶智相结合的响亮品牌。

2017年"七一红色购物季"，乐村淘、邮乐购、广西农信利农商城、中国联通第一书记创富商城等11家农村电商平台还联手设立网购扶贫专区，助力400余种扶贫精选产品销售。2016年以来推行的乡村旅游电商扶贫成效显著，特别是"贫困村农家饭票"电商旅游扶贫项目在广西30多个贫困县60多个贫困村落地，近200家农家乐参与其中，同时启动的广西乡村旅游电商扶贫大型宣传推介活动吸引美团点评、途家网、58农服等旅游电商巨头参与升级"农家饭票"，推广广西全域旅游，显著提升了农民人均收入及当地旅游收入。2019年，广西电子商务行业大会还启动了"电商扶贫八桂行"计划，凝聚电商行业力量，实现合作共赢，助力脱贫攻坚。

另外，研发基于微信公众号的"微助八桂"精准扶贫公益平台，通过众物、众扶、众筹、众购、众智等功能模块，广泛汇聚党员干部、各界群众、爱心企业、公益慈善团体的点滴力量，为贫困群众提供双向互动、精准对接、快捷直达、全程透明的爱心微助。[①]

四 加强电商扶贫业务培训，提升电商扶贫产品品牌影响力

为推广电商助农扶贫，广西采取多种形式加大对贫困地区扶贫干部、贫困群众以及相关企业进行电子商务专业知识与应用技术、市场开拓等方面的培训。据不完全统计，截至2018年6月初，全区农村电商业务累计培训19.6万人次，累计对建档立卡贫困人口培训7.3万人次。如自治区扶贫办举办了全区扶贫系统电商扶贫培训班，组织全区14个设区市扶贫办分管领导及相关业务科室负责人，以及全区105个有扶贫开发任务的县（市、区）扶贫办分管领导参加培训；田东县举办了"党旗领航·电商扶贫"——电子商务进农村实用人才"千人计划"培训；德保县在开展电商服务站点专题培训的同时，还为参训人员提供综合服务，跟踪指导，确保培训产生实效。

此外，一些社会力量也参与了电商扶贫培训，如"乡村火种计划"电商扶贫带头人培训项目立足于"互联网金融+电商扶贫"理念，基于一些社会组织已有的电商扶贫项目模式，探索"线上课程学习+线下集中培训+长期孵化陪伴+对接农产品上行+公益性小额借款信息服务"

---

① 刘让兴：《广西续航"党旗领航·电商扶贫"行动》，2018年2月18日，人民论坛网（http://www.rmlt.com.cn/）。

五位一体的电商扶贫人才培养新模式。结合"我为家乡代言"、"党旗领航·电商扶贫"、广西"壮族三月三"电商节、广西电子商务创业大赛等活动，通过"技能培训+实践训练"提升培训效果，取得了良好的社会反响。

通过这些活动，电商扶贫知识深入乡村，电子商务发展创业氛围日益浓厚，电商平台售卖的产品范围扩大，贫困地区的杧果、香蕉、荔枝、菠萝、百香果等得以销往全国各地，逐步为消费者所认知，并获得了客商的认可和赞誉，成为有影响力的网络品牌，如百色的"壮乡河谷"杧果、钦州的"橘乡里"荔枝、富川的"橘小姐"脐橙等，提升了贫困地区农特产品的品牌价值。

五 带动关联性产业发展，促进贫困户就业增收

广西贫困地区农产品电子商务平台的搭建，助推了农产品社会仓储、运输、金融、质检等服务资源的整合，促进了仓储业、运输业、金融业、委托代办等行业的发展。如近年来百色市通过举办"互联网+百色杧果节"等宣传推介杧果，积极利用互联网平台进行杧果销售，参与销售的电商达9800多家，年杧果快递物流量达356.8万单，销量4.5万吨，销售额达4.5亿元，建成了两个大型的专业批发市场和一个农产品物流配送中心，建成5万立方米的仓储、冷藏库等冷链物流设施，物流产能每年100万吨。电商关联产业发展，也带动了贫困群众的就业和增收。据资料显示，2016年百色通过电商平台销售杧果的店铺达3700多家，网络销售杧果7.4万吨，占全年销量的22.6%，直接带动1万多人就业。

又如，玉林市福绵区由驻村第一书记、工作队员、帮扶联系人、微商、电商、义工组织"爱心超市""善诚团队"等，通过"福绵善诚"平台无偿为贫困户代销预售农产品、发布帮扶救助信息，有偿销售其他非贫困户农产品所得利润全部捐助善城基金，2016年电商已覆盖1000多户贫困户5000多贫困人口，并为贫困户销售预售各色农产品70余万元；贺州市在城区、乡、村三级构建"实体销售网、本地电商网、全国销售网"三网融合的开放式电商平台，成功举办"我为家乡代言"橙意富川电商大集电视直播等大型活动，帮助138个贫困村销售特色物产，获利374万元，增加了贫困村群众收入，通过搭建电商创业平台，扶持了440

多名党员创业；北海特色产品海鸭蛋目前有 40% 是通过线上销售。

第三节　广西电商扶贫模式及创新

脱贫攻坚战打响以来，广西各地以电商促进商品流通，以电商助推产业发展，以电商帮扶贫困群众购销商品，实践和探索了多种电商扶贫模式，为电商扶贫提供了广西经验。

一　"党旗领航·电商扶贫"行动

2015 年年底以来，广西自治区党委组织部、新经济组织新社会组织（简称两新组织）党工委紧紧围绕打赢脱贫攻坚战的工作大局，策划实施"党旗领航·电商扶贫"行动，组织动员全区党组织和党员，创新性地将基层党建的政治优势、组织优势发挥到电商扶贫实践，通过整合各方面资源力量，组织各地党组织力量，开展大走访、大培训、大促销、大创业等一系列活动，助力电商扶贫发展，取得显著成效，也探索了电商扶贫的宝贵经验。

一是通过大走访，吸引电商业主进山村。主办方利用贫困村外出务工人员集中返乡过节的时机，分批次组织电商业主深入贫困农村走访调研，实地了解贫困地区基础条件、资源禀赋、特色物产、脱贫需求等情况，宣传介绍农村电子商务发展的趋势和前景。如凌云县组织企业家和电商企业代表考察环浩坤湖旅游扶贫示范带，通过电商助推旅游；东兰县举行"互联网+精准扶贫"国家战略东兰革命老区行座谈会，组织来自中国流通论坛的专家考察脱贫攻坚项目，防城港市防城区组织桂人堂金花茶、嘉泰生态农业等数十家电商转型企业，深入十万大山瑶族地区和边境地区贫困村屯，走访了解当地生态、农业、旅游资源等情况。马山县整合电商协会和乡镇扶贫工作站力量，组成电商扶贫推进小组，分批组织电商业主到开通"村邮乐购"的 14 个贫困村走访调研。

二是通过大培训，培养电商人才提高电商技能。全区各地统筹农村党员大培训、村"两委"干部轮训、"两新"组织党员大培训、农村转移劳动力就业培训、贫困村创业致富带头人培训等项目资源，采取集中办班、分散辅导、上门送教、自主选学等灵活多样的方式，大力开展农村电子商务培训。加强对第一书记、大学生村官、农产品流通企业、专业合作社、种养大户、返乡创业青年进行电商技能培训，培养一批电商带头人，形成示范，带领广大贫困群众脱贫致富。邀请淘宝培训师到当地为创业者授课，培训"网店运营专才"；防城港市还创立电商创业扶贫实训营，组织农民专业合作社负责人、农村经济能人、贫困村第一书记等进行电商创业实训，并设立200万专项创投基金给予扶持；来宾市建立贫困村党组织第一书记"电商脱贫"培训基地，搭建第一书记发展产业宣传、信息和销售平台。

三是通过大促销，促进电商扶贫特色产品行销全国。注重发挥电商企业掌握市场、擅长营销的优势，帮助贫困地区开发更多能够上网销售的产品和服务，进一步盘活地方资源，拓展增收渠道。启动首届广西"三月三"电商节，组织知名电商企业平台积极参与电商节期间的线上促销活动，对各地名优特产进行全网大促销。"七一"红色购物季期间，联合了大型网购平台，促销广西特色物产，带动贫困地区农产品销售，有些地方还在城区、乡镇、贫困村三级构建"实体销售网、本地电商网、全国销售网"三网融合的开放式电商平台，面向区内外同步推广销售本地物产。

四是通过大创业，扶持电商能人来带动电商扶贫发展。各地采取措施鼓励电商业者通过资金、技术入股到贫困村领办创办产业项目、专业合作社或电商企业，鼓励引导贫困村青壮年劳动力返乡创业，支持农村劳务经纪人触网创业。宾阳县建设青年电商创业园，孵育了一批创业企业和青年创业人才；玉林市福绵区与农业银行、农村信用社、邮政储蓄银行等金融机构合作推出电商创业贷款产品，为能人电商创业提供优惠贷款资金；荔浦县对贫困家庭、贫困村民开设的电商网点给予网络资费补助、电商奖励等扶持，县财政还投入100多万元专门设立电子商务营销奖，对帮助贫困村销售农产品取得突出成绩的电商给予奖励。

二 "空中农贸市场"电商扶贫模式

"空中农贸市场"也称为"空店模式"，是广西电商扶贫过程中较受群众欢迎的一种发展模式。它的实施分两个步骤：一是贫困户送农产品到村部空店帮扶店，并当场收到现金；二是由空店公司现场包装成100

元、200 元等百元农产品包，进行驻点或网上销售。"空店模式"把贫困村贫困户与城市社区的居民联系起来，贫困户的零散"土货"通过"空店"直接变现，而"空店"则把这些"土货"集中起来，统一包装，在城市社区"空店"销售给社区居民。社区居民在品尝大山深处原汁原味的"土货"的同时，也实现了"用嘴扶贫"。

"空店模式"突出了科技综合应用，是整合贫困村碎片化劳动力，用碎片化时间、碎片化土地资源生产和收购碎片化的农产品，形成"空店平台建设、政府支持、第一书记推动、贫困户积极参与和城市居民消费"的新型"互联网＋精准扶贫"模式。从贫困农户方面来看，它既方便交易又刺激贫困群众扩大生产规模的信心；从消费的社区居民方面来看，它利用的是社区居民对扶贫开发工作的一种支持和同情心理，同时又满足城市社区群众对农村原生态土特产品的消费需求。2016—2017 年，"空店模式"在广西天峨、龙胜、马山、隆林、大化、田阳等 8 个县、120 个贫困村挂牌运行，有 907 户建档立卡贫困户参与交易，涌现出了一批农村服务站，并在南宁、桂林等城市落户 40 家社区空店，受到了贫困户和城市消费者的普遍欢迎。

2016 年，"空店模式"荣获首届"全国脱贫攻坚创新奖"。然而，"空店模式"从设计之初就存在一些发展隐忧，主要是这些农产品都是直接从农户手里收上来，没有经过必要的检验检疫程序，发起的流通企业也无法担负农产品的安全监督和标准化组织生产责任，特别是食品安全方面存在较大隐患，使得这种模式更多是倾向于针对脱贫攻坚的一种临时性做法。要实现"空店模式"的可持续发展关键还得进一步解决好农产品生产和质量监督、贫困农户诚信以及市场化、商业化运作体系等问题。总体而言，"空店模式"不失为电商扶贫模式的一种大胆实践和探索，也为消费扶贫的发展提供了宝贵经验。

三 第一书记扶贫产业园"线上线下融合"电商扶贫模式

第一书记扶贫产业园是依托广西扶贫创业产业发展联盟，由广西民间资本投资运营，以"农民脱贫、政府分忧、企业发展"为出发点，旨在建立一个全区扶贫产品集中流通和统一展示"第一书记"扶贫成果的巨大交易平台。园区通过融合电商、资金、旅游、物流、配送等线上线下的销售渠道，让全区各地的"第一书记"扶贫产品通过这个电商平台走向全国，解决第一书记扶贫开发项目农副产品产地分散、科技水平低、产品流通不畅等问题。

该产业园位于南宁市，2015年正式启动，规划投资5亿元，首期投资了8000多万元，兴建了几栋二层的楼房，设置了100间（即100个县）展厅。产业园是一个集农产品销售、电子商务、仓储运输、加工配送、物联网于一身的综合平台，可以在全区范围内促进贫困村第一书记的工作联系及贫困村产业发展互动，通过建立电商销售、商超销售、展厅销售、农产品品鉴店等方式打通"线上线下融合"电商扶贫渠道，帮助贫困地区和农户扩大农产品销售，是广西首创的一种扶贫新模式，取得了良好的经济效益和社会声誉。

近两年，产业园还联合众乐城、"饭好吃"等多家电商和超市体验店融合的平台，把贫困地区优质产品更多更广地展现在线上，并吸引普通消费者通过体验店来参与创业、创新，商家通过自动引流订单，将这些产品销往广西各社区，把最优惠的价格、品质最好的产品，通过电商平台、线下体验店输送到千家万户，打造多方共赢的新型营销模式。此外，第一书记扶贫产业园还每周策划"庙6"的电商扶贫活动，即每周六组织贫困村到产业园推广当地特色农产品，并设特色晚宴，集中时间和产品吸引消费者来赶集，简称"庙6"。后面更发展到走出产业园，深入城市各大卖场，并推出武鸣、融水、东兰等县区贫困村专场，成功吸引各界群众参与体验，扩展线上与线下结合的电商渠道，助推贫困村农产品销售，把"庙6"成功打造成广西产业扶贫、社会扶贫、电商扶贫的品牌活动。

四 各地积极探索电商扶贫模式

（一）天峨县"基地+农户+电商+物流"模式

天峨县把珍珠李产业作为当地脱贫攻坚的主导产业，全县9个乡镇64个行政村都种有珍珠李，果农纯收入中，有90%来源于龙滩珍珠李这一特色水果产业。为了让小水果走向大市场，天峨县搭建了"互联网+农业"电商平台，采取"基地+农户+电商+物流"等多种形式，拓宽"三特"农产品销售渠道，将龙滩珍珠李等水果销往贵州、四川、广东、海南、香港等地市场，参与销售的区内外企业达40多家，微商1000多人，通过快递、"村邮乐购"等平台，销售龙滩珍珠李鲜果达600多万斤，销售额达1.4亿元。

一是创建天峨县电商扶贫孵化基地，重视培养电商人才。通过建立二维码追溯系统、"天峨有礼"县域电商公共品牌、电商众创园、O2O特色馆、电商扶贫年货节等多种形式，搭建起操作简单、使用方便、覆盖面广的本土电商扶贫服务平台。采取"请进来"与"走出去"、课堂教学与现场观摩等相结合，开展面向政府机关、涉农企业、农村合作社、农村创业青年和贫困群众的电子商务知识培训，确保每个贫困村至少培训一名电商应用人才，提高农村群众电子商务技能。截至2018年12月，该县共有电子商务企业13家、应用电子商务传统企业30多家、乡镇商贸中心8个、村级农家店126个。此外，还计划投入1.18亿元，建设"智慧天峨"等10个系统。

二是成立电子商务协会，夯实服务体系建设。2018年成立天峨县电子商务协会，设立电子商务发展专项资金，落实县级配套资金500万元，用于支持电子商务平台建设、培育壮大电商经营主体、引进电商人才和打造地方农特产品品牌，服务电商发展，同时利用"万村千乡"市场工程等平台，实现线上线下结合，建立健全县、乡、村三级电商服务、物流配送体系。2017年该县累计实现特色农产品电商销售4.2万吨，销售额达1.24亿元。

三是完善电商物流体系，打通物流"最后一公里"。鼓励和扶持物流企业在贫困乡镇、村组建立物流配送门店，加快完善乡村物流快递服务体系。截至2018年12月，全县已有快递物流企业28家、"村邮乐购"服务点46个，覆盖全县所有乡镇和重点行政村，为电商扶贫提供了良好的物流配送条件。

（二）巴马县"电子商务协会+企业+贫困户+销售"模式

巴马县依托电子商务进农村综合示范与乡村电子商务服务及配送站点建设项目，进行贫困村电商终端服务网点搭建，开展电商扶贫培训，建立电商企业帮扶制度，在具备基础条件的贫困村建立一批电商服务及配送网点，组织贫困村村干部、第一书记、贫困村村民以及贫困户、"两后生"、残疾人等参加电子商务专题培训或当地企业电商培训，鼓励本地龙头电商企业对贫困户进行定点帮扶，贫困户借助"邮乐网""爱巴马网""巴马资源网"等线上功能，通过线上线下相结合，扩大产品销售，户均增收 320 元。如巴马原种香猪农牧实业有限公司与贫困户签订供销协议，为贫困户提供种猪，带动贫困群众加入"线上与线下相结合销售香猪"队伍，通过企业营销渠道出售土养生猪，帮助贫困户解决了销售问题。

（三）东兴市"公司＋合作社＋贫困户＋农产品品牌＋线上销售"模式

东兴市良佳优农林科技有限公司通过电商等创新手段，积极探讨带动贫困户脱贫致富的产业方向，以柠檬香茅这一东南亚特色香料作物本地化种植作为当地精准扶贫的重要突破口，引导贫困户成立合作社，通过"公司＋合作社＋贫困户"，引领贫困户种植柠檬香茅，公司进行收购加工，对部分贫困户进行电商培训，鼓励贫困户在各大电商平台销售自己种植、企业生产的柠檬香茅产品，以增加收入。此外，公司还与各大电商平台合作，建成东兴农产品 O2O 线下体验馆和运营中心，先后带动了火龙果、海鸭蛋、青柚、芋头、百香果、青柠檬、沉香、金花茶等东兴本地特色农产品线上销售，先后打造了"万诚""东起""捣旦"等农产品品牌。

（四）柳城县"线上＋线下＋公司＋合作社＋协会＋二维码"模式

柳城县引进阿里巴巴农村淘宝、苏宁易购、京东帮服务站、村邮乐购、乐村淘等电商企业，并与阿里巴巴、广西邮政柳城分公司、柳城县乐村淘电子商务有限公司签订合作协议，完成 120 个行政村的电子商务村级服务站建设，通过成立各种农村合作社和各类农产品流通协会，利用 O2O 电商平台，采用产品上行全网络营销方式等，将柳城县蜜橘、牛腊巴、云片膏、葛根、铁皮石斛等农特产品营销出去。如柳城县乐村淘电子商务有限公司，自 2015 年 12 月注册成立以来，累计开发 130 家村镇体验店，覆盖全县的 12 个乡镇及 121 个行政村，2016 年线上订单交易额达 185 万元，线下交易额达 15 万元，促进贫困户人均增收 265 元。此外，柳城县还建成了柳城二维码中心，为各农特产品提供二维码设计和制作，加快产品溯源体系建设，确保农特产品质量安全，促进上行农特产品产业发展，2016 年全县农特产品上行交易额比 2015 年增长 20% 以上。

（五）桂平市"互联网+农业+合作社+贫困户"模式

桂平市通过政府引导、加大投入，建立了桂平市和众传媒电子商务一级物流中心，9个乡镇建立二级物流中心、9个行政村建立三级物流中心，形成市、乡（镇）、村三级物流配送网络，建成三级物流配送网点19个，在39个贫困村建立了电商服务及配送网点，占建档贫困村的25.82%，实现了市内26个乡镇和主要行政村物流配送全覆盖。同时，开展电商扶贫培训，建立电商企业孵化制度，鼓励桂平市龙头电商企业就近选择贫困户定点帮扶，采取"互联网+农业+合作社+贫困户"的模式，通过"线上与线下相结合"，利用各大电商平台进行农产品网络销售，助力产业扶贫。如桂平市汇鑫百香果种养专业合作社，登记所帮扶贫困户家中的土特产品种类和数量，带动周边150多名贫困群众加入"线上与线下相结合销售百香果"的队伍，通过企业营销渠道，协助贫困户销售农特产品。

第四节　巩固提升电商扶贫效能

虽然广西的电商扶贫发展取得明显成效，但是由于底子差、基础薄、起步晚，还面临许多制约因素和困难，如对电商扶贫认识不到位、电商品牌意识不强、贫困地区宽带网络覆盖率低、农村物流配送"最后一公里"亟须解决、电商三级服务体系功能配套还不健全、电商营销组织化规范化服务薄弱、电商扶贫模式缺乏可持续性等一系列问题，特别是农村普遍面临"工业品下乡易，农产品进城难"等困境。从长远来看，电商扶贫仍是未来解决相对贫困问题和实施乡村振兴战略不可缺少的助推器，下一步仍要紧紧抓住国家"互联网+"战略深入推进以及实施电商扶贫工程的机遇，把电子商务和电商扶贫作为振兴乡村活力、拉动农村经济增长、实现农民增收致富的重要引擎和主要抓手。

一　加大宣传培训力度，进一步提升农村电子商务认知水平

电子商务是激活农村经济、扩大当地特产销路和带动农民群众增收致富的新途径，电商技术和市场迭代升级速度非常快，要加大宣传和培训力度，进一步提升干部群众对农村电子商务的认知水平，普及电子商

务知识与技能，开发农村产品上行通道。通过多种途径宣传电子商务的做法及经验，可请电商企业和网店成功人士现身说法，通过推广选"网红"为家乡代言等方法，利用"社群经济""网红经济"特点，吸引在校大学生、第一书记、大学生村官、农村青年等参与电商扶贫工作，为县域电商培育一批创业精英，从而带动和激发群众发展电商的热情，从农产品生产到收购、包装、宣传、邮寄、销售等所有环节都营造出人人可参与电商的环境，创造发展电商的良好氛围。

二 构建特色电商产业体系，打造区域性电商产业集中区

推进有本土特色的"互联网+"电商扶贫产业体系构建，通过推动线上与线下相结合、传统与新兴相结合、引导与规范相结合，带动贫困县贫困村制造业、服务业、农业、乡村旅游业等实体经济发展，推动传统产业转型升级，实现农村一二三产业融合发展。继续完善县、乡、村三级全覆盖的电商体系，实施电商扶贫千店万商计划，推广"农产品供应商+产业联盟+采购企业""加工厂+农民网商""农户+网商""赶街众包快递+农村电商代购点+农户"等农村电商发展模式。结合"三品一标"申报，推动贫困村积极创建本村优势名牌产品，积极培育本地网商和优势平台，放大传统产业和电商产业红利，构建符合本土特色的"互联网+"电商产业体系。

整合资源，在河池、百色、崇左等相对贫困区域，选择条件适宜的县区来打造至少一个市级区域性电商产业主要集中区和现代物流电子商务平台。通过大力引入优势电商企业，突破人才、资金、信息基础设施等瓶颈限制，着力构建电子商务、仓储运输、物流配送等相关产业链条，形成集聚本土名特优产品、统一电商平台发布销售、便捷物流配送的电商基地，形成"互联网+"传统产业、"互联网+"现代制造业的电子商务产业主要集中区，建成面向全区乃至全国的现代物流电子商务平台。

三 鼓励创建农民工电商创业区，组建青年电商创业联盟

鼓励建设农民工电商创业园，通过强化电子商务等主导产业，引领农民特别是扶贫搬迁移民入园创业就业，享受创业园优惠政策和指导服务，实现"搬得出、有就业、留得住、能致富"的建设目标。创业园全

力打造以电子商务经营为主体的创业氛围。通过组建电商创业联盟，把一些中小电商、微商组织起来，在合作共赢中成长壮大。比如可以组建青年电商创业协会，为有志有为的创业青年搭建起与市场、社会、政府、高校、企业、媒体等交流合作、互动发展的平台，为创业青年提供创业孵化、人才推荐、金融支持项目对接、政策咨询、导师引领、教育培训等资源共享、互助、交流的服务平台。通过协会平台组建创业导师团队，为青年创业者传授创业经验，通过协会资源的整合，逐步形成具有发现优秀创业项目的能力、创业投资能力、创业孵化平台的建设能力，助力电商扶贫发展。

探索"移民新城＋电商＋双创"模式，以电子商务为引领建设农民工创业园，通过构建县、乡、村三级全覆盖的电商体系，鼓励发展线上线下相结合的电商产业模式，发展互联网金融，激发创业热情，增加就业岗位，促进富民增收，争取打造广西乃至全国"移民搬迁＋电商扶贫＋农民工创业"深度融合的示范项目，为解决移民新城后续生计提供实践案例和创新经验。

四 打造网商创业孵化基地，引导电商企业开展基地合作共建

通过政府大力扶持，强化创业孵化基地政策落地，吸引有实力的电商培训企业入驻，同时把重点电商产业园打造成当地网商创业孵化基地和全区的农民工电子商务人才培训基地。建设农民工"创客城"，为返乡农民工以及更多的创业团队和各种创客提供低成本、便利化、全要素、开放式的新型众创空间型创业孵化基地，打造孵化平台，培养农民工电子商务人才。引导互联网企业树立"分享、共享、免费、利他"的服务理念，积极分享资源和成果，善于在某些环节提供免费和利他的服务，从而吸引更多的客户和合作者。出台措施鼓励电商企业与农业企业、农户开展电商产品生产基地共建，共同来谋划和把控电商产品的生产环节，提高生产的组织化、规范化程度，提升产品质量。鼓励有条件的地区推进建设一批低成本、便利化、全要素、开放式的农户众创空间和贫困户创新创业社区。

五 鼓励打造"三品一标",提升电商扶贫产品品牌建设

建立支持申报"三品一标"绿色有机农业激励和服务体系。包括无公害产品、绿色食品、有机农产品和农产品地理标志在内的"三品一标"绿色有机农产品品牌打造,是拓宽和提升电商扶贫产品品种和品质的有效途径。广西相对贫困地区工业污染少,水和空气质量好,人均耕地少,发展高质量高附加值的无公害、绿色、有机农产品,无论是从自然环境要求还是土地产出效益来说都是最优的选择。建立引导贫困地区打造"三品一标"的激励机制,对成功申报"三品一标"的贫困县或贫困村给予特别的资金奖励和产业倾斜,引导贫困地区加强重视挖掘、培育和发展独具地域特色的优势农产品品牌,提升独特的农产品品质,增强特色农产品市场竞争力,从而促进贫困地区现代农业发展,促进富民增收。

引导和支持电商企业和产品品牌建设。实施电子商务带动名特优产品创建工程,按照"一乡一业一村一品一店"的"五个一"产业与电商融合发展思路,积极创建独具地域特点的优势名牌产品,积极培育本地网商和优势平台,放大传统产业和电商产业红利。一是着力打造电商企业文化,特别是要把电商扶贫的理念纳入贫困地区电商企业的企业文化,好的企业文化不仅可以用来界定和规范所有员工的行为习惯,激发员工的工作热情,同时也是树立企业形象,提升企业在消费者群体中的美誉度和影响力的有效途径。二是通过多种形式占领宣传平台,通过大型网站、微信朋友圈、微信公众号、QQ、微博以及各种论坛、贴吧、直播平台等宣传电商企业文化,打出品牌知名度。鼓励大型电商企业入驻淘宝网、微店、京东、1号店以及其他比较知名的专业网站,形成宣传矩阵,多管齐下,多方发力。

六 加强电商扶贫基础设施建设,完善电子商务服务体系

多方筹措资金,着力夯实基础设施,持续改善贫困村发展条件,进一步打通农村基础设施"最后一公里"。推进通村水泥路改造和农村公路安保工作,加强农村公路管养,不断完善电商物流的大交通网络基础。继续完善相对贫困地区宽带村村通建设,提高宽带接入能力,提高网络速率和服务水平;建设县域电子商务服务中心、乡镇电子商务服务站、

村电子商务服务点三级联动电子商务服务体系，特别是要加快边远地区，尤其是贫困村社宽带网络建设，完善宽带入乡进村，提升电商服务功能，实现全区行政村网络接入全覆盖并确保信号质量。推进移动通信建设工程、宽带网络建设工程、县域电子商务服务中心、乡镇电子商务服务站、村电子商务服务点、农村物流配送中心、县级电子商务示范工程、电子商务培训工程等有关电商扶贫重点工作的建设。

加强与各类专业合作社和涉农企业合作，发展农产品物流；强化产销对接服务，以知名电子商务平台为载体，培育一批"互联网+特色农业"知名品牌；支持贫困地区参与电子商务示范县建设；对贫困家庭开设网店给予网络资费补助、小额信贷等支持。加快农村物流配送体系建设，支持物流企业、电商企业"下乡"和服务农产品进城；积极与快递企业衔接，争取对内增加乡镇快递网点布局，对外调整物流中转节点布局与运输线路，进一步降低快递资费。

七 强化电商扶贫主体建设，大力培养电商人才

一是培育多元化农村电子商务市场主体。以知名电子商务平台为主要载体，搭建广西馆，引导农业龙头企业、品牌农产品经营企业开设旗舰店，推动专业合作社、种养专业户、农产品流通企业等向农产品生产、加工、包装、销售的电子商务企业发展，鼓励专业合作社、种养专业户和贫困户开设网店，拓展网络零售业务。支持贫困地区专业合作社、农产品流通企业开展生鲜农产品"基地+社区直供""基地+市场"等电子商务业务，形成多元参与的农村电商主体发展格局。

二是加强农村电商人才培训。采取"走出去、学回来、再培训、一传十、十传百"滚动培训等多种形式，对各级机关干部、村"两委"干部、大学生村官、种养专业户、返乡青年、退伍军人、本地电商企业、物流企业和合作社等开展分行业、分区域的电子商务推广应用和技能培训。帮助贫困户对接电商平台创业就业，支持电商企业免费为贫困户提供网店设计、推介服务和经营管理培训，给予网络资费补助和小额信贷支持等。

三是积极搭建电子商务培训网络学习平台。以服务外包形式委托社会专业服务机构研发和搭建"自治区级电子商务培训网络学习平台"和

各模块培训课件,支持学员特别是贫困群众通过网络学堂进行电子商务知识拓展学习。鼓励平台与电商企业深度合作,鼓励平台开放给电商企业作为人才招聘平台,以短期的订单式培训为受训学员增加实训机会,增加学员与企业双向选择的机会,提高电商人才培训覆盖率和灵活性。

四是举办形式多样的电子商务论坛和竞赛等。鼓励举办各种电商论坛、电商竞赛,可由各级商务主管部门支持、倡导或牵头主办,以服务外包形式交由行业协(商)会或社会专业服务机构具体实施,以形式多样的活动推动电商发展。每年至少举办一次专门针对电商扶贫的高端论坛,可定位为各级政府主管、行业组织、商界领袖、电商企业和专家学者的高端对话,探讨电商扶贫的理论和实践。联合高校、企业、传媒等共同开展各种形式的电子商务大赛等活动,通过竞赛活动,树立电商榜样企业,选拔优秀网商讲师。电子商务大赛竞赛形式及主题应多元创新,包含电子商务运营模式创新、团队管理、全网营销实战技巧、网店美工设计、电子商务创业模拟等,为电商人才提供展示角逐、脱颖而出的平台。

第十一章

强化农村集体经济发展

党的十九大报告明确指出:"深化农村集体产权制度改革,保障农民财产权益,壮大集体经济。"《中共中央、国务院关于实施乡村振兴战略的意见》进一步指出:"探索农村集体经济新的实现形式和运行机制。"农业、农村、农民问题是关系国计民生的根本性问题,必须始终把解决好"三农"问题作为全党工作的重中之重。要坚持农业农村优先发展,按照产业兴旺、生态宜居、乡风文明、治理有效、生活富裕的总要求,建立健全城乡融合发展体制机制和政策体系,加快推进农业农村现代化。近年来,中央一号文件都强调了探索农村集体经济多种实现形式,激活农村集体经济,激发乡村内生发展动力等问题,所有这些都为发展集体经济,壮大集体经济实力,带动农民增收发出了国家层面的统一总号令,发展壮大村集体经济迎来了前所未有的大好历史机遇。

第一节 发展农村集体经济的重大意义

一 发展农村集体经济有利于解决农村的"空壳村"

随着农村经济社会深刻变化和市场化步伐日益加快,一些地方的村级集体经济发展明显滞后,出现了大量"无钱办事,无人办事,无章理事"的集体经济"空壳村";难以保障集体资产、资源、资金的保值增效;难以实现村集体的自我发展与壮大;难以适应推进现代农业和完善乡村治理的要求。具体有"六缺":一是缺信心。农村干部群众对发展农村集体经济普遍信心不足。二是缺资金。村集体贷款融资难,起步发展面临资金瓶颈制约。三是缺政策。发展集体经济缺乏启动性政策支持。

四是缺人才。农业经营性人才匮乏。五是缺体制。村级班子三年一选导致了部分村干部的短期行为，集体经济发展很难有一个长远规划。六是缺机制。政经不分，职能错位，集体经济管理体制机制不健全。一些地方集体经营性资产归属不明、经营收益不清、分配不公开、成员的集体收益分配权缺乏保障等问题要求发展和壮大新集体经济。

二　发展农村集体经济有助于打赢脱贫攻坚战

我国公共财政没有完全覆盖到村级组织，农村的各方面更新改造和基础建设不像城市可以有充足的政府财政资金的支出，个人的自身利益最大化的追求决定了个人难以将自有资金投入于农村公共设施的建设。广西许多位置偏僻、资源禀赋不足的农村地区，存在大量的"空壳村"，村级集体经济缺乏生产所需的各项资源，并且收入极低，集体经济的优势无从发挥。不同于私有经济注重追求私人的经济利益，集体经济可以兼顾"效率"和"公平"，实践证明，在集体经济发展状况好的地区，收入差距较小。发展壮大广西村级集体经济有助于打赢脱贫攻坚战，实现乡村的振兴。

三　发展农村集体经济有利于实现贫困村与全国一起进入小康社会

当前，我国正处于全面建成小康社会的关键时期，而全面小康社会的实现，繁荣农村经济是核心，农村经济的繁荣发展壮大，村级集体经济是关键。近年来，虽然我国农村发展取得了一定成绩，但是由于各级财政实力还不强，还难以满足农村经济社会发展的投入需求，而且农村基础设施建设相对滞后，公共服务产品较为短缺，广大农民还不够富裕。这就需要发展壮大农村集体经济，弥补公共财政投入不足，改善农村和农民的生产生活环境，促进农民增收，从而确保全面小康社会如期实现。新时代，国家提出要加快新农村建设，建设美丽乡村，这是广大农民群众的迫切愿望。建设美丽新农村需要物质基础做保障，发展壮大农村集体经济就会在农村兴办企业，依据地方特色发展旅游等产业，促使第一、第二产业快速发展，这有利于增加农村收入。有了丰厚的物质基础，就可以发展公益和福利事业，就可以加强农村环境的治理，从而使农村整体环境有所改善，提高村民的幸福指数。

第二节 广西农村集体经济发展现状

一 广西农村集体经济发展的政策支持

为推动贫困村集体经济发展，广西农业厅牵头组织有关部门和单位组成部委学习组、区外调研组、区内调研组三个组，在深入开展调研、多方收集资料、广泛征求意见的基础上，起草并印发了《关于加快贫困村村级集体经济发展的意见》《广西壮族自治区村民合作社管理暂行办法》《广西壮族自治区村民合作社章程（示范稿）》等三个文件，为广西集体经济的发展指明了发展方向，同时也提供了清晰的政策引导与扶持政策。同时，自治区政府编制印发了《关于加快推进我区村级财务会计委托代理服务工作意见》《农村集体财务管理办法》《关于严格防范村级集体经济投资经营风险的通知》等针对规范广西农村集体经济运营的文件，严格村级集体经济发展项目管理，确保集体资产保值增值，确保村民利益不受损害，确保不发生系统性风险。编制了贫困村村级集体经济项目数据库，加强村级集体经济项目管理，发挥政府在自治区全区域扶贫攻坚的主导作用以及保障功能。2018年7月自治区政府发布了《关于发展壮大村级集体经济的若干政策措施》，进一步推动广西村级集体经济持续健康发展。

在吸收借鉴浙江、山东等集体经济发展领先地区的经验和教训基础上，排查了广西农村集体经济发展过程中的薄弱环节，列出收入5万元以下薄弱村名单以及空壳村名单，分年度逐村制订发展计划。加大扶持力度，出台近20条刚性支持政策，把村集体经济作为基层党建述职评议考核的重要内容。依托村民合作社，用好每个贫困村50万元集体经济发展启动资金。截至2018年9月底，全区计划2018年脱贫摘帽村集体经济年收入超过3万元的有978个，占计划摘帽村总数的67.4%。

为支撑农村集体经济产业发展，自治区统一组织建立项目库、专家库和企业库。一是建立项目库。组织贫困县推荐申报产业扶贫项目，通过专家评审和滚动管理，推出一批有前景、有特色、有较好经济效益的扶贫产业项目。目前产业扶贫项目库已征集到500多个项目，下一步将进一步增补完善。二是建立专家库。整合国家现代农业产业技术体系广西创新团队专家，组建了水稻、桑蚕、甘蔗、柑橘、茶叶、食用菌、肉牛肉羊、生猪、肉鸡、油茶等20个自治区产业扶贫技术专家服务团。在此基础上，组建14个市和54个贫困县的产业扶贫技术专家服务团。目前全区产业扶贫专家库已有5000多名专家，可根据贫困地区产业发展需求开展巡回指导、技术培训和技术帮扶。三是建立企业库。发挥成员单位行业管理职能职责，动员有一定发展基础和潜力并有意愿参与产业扶贫的企业，积极参与产业扶贫开发，目前产业扶贫企业库已有3000多家企业。

二 广西农村集体经济发展基本情况

在充分学习和借鉴区内外经验的基础上，通过大量开展调研，广西农业厅牵头提出了农村集体经济九大发展思路，即建立资源开发型、资产盘活型、服务创收型、物业租赁型、乡村旅游型、村民联动型、社村共建型、社会帮扶型、股份合作型等多种收入渠道，增加广大农民收入。据统计，截至2018年9月底，全区收入在2万元以上、3万元以上、5万元以上的贫困村分别达到3371个、2844个、1446个，占全部贫困村的比重分别为67.42%、56.88%、22.92%。可见，农村集体经济的发展为广西农村经济繁荣、生活水平提高做出了卓越贡献。

三 广西农村集体经济发展主要措施及成效

（一）深入推进"千企扶千村"行动

为更好地发挥市场对农村集体经济发展的带动和引领作用，同时也为了处理好市场需求与农业生产的衔接环节，广西深入推进"千企扶千村"行动。以企业库和项目库为基础，开展"千企扶千村"活动，推进企业与贫困村对接，构建"政府+企业+贫困村+项目"的产业扶贫格局。通过千家企业对接帮扶千个贫困村，示范带动和帮助贫困村、贫困户，发展"一村一品"或"一村多品"特色产业，想方设法支持企业带信息、带项目、带市场、带技术等多种途径，参与农业开发和产业扶贫，积极开发贫困村优势资源，加快培育主导产业，推进产业增产增收，实现企业盈利、农民受惠、互利共赢的良好格局。

（二）产业扶持资金投入力度空前绝后

源于贫困深度的缘故，广西农村集体经济发展受到了各级财政的支持、专项发展资金的扶持以及产业发展优惠政策的倾斜，可以说，不仅广西本地区各级政府对集体经济发展投入了大量资源，同时也得到了中央以及友好省份的投资支持以及金融帮助。广西扶贫办下达2017年第一批财政专项扶贫资金共32.47亿元，各县根据扶贫责任、权力、资金和任务"四到县"要求，自主安排14.7亿元用于发展扶贫产业项目。自治区农业、林业、水产畜牧、工信、旅发等产业主管部门加大产业扶持力度，据不完全统计，2017年共安排下达54个贫困县产业扶持资金8.09亿元，其中农业、林业、水产畜牧、农垦等部门直接安排用于支持贫困县产业发展的资金，以及中央和自治区开展村集体经济试点补助资金4.47亿元；工信、旅发等部门安排到7个贫困县的13项重点技术改造项目资金，以及切块下达支持全区54个贫困县加快推进脱贫攻坚项目开发的资金3.62亿元。自治区科技厅滚动安排4640万元，支持55县区实施科技扶贫项目59个。截止到2019年6月，广西共实施扶贫产业及产业链配套设施等项目10.19万个，投资额近446亿元。

（三）广西农村集体经济发展机制

在财政补助资金扶持贫困村发展集体经济的基础上，广西确立了每个贫困村发展1个以上脱贫致富主导产业的集体经济发展战略，引导区域范围内产业发展的规模化、产业化。为解决广西严重的"空心村"问题，同时也是为集体经济发展注入新鲜血液和年轻活力，保证有一批懂生产、懂市场、懂经营的团队经营管理集体经济，在全区范围内大力实施能人带村工程，鼓励和支持贫困村本土人才回流，培养一批种养大户或经济能人，确保每个村集体经济收入达标，改善贫困落后面貌。2018年广西被评为全国产业扶贫十大机制创新典型。

第三节 广西农村集体经济发展的主要模式

一 广西农村集体经济发展方向和要求

（一）大力发展物业经济项目

引导村集体利用集体建设用地和村属集体房产，新建、改建、扩建一批用于发展一二三产业所需的服务设施等村级物业项目；扶持村级联建物业项目，依法新建或购置标准厂房、农贸市场、商铺店面、职工宿舍、写字楼、渔业码头、小型冷库等二三产业经营用房。自治区明确对各级财政支持的 200 万元以下的农村公益类小型项目，凡技术不复杂、村级能够自己组织建设的，原则上应优先安排村民合作社作为建设管护主体。贫困村集体经济方面，桂平市整合村级集体闲置房屋、铺面、水利设施、土地、池塘等资产，公开招租、引进产业项目盘活资产；金秀县结合实际积极盘活资产，将闲置的集体土地出租，提升村集体经济发展的造血功能。

（二）提高农村资源经营效益

支持村集体创办土地股份合作社，按照入社自愿、退社自由、利益共享、风险共担的原则，鼓励和引导村集体成员以土地承包经营权折股入社；支持地域相邻，资源、产业相近的行政村跨地域联动发展产业，共同出资组建经济联合体，抱团发展集体经济，发展农业适度规模经营。深化实施城乡建设用地增减挂钩，农村集体土地依法被征收为国有土地的，可按被征收土地面积的 1%—2% 作为被征地村安排村级集体经济发展留用地，或以留用地指标折算为村级集体经济发展资金等形式予以补偿。

（三）设立扶持村级集体经济发展基金

2017 年 6 月 2 日，自治区印发了《关于加快贫困村村级集体经济发展指导的意见》，明确县级财政要统筹各级资金，确保每个贫困村有 50 万元以上发展贫困村村级集体经济启动资金，撬动社会资本支持贫困村村级集体经济发展。

（四）增强农村集体服务创收能力

支持村民合作社组建工程施工队、农业服务队、运输公司、益农信息社，以及出资成立集体企业、公司制企业、合伙企业、农民专业合作社、村级网店、手工作坊、扶贫车间等经济实体，鼓励村民合作社申请注册地理标志商标、集体商标，打造村级集体经济知名品牌，拓宽了收入渠道。

（五）推进深度贫困地区脱贫攻坚

深入落实中央、自治区关于支持深度贫困地区脱贫攻坚的实施意见，着力推进住房保障、教育扶贫、健康扶贫、产业扶贫、就业扶贫、基础设施、村集体经济、兜底保障等八大攻坚工程。通过发展集中式光伏电站，实现112个贫困村并网发电，平均每村每年产生集体经济收入7200元。同时，借助专业合作社，通过村集体入股、产业项目分红等方式，有效增加村集体收入。

二 广西农村集体经济创新扶持模式

由于广西区内各市之间在经济发展水平、资源禀赋、区位优势、自然条件等方面的差异，各市在扶持集体经济发展模式以及力度上也存在极大差异。

（一）北流市"产业加法"模式

北流市创新实施了"龙头企业+合作社+贫困户"资产性收益扶贫模式、"党支部+合作社+基地+贫困户"集体经济与贫困户协同发展模式、"合作社+贫困户"互助发展模式、"乡镇统筹、能人（大户）带动、分类实施、技术指导"统筹发展等四种模式，加快了贫困户脱贫致富步伐。针对我市沿海地区贫困户零星分布的特点，为确保非贫困村的贫困户（散户）脱贫，打造"万亩豇豆、水果产业基地"，以"公司+协会+基地+贫困户""上市公司+龙头企业+合作社+基地+贫困户"的模式，带动贫困户3615户15472人种植豇豆、种水果，贫困户年增加人均纯收入1600元。基地每年吸收非贫困村贫困户15000多人次务工，年人均务工收入达2.35万元。

（二）北流市"乡贤扶贫"模式

北流市创新地推行"乡贤文化+精准扶贫"发展模式，支持成立了扶贫基金会，搭建了产业发展帮扶平台、扶智强志帮扶平台、基础设施帮扶平台、就业定岗帮扶平台、基础保障帮扶平台、生产生活帮扶平台等"六大平台"，积极引导乡贤人士等社会力量参与精准脱贫工作。近年来，乡贤力量投入公益性事业资金达4.1亿元，可以说乡贤为北流市农村经济的活跃度注入了强心针。

（三）平桂区"茶园"模式

平桂区基于茶叶产业基础，鼓励农村集体经济大力发展茶叶生产与初加工。通过以奖代补、贷款贴息等方式，每年安排资金扶持贫困村集体经济增收项目发展。从2013年起，每年拨出300万元经费，送100亩茶园给16个贫困村，茶园前期由平桂区委、区政府投资，后期管理由村委负责。目前茶园都已进入采摘期，按每亩500元收入计，这些村的集体收入能达到5万元以上。

（四）钟山县"光伏扶贫"模式

钟山利用拥有独立电网的优势，通过财政筹资292.5万元，在全县45个贫困村实施分布式光伏发电扶贫工程，交由贫困村进行管理和收益。每个贫困村投入6.5万元建设1座5—8千瓦的光伏发电系统，年收益1万元左右，可为贫困村村级集体经济提供周期长达25年以上的稳定收入来源。

（五）金秀县"生态+"产业发展模式

由于金秀县特殊的地理条件以及国家级水源保护地等限制，极大地制约了传统农业生产模式的发展，但同时超过70%的森林覆盖率优势也为金秀县产业发展提供了机遇与挑战。金秀县政府鼓励大力发展"生态+"产业，打造脱贫主导产业，形成山内乡（镇）发展"茶叶+"和"中草药+"为主、山外乡（镇）发展"水果+"为主的多套餐产业扶贫模式，形成"一村一品""一乡一品"，柑橘、野生茶、甜茶特色优势产业贫困户覆盖率达63.7%，通过"企业+基地+合作社+贫困户"的产业模式，用3年时间种植10万亩瑶药和10万亩油茶，增加农民收入，实现可持续发展。

（六）崇左市"边民经济"发展模式

崇左市利用处于边境优势，利用"一带一路"建设中节点城市的优势加大沿边开放开发力度，不断升级完善软硬件设施，创新地推行了"合作社（互助组）+贫困边民+企业+金融"模式，大力发展边贸扶贫，2018年凭祥市作为推进边贸转型升级的典型经验受到国务院通报表扬。这种模式充分调动了贫困边境居民参加互市贸易的积极性，凭祥市边贸合作社的数量也从2014年的1家扩大到2018年的18家，社员从25人增加到6382人，其中贫困社员占比达到31.02%。目前广西边境地区主要通过"边贸+基层党组织+互助组（合作社）""边贸+沿边金融改革""边贸+口岸综合服务""边贸+特色产品落地加工""边贸+电商""边贸+文化旅游"等多种扶贫模式，发挥边贸、边民优势，助力边境地区脱贫攻坚。

第四节　推进农村集体经济可持续发展

广西农村集体经济的发展还存在一些制约因素，主要表现为农村精英缺乏、人力资本稀少；资产收益分配制度不健全、存在不确定性因素；集体经济产业基础差、产业支撑不足；搭便车现象严重、政府能力有限；等等。这些不足又导致农村集体经济市场开拓能力弱、产业增收难度大、收入不稳定、参与积极性差等问题，在短期内还难以完全改善，需要在实施乡村振兴战略和构建解决相对贫困的长效机制中继续加以改进，进一步推动农村集体经济的可持续发展。

一　提升农村集体组织的乡村治理能力

发展农村集体经济，必须提升农村集体组织的乡村治理能力，乡村治理至少要在以下两个方面实现创新，否则发展集体经济就难以有保障和绩效。

一是建立完善的农村集体经济组织。2017年6月广西政府出台了《广西壮族自治区村民合作社管理暂行办法》，广西各县每个村陆续注册挂牌了村集体经济组织——村民合作社，经营管理集体资金资产资源，目的是加快村级集体经济发展，壮大村级集体经济实力。实际中，各村村民合作社组织机构设置不完善，管理委员会成员都是村两委人员担任，这样导致政经不分。只有落实政经分离制度，理顺村民合作社与村两委，避免出现村两委干部在农村集体经济中任职，确保农村集体经济管理职能独立，才能发挥集体经济组织的作用。

现在各地成立的村民合作社多数未设立监督委员会，村民合作社除了按标准制定的章程外，没有制定合作社的各项管理制度。因此，要发挥村民合作社的作用，就必须设立成员代表大会、管委会、监督委员会等相互制约相互促进的部门，成员参与制定管理制度、财务制度、收益分配制度等。要有制度保障集体经济才能正常运行，村民合作社才不至于是空架子。

二是赋予集体经济组织相对独立的发展权，健全财务管理制度。村级集体经济组织在建立过程中以及建立初期，由于扶贫工作的需要以集体经济本身规模小、竞争力弱的特点，政府参与有一定的合理性，但是在集体经济获得一定的发展后，政府继续扶持集体经济会加重财政的负担，政府部门应该厘清与集体经济的关系，逐渐赋予集体经济相对独立的发展权，让集体经济组织在参与市场竞争中提高自身的实力。要健全村级财务管理机制。各地区要严格制定村级财务管理制度，明确使用程序，对于非生产性开支要严格控制。坚持财务公开制度，一定时期要公示财务收支情况。

二 构建完善的农村集体产权制度

维护和发展农民的产权就是要赋予和保障农民享有更加充分而完整的财产权利。赋予和保护村民的产权，是新时代"三农"工作的重要任务，是保障人民对美好生活需要的基础工程，也是发展农村集体经济的重要目的。农民的财产权利可区分为集体财产权利和个人财产权利，主要包括承包地权利、宅基地和住房权利、集体资产权利以及其他财产权利。农村集体产权具有归属不清、权责不明、流转不畅、保护不严等问题，这是导致乡村衰败、制约村集体经济的重要产权因素。脱贫致富，提高乡村治理水平，必须全面深化农村集体产权制度改革，发展农民财产权利，构建归属清晰、权能完整、流转顺畅、保护严格的农村集体产权制度，助推城乡融合发展，提升乡村治理水平。

因此，贫困村要明确集体资产并量化到每个成员的权益。在坚持土地集体所有权不变的前提下，土地的使用权完全可以依法流转或转让。在承包地上，已实施"三权分置"，承包土地的所有权归集体，承包权归农户，土地经营权可以对外流转。这就实现了承包地产权的开放。而农村的宅基地、集体建设用地、集体经营性资产的股权、财政扶持资产资金等，须明确产权归属，要量化到集体每个成员，以确保成员的集体产权权能，才能实现壮大集体经济，带动贫困户致富的目标。

三 重塑农村集体经济发展的良好环境

新时代的村级集体经济发展，需要重塑四种环境，即良好的乡村政治、文化、生态、服务环境。

一是重塑乡村政治环境。没有良好的乡村政治生态，就不可能发展好农村集体经济。净化乡村政治生态，重塑乡村政治环境，关键是要将全面从严治党与全面依法治国向农村基层延伸和全覆盖，既强力反腐败，又强力反侵权，依法打击歪风邪气，着力张扬社会正气。切实加强现代公民教育，保障公民权利，提高乡村现代政治文明程度。

二是重塑乡村文化环境。1949年以来，我国乡村经历了革命性破坏与建设性破坏两次长时间的巨大破坏，传统乡村文化遭到了致命的摧残。缺乏文化支撑的乡村，也就失去了人文情怀和精神家园。重塑乡村文化环境，必须将模糊了的是非观念改变过来，使人能够明是非；将颠倒了的善恶标准颠倒过来，使人能够知善恶。发展农村集体经济，必须振兴乡村文化。重塑乡村文化环境，必须将中华优秀传统文化与现代世界的共同价值结合起来。几千年来，中国乡村有历史悠久的自治传统和自治文化，有深入人心的以儒家文化为代表的道德传统和道德文化。

三是重塑乡村生态环境。人是自然生态环境的产物，破坏了自然生态环境，也就破坏了人类生存的家园。改革开放40多年来，我国虽然取得了历史性的物质成就，但也造成了空前的生态环境破坏。农村的空气污染、水污染、土壤污染、农业污染、农产品和食品污染等触目惊心，放眼望去，山头几乎都是光秃秃的。在新时代，重塑乡村生态环境，必须改变掠夺自然资源、浪费自然资源、破坏自然资源的生产方式和生活方式，像保护眼睛一样保护生态环境，像对待生命一样对待生态环境，坚决摒弃损害甚至破坏生态环境的发展模式，让乡村的天更蓝、山更绿、水更清、环境更优美。只有在健康优美宜居的自然生态环境中发展农村集体经济，才能实现文明的可持续发展。

四是重塑乡村市场服务环境。在市场经济大潮中，村民却是以小农户的方式应对大市场。对于市场的波动和不确定性，村级集体经济需要建立相应的风险防范机制。村级集体经济在制定发展规划时，应该充分考虑市场因素，将市场需求波动等相关因素考虑在内，根据往年的情况对当年市场可能出现的变化有一个充分的估计。对于村级集体经济组织的管理人员的考核，也应将其对市场风险的防控能力作为一项重要的考核指标。村级集体经济肩负乡村振兴、带动村民提高收入的任务，如果不能有效地防范风险，可能会造成集体资产流失受损的不良后果，因此，建立风险防范机制、提高村级集体经济的防风险能力是保障集体资产保值增值的必要手段。为了减少村集体经济发展的风险，各级政府应建立完善的农业服务体系，农业技术支撑、信息服务、人才培养、农产品宣传与推销等服务体系，为村集体经济发展减少后顾之忧。

四 强化农村集体经济的土地供给保障

通过加快土地流转，为集体经济提供土地支撑。2017年中央一号文件指出要落实农村的三权分置制度，所谓三权分置，是将农村土地的所有权和承包经营权分为所有权、承包权以及经营权，从两权分置变为三权分置，是我国对土地产权改革迈出的重大一步，是农业经营体制的重要创新，承包权与经营权的分开意味着我国农民可以打消进入城市后对土地收益权的顾虑。我国的城镇化水平还不高，仍将有大量的农村人口向城市转移，在承包经营权没有拆分时，农民进城后，虽然仍享有土地的承包经营权，但由于在法律的层面上，土地的经营权利不能流转，因此当农户人口大量离开农村，土地经营权固定在转移到城市的农民所有，必然会产生农村土地不能得到充分利用甚至荒废的状况。我国适时推出了三权分置的政策，与城镇化快速推进和农村人口大量转移的客观情况相适应。

在家庭联产承包经营的体制下，土地为条块小型化，不同家庭的承包地有明显界限，家庭各自决定农业生产经营，因此农业生产方式体现为家庭小规模作业，而集体经济往往对于资源尤其是土地数量有着较高的要求，在这种小规模分散经营、土地条块分割的情况下，无疑会对集体经济的发展造成阻碍。

三权分置实施后，在制度和法律的层面上，对农户承包土地经营权的流转进行了确认。对于农户来说，迁入城市生活的农民，拥有的土地承包权不变，可以通过对土地经营权进行流转来获取收益。此外，党的十九大报告中也指出，在第二轮的土地承包期到期后，再延长30年，这意味着，农户对土地的承包权，至少到2058年不会变化，农户拥有对承包权长期稳定的预期。

随着更多的农村人口迁入城市，以及农村老龄人口的增加，家庭承包地中会出现劳动力的短缺。承包地中劳动力相对的短缺为三权分置的落实提供了现实条件，也为集体经济发展壮大和形式多样化提供了发展空间。具体来说，可以将大量农户的小块承包地进行整合，通过农户对集体经济组织流转土地经营权的方式，将土地经营权转移到集体经济组织，农户以土地入股的方式发展土地股份合作社。这种流转方式，一方面可以解集体经济组织缺乏土地资源的困境，使集体经济通过将土地整合，以规模化的生产方式降低成本，提高生产效率；另一方面可以使转移到城市的农民在拥有土地承包权的同时，通过流转土地的经营权获取收益。

农业的规模化生产虽然不是我国现阶段农业生产的主要方式，但是随着农村人口的转移、三权分置政策的落实，农业的规模化生产将是农业改革的一个重要方向，农村的集体经济组织，可以承担起规模化生产的重任。因此，虽然目前存在大量的空壳村并且许多村级集体经济组织缺乏足够的土地资源，但随着农村人口向城市转移，村级集体经济组织完全可以利用三权分置的政策，整合可以利用的生产资源，实现集体经济的发展壮大。

在土地流转中，要充分尊重农民的主体地位，在坚持家庭承包责任制的基础上，进行土地的流转，集体经济组织可以将农户土地的经营权反租或入股，创造农村集体经济发展的有利条件。

五 培养农村集体经济"带头人"和职业农民

加强行政村人力资源建设，培养"带头人"和职业农民。与城市具有的人才聚集效应不同，农村地区面临着人口流失尤其是专业管理、技术人才的流失。在广西村级集体经济发展的制约因素中，发展意识缺乏、管理能力弱以及缺乏规范的财务统计，本质上都是因为人力资源的匮乏，因此，有效发展村级集体经济，需要加强行政村经济人才的培养以及对行政村输送专业人才，使经济能人在村级集体经济发展中起到带头人的作用。

一是培养村内集体经济"带头人"。一个优秀的经济"带头人"，可以带动集体成员共同建设集体经济组织，促进集体经济的发展。村级党组织可以对村内优秀的青年人才进行考察和筛选，把有经济头脑、积极性较强的青年人才作为集体经济组织"带头人"的候选人，并及时地将相关信息进行公示，方便村民的监督。在筛选时，可以通过海选投票或其他民主方式让村级集体经济"带头人"候选人走上"带头人"岗位，带领村民一起进行集体经济的建设。针对一些农业分散经营中缺乏集体经济组织作为中介组织从而连接市场的行政村，上级政府部门可以对村领导进行培训指导提高其发展意识和管理能力，并制定行之有效的激励机制，具体可以通过奖金激励或者行政考核等方式，给予村领导发展集体经济的动力。针对行政村发展集体经济中存在的具有共性的问题，如财务管理的规范化问题，可以对这些村干部进行集中的指导培训，以较低的成本和较短的时间，解决具有共性的问题。

二是向行政村输送专业人才。在广西的贫困村，都设有挂职的第一书记职位，第一书记担负了农村党组织建设、社会稳定、扶贫工作和经济发展等任务，这类人群多为年轻储备人才，具有较强的发展意识和升迁动力。因此，可以结合各行政村的实际情况，在具备发展集体经济条件的行政村，可以赋予驻村第一书记发展集体经济的任务，或者给予对集体经济有贡献的第一书记物质或升迁方面的激励，使第一书记能够有发展集体经济的动力。农业生产技术人才的缺乏导致经济作物种植和家禽、家畜养殖的技术水平不高，难以保证生产数量和质量，并限制农民收入的提高。财务人员的缺乏使集体经济组织在资金的使用、分配等方面难以客观地展示，不仅妨碍集体经济组织成员对集体经济财务状况的知情权，而且在政府有关部门对集体经济进行调研摸底以及财政转移时，难以对集体经济的发展状况有客观真实的认识。因此，有必要向村中派遣发展经济能力的专业人才，在种植和养殖领域通过对农户进行专业的指导，帮助农户提升农产品的数量和质量。在管理方面，通过向行政村输送懂管理、有管理经验的专业人士，力求改善集体经济的管理状况，使集体经济组织的管理制度专业化和规范化。对于缺乏财务人员的行政村可以通过与会计师事务所等社会机构的合作，聘请专业人士代管集体经济的账目，堵塞财务管理漏洞。在资产评估核算和登记的基础上，对集体资产使用及日常管理作出详细规定。

三是培养懂农业、爱农村、爱农民的职业农民。农民长期以来都被视为一种身份而不是职业，农民的身份是一种被动烙上的标签，而作为职业的农民是一种主动的职业选择。村级集体经济的发展是培养职业农民的良好契机，村两委可以与高校合作，在高校农业类相关专业中选拔懂农业的人才，并借助村级集体经济的平台，赋予这类人员发挥其专业技能的机会。同时，村集体可以制定有利政策，为更多的懂农业的人才提供在农村发展事业的机会，培养一批懂农业、爱农村、爱农民的职业农民。

六 推动一二三产业融合，延长产业链

2015年12月，国务院印发了《关于推进农村一二三产业融合发展的指导意见》，提出了延长农业产业链、发展新型农业、拓展农业功能等意见。三产融合是指在农村既要有传统的种植和养殖的第一产业，还要有农产品加工的第二产业和农产品销售与服务的第三产业，这样既可以实现产品生产的源头可追溯，保障农产品安全，满足人民对绿色有机农产品的追求，又可以实现农产品从田间到餐桌上，所有环节的新增价值保留在农民手中，从而打造农业价值链，增加农民收入，真正做到农业强、农民富和农村美。广西的村级集体经济以种植、养殖为主，种养业在农业产业链中属于上游，单一的产业发展使集体经济组织只能在第一产业中获得收入。广西区内有许多地区有特色农产品，如百色杧果、桂林罗汉果、北流市百香果、横县的茉莉花等。农村如果只有传统的第一产业的种植和养殖，其收入水平不高，因为它处于产业链、价值链的最低端。因此，广西村集体可以通过发展特色现代农业，并对特色农产品进行加工和销售，同时创新农业发展的新业态，如发展亲子农业、养老农业、创意农业、户外拓展农业、婚庆农业等，延长农业产业链，提高价值链，从而提高农业的效率，提高农民的收入水平。村级集体经济可以通过参股三产融合，或者是为三产融合提供服务来增加集体经济的收入。在农产品产量较大的地区，村级集体经济组织可以打造自营的物流体系与外部市场对接，为村内农产品的销售提供更便捷的服务。通过互联网，村级集体经济组织可以将农业与网络相结合，发展农村的电商。与农户独自发展电商不同，村级集体经济可以通过联合众多农户，提高产品的销量，并通过规模化的销售来降低物流费用。村级集体经济组织在拓展农业功能方面可以发挥对内整合资源、对外宣传的作用，将农业与休闲旅游、健康养生，以及本地特色文化资源相结合，发展旅游观光产业。村级集体经济组织可以在推进产业融合、拓展产业链方面发挥作用，通过一二三产业的融合带动村集体和农户参与到二三产业中获得收入。

第十二章

广泛动员社会扶贫

广泛动员社会力量参与扶贫开发,是我国扶贫事业的一条成功经验,是我们党的政治优势和社会主义制度优势在脱贫攻坚领域的重要体现。尤其是在脱贫攻坚形势日益严峻的情况下,更加需要构建专项扶贫、行业扶贫、社会扶贫等多方力量、多种举措有机结合和互为支撑的"三位一体"大扶贫格局。党的十八大以来,广西切实把社会扶贫作为精准扶贫、精准脱贫的重要组成部分,将其列为打赢脱贫攻坚战的"十大行动"之一,积极完善相关政策措施,建立健全由定点扶贫、东西部扶贫协作、企业扶贫、社会组织扶贫和个人扶贫等构成的工作体系,探索构建政府资源与社会资源有效对接机制,促进各类扶贫资源的整合和配置,凝聚起政府、市场、社会协同推进的强大合力,助力提升脱贫攻坚工作质量,取得了显著成效。

第一节 广西推进社会扶贫的主要做法及成效

党的十八大以来,广西深入贯彻落实中央关于打赢脱贫攻坚战的决策部署,紧密结合广西实际,完善顶层设计,强化组织领导,重点在定点扶贫、粤桂扶贫协作、"千企扶千村"、"互联网+"扶贫、消费扶贫等方面创新举措,广泛动员社会力量参与脱贫攻坚。

一 加强组织领导,完善落实社会扶贫政策措施

一方面,认真贯彻落实党中央、国务院的重大决策部署。党中央、

国务院先后于2011年底、2013年底、2014年5月发布文件,① 提出了创新社会扶贫机制的要求。2014年8月1日,国务院决定从2014年起,将每年的10月17日设立为国家"扶贫日","扶贫日"期间开展的活动由扶贫办有关部门共同组织实施。这是我国广泛动员社会力量参与扶贫开发的重要制度安排。同年11月,国务院办公厅印发了《关于进一步动员社会各方面力量参与扶贫开发的意见》(国办发〔2014〕58号),广泛动员全社会各方力量参与扶贫开发,加快推进我国的扶贫开发进程。"全社会"已经成为参与扶贫开发工作的主体。此后,中央陆续出台了关于社会扶贫方面的系列政策措施。2017年10月,习近平总书记在党的十九大报告中强调"要动员全党全国全社会力量,坚持精准扶贫、精准脱贫"。2017年12月,国务院扶贫开发领导小组印发《关于广泛引导和动员社会组织参与脱贫攻坚的通知》(国开发〔2017〕12号),强调参与脱贫攻坚是社会组织的重要责任,明确了社会组织参与脱贫攻坚的重点领域,倡导和支持社会组织积极参与产业扶贫、教育扶贫、健康扶贫、易地扶贫搬迁、志愿扶贫等重点领域,支持社会组织参与其他扶贫行动,并提出具体措施办法。2018年12月,国务院办公厅印发了《关于深入开展消费扶贫助力打赢脱贫攻坚战的指导意见》(国办发〔2018〕129号),要求动员社会各界扩大贫困地区产品和服务消费,大力拓宽贫困地区农产品流通和销售渠道,全面提升贫困地区农产品供给水平和质量,大力促进贫困地区休闲农业和乡村旅游提质升级。2020年,国务院扶贫办、中央网信办、教育部、农业农村部、商务部、国务院国资委、全国工商联七部门联合发布《关于开展消费扶贫行动的通知》(国开办发〔2020〕4号),进一步落实国务院办公厅《关于深入开展消费扶贫助力打赢脱贫攻坚战的指导意见》,进一步明确开展消费扶贫的工作目标、基本原则、主要方式、规范产品认定等内容。这些政策为广西深化社会扶贫指明了工作方向,也提供了有力支撑。

---

① 2011年底,中共中央、国务院发布《中国农村扶贫开发纲要(2011—2020年)》;2013年底,中共中央办公厅和国务院办公厅联合印发了《关于创新机制扎实推进农村扶贫开发工作的意见》(中办发〔2013〕25号);2014年5月,国务院扶贫办、中组部、中央统战部下发了《关于印发〈创新扶贫开发社会参与机制实施方案〉的通知》(国开办发〔2014〕31号)。

另一方面，注重结合广西实际，完善出台配套政策措施。广西紧跟党中央、国务院的最新工作部署，及时完善自治区层面的配套政策，指导地方优化社会扶贫工作措施。2012年2月，自治区人民政府印发了《关于广泛动员社会力量参与扶贫开发工作方案的通知》（桂政发〔2012〕24号）。2015年12月3日，自治区十届六次全会通过《中共广西壮族自治区委员会关于贯彻落实中央扶贫开发工作重大决策部署 坚决打赢"十三五"脱贫攻坚战的决定》，提出举全区之力推进脱贫攻坚"十大行动"，其中就包含社会扶贫行动。2016年2月，自治区出台了两个重要政策文件，分别是包含《脱贫攻坚鼓励企业参与工业扶贫开发实施方案》的《广西壮族自治区人民政府办公厅关于印发脱贫攻坚大数据平台建设等实施方案的通知》（桂政办发〔2016〕9号），以及包含《深入动员社会力量参与脱贫攻坚实施方案》的《关于印发脱贫攻坚农村"三留守"人员和残疾人关爱工程等实施方案的通知》（桂政办发〔2016〕17号）。同时，还在广西脱贫攻坚"1+20"文件的条文规定中补充了不少激励政策，大力激发社会力量参与脱贫攻坚的积极性。2019年7月，自治区人民政府办公厅印发了《关于深入开展消费扶贫助力打赢脱贫攻坚战的实施意见》（桂政办发〔2019〕74号），广泛动员社会各界积极参与开展消费扶贫。上述这些配套政策的完善出台，大力推进了全区社会扶贫工作的深入开展。

二 强化责任担当，不断扩展定点扶贫工作

坚持实行"领导挂点、单位包村、干部包户"制度。2013年，自治区、市、县三级共落实定点扶贫帮扶单位7677个，所有国家和自治区扶贫开发工作重点县都有3个以上区直或中直驻桂单位定点帮扶，全区实现"十二五"时期3000个整村推进贫困村定点帮扶全覆盖；据不完全统计，2011年1月1日至2013年6月30日，中央、自治区、市、县（市、区）帮扶单位直接投入帮扶资金共15亿元。精准扶贫工作开展以来，广西继续加强和推进定点扶贫。

一是积极争取中央定点扶贫单位支持。高度重视中央单位定点帮扶工作，主动争取中央国家机关单位和央企更大力度的支持。2017年，24家中央单位定点帮扶广西28个国定贫困县，投入（引进）帮扶资金17.9

亿元。2019年，24家中央定点扶贫单位（其中中央国家机关5家、中央企业15家、学校及科研机构4家）负责同志到广西考察调研76人次，选派挂职干部67名；投入和引进资金12.02亿元，比2018年增加了6.99亿元；购买定点扶贫县农产品7550万元、帮助销售6289万元。

二是稳步推进领导挂点联系工作。自治区层面发布了《关于印发"十三五"时期我区联系帮扶贫困县贫困村安排表和工作职责的通知》（桂发〔2015〕27号），由省级领导干部每人挂点联系一个贫困县和一个贫困村，市县级四家班子领导成员每人挂点联系一个贫困村、结对帮扶一个贫困户。为决战决胜极度深度贫困堡垒，由党政主要领导或分管领导挂点联系4个极度贫困县，每个深度贫困县、乡、村明确1名领导联系指导。

三是扎实推进单位包村工作。各定点单位积极向贫困村派驻党组织第一书记和驻村工作队，加强贫困地区基层组织力量，并投入或引进资金助力脱贫攻坚。2017年，全区9100多家单位结对帮扶5000多个贫困村，选派5000名第一书记和3万名工作队员进驻5000个贫困村，并向382个贫困发生率在20%以上的非"十三五"贫困村增派第一书记。自治区为第一书记每人每年落实1.5万元工作经费和5万元以上帮扶经费，并从自治区层面提高工作队员驻村补助标准，改进发放办法，将驻村工作补助标准由每人每天40元提高到每人每天100元，并按实际驻村天数发放，为工作队员开展扶贫工作提供保障。截至2019年底，全区9112家定点扶贫单位共派出5379名第一书记和3.7万名工作队员驻村帮扶，投入和引进资金29.64亿元，努力做到贫困村不摘帽、贫困户不脱贫，工作队不撤走。

四是着力推进干部结对帮扶贫困户全覆盖。2016年开始，全区开展干部帮扶贫困户联系贫困生的"一帮一扶"活动，各级定点扶贫单位积极发动在职干部职工与扶贫对象结对子，通过开展精准帮扶连心日、结对帮扶月等方式，努力帮助缓解贫困户生产生活及子女教育负担，进一步实现户户有人帮、定期有人访、群众更满意。

此外，驻桂部队也积极参与定点扶贫，广西军区创新探索"扶党建帮强支部、扶教育帮提质量、扶文化帮正乡风、扶基建帮促发展、扶产业帮增收入、扶医疗帮减负担"的工作模式，加大对边境深度贫困地区的支持力度，为助推全区脱贫攻坚贡献力量。

三 制定落实优惠政策，深入推进"千企扶千村"活动

一是持续完善支持民营企业投入扶贫的引导性、激励性政策措施。自治区人民政府于 2016 年 2 月出台了鼓励企业参与工业扶贫开发、动员社会力量参与脱贫攻坚的政策文件，进一步完善民营企业参与脱贫攻坚的优惠政策。如，财政支持方面，自治区财政每年筹措 1 亿元，扶持贫困地区本市以外新引进且带动贫困户增收的劳动密集型、农林产品初加工和产业链配套等中小微企业发展，加大基础设施建设补贴、贷款贴息和信用担保等支持力度，允许各市、县参照自治区政策加大对本地原有重点扶贫企业的扶持；税收优惠方面，除国家限制和禁止的企业外，在贫困地区以利用当地资源为主投资新办的法人工业企业，从其取得第一笔主营业务收入所属纳税年度起，给予 5 年免征地方分享部分的企业所得税优惠；扶贫项目建设用地方面，开通审批"绿色通道"，在贫困县降低工业用地出让金标准，经审批可按《全国工业用地出让最低价标准》的 10%—50% 执行，等等。通过此类措施，创新引导、服务民营企业参与脱贫攻坚战行动，带动更多贫困群众实现脱贫和发展。

二是积极组织引导民营企业参与脱贫攻坚。按照全国"万企帮万村"精准扶贫行动的部署要求，结合广西实际制定了《关于贯彻落实"万企帮万村"工作部署 推进"千企扶千村"精准扶贫行动的实施意见》，统筹协调 16 个相关部门建立落实民营企业参与脱贫攻坚优惠政策的联席会议制度，联动开展"千企扶千村"活动。2014 年 10 月，自治区党委统战部、自治区扶贫办、非公有制经济组织和社会组织党工委、工商联启动实施"千家民营企业扶助千个贫困村"活动，计划用 6 年时间，组织全区 5000 家以上有实力的民营企业和商会组织，结对帮扶 5000 个以上贫困村。近年来，广西"千企扶千村"活动得以大力推进，取得了明显的成效，2018 年，全区 4908 家民营企业结对帮扶 5364 个贫困村（含摘帽村），实施帮扶项目 1.09 万个，投入（引进）帮扶资金 27 亿元；发展至 2019 年，全区共有 9480 家民营企业参与帮扶 8091 个村，实施帮扶项目 2.3 万多个，总投资超 35 亿元，组织民营企业参与帮扶数居全国第二位。

三是加大国资国企帮扶贫困地区发展的工作力度。自治区国资委整

合全行业资源，强化扶贫绩效考核，着力推进帮扶贫困地区特色产业发展、惠民保障、教育就业、消费扶贫、粤桂扶贫协作等工作。据不完全统计，截至2019年上半年，23家自治区直属企业定点帮扶全区14个市109个贫困村，实施重点项目242项，新增绿化面积892047平方米，新增硬化道路218.79公里，建设公共服务设施132个，解决饮水困难26774人，资金投入13647.95万元，参与旅游开发公司5家，参与扶贫合作社122家，新增扶贫经济效益1798.77万元。

四 健全联动工作机制，有序推进粤桂扶贫协作和区内对口帮扶

一是有序推进粤桂扶贫协作。2011—2013年，广东每年帮扶广西财政资金3500万元（含广州、东莞两市财政资金），在百色、河池两市实施23个整村推进示范村建设，建设内容涉及危房改造、村屯道路、文化活动室、沼气池、学校、产业开发等。此外，广东每年还投入广西150万元用于扶贫领导干部培训及协作交流等项目，2011—2012年举办扶贫领导干部培训班4期，培训349人；两省区经贸合作签约项目3410项，协议合作投资3439.84亿元，实际到位资金3626.8亿元；广西向广东转移就业人数达53.94万人次，劳务输出纯收入64.728亿元，进一步推动广西扶贫开发进程。精准扶贫开展以来，广西继续重视做好粤桂扶贫协作工作，相关部门和市、县、区主动做好对接工作，配合做好广东省对口帮扶工作，争取广东更大的帮扶力度。广东、广西签订了《"十三五"时期粤桂扶贫协作框架协议》《2018年粤桂扶贫协作重点工作备忘录》，印发了《粤桂扶贫协作和区域合作工作清单（省级层面）》，加强在结对、产业、劳务、新农村建设、教育、医疗卫生、旅游、人才支援交流、青年公益、开放开发等10个方面开展扶贫协作。广东省安排深圳、湛江等5市所辖县（区）结对帮扶广西8市33个国定贫困县（片区县），广西82个乡镇、106个贫困村（社区）与广东省有关乡镇（街道）、社区建立结对帮扶关系。广西相应出台13条粤桂扶贫协作优惠政策。从2018年开始，广东省财政每年安排广西33个贫困县的帮扶资金从每年每县1000万元增加到3000万元。截至2019年，粤桂两省（自治区）党政主要负责同志带队互访对接，召开粤桂扶贫协作联席会、工作座谈会，部署和推进工作，双方互派干部298人次、专业技术人才3577人次挂职交流学习，

广东省2019年度安排财政帮扶资金17.76亿元，同比增加6.85亿元；281家广东企业到广西结对市县投资120.72亿元，带动6.89万贫困人口增收；全区22.34万贫困人口通过劳务协作实现就业。

二是全面推动区内对口帮扶工作。《中共广西壮族自治区委员会、广西壮族自治区人民政府关于加强"十二五"时期社会扶贫工作的意见》要求，"十二五"期间，区内经济较发达的南宁、柳州、桂林、梧州、防城港、钦州、北海、玉林、贵港9个市结对帮扶贫困程度较深的百色、河池两市11个贫困县，并与对口帮扶的贫困县签订帮扶协议。"十二五"期间，这9个市无偿援助结对县帮扶资金共7400万元，帮扶项目除了开展整村推进示范村建设，还涉及干部交流、产业开发、旅游、经贸、文教卫体社会事业等。进入脱贫攻坚阶段以来，广西继续实行区内经济条件较好的设区市结对帮扶1—2个贫困程度深、脱贫难度大的县，加大帮扶力度，提高帮扶成效。主要采取南宁市帮扶靖西市和那坡县，钦州市帮扶乐业县，玉林市帮扶凌云县，贵港市帮扶西林县，柳州市帮扶罗城仫佬族自治县和都安瑶族自治县，桂林市帮扶巴马瑶族自治县，梧州市帮扶大化瑶族自治县，北海市帮扶东兰县，防城港市帮扶凤山县的区内结对帮扶方式，帮扶市每年在受助县建设1个脱贫攻坚示范村，无偿援助每个示范村的财政帮扶资金不少于300万元，受助县要主动协调推进项目，按时完成项目建设，确保发挥效益。此外，南宁、柳州、桂林、梧州、防城港5市还开展了市内对口帮扶贫困县的工作。据不完全统计，截至2018年6月，全区跨市对口帮扶市落实帮扶资金6600万元；5个设区市组织辖区内15个城区开展对口帮扶17个县，共投入财政帮扶资金8000多万元，实施了一批基础设施、公共服务设施、产业扶贫等项目，受益群众达12万人。

五 优化组织引导和服务，凝聚多方力量参与脱贫攻坚

一是完善社会力量精准帮扶机制。重视推进"互联网+"精准扶贫，加强建设信息平台和服务网络，及时发布社会扶贫援助和求助信息，依法公布社会扶贫项目，实现社会扶贫资源与贫困村（屯）、贫困户帮扶需求精准对接。认真落实中央关于"构建社会扶贫信息服务网络、探索发展公益众筹扶贫"要求，凝聚自治区党委组织部、广西非公经济组织和社会组织党工委、自治区商务厅、自治区扶贫办、广西团区委、广西电视台、广西扶贫基金会等部门单位，以及广西中烟工业有限责任公司、中国邮政集团公司广西分公司、天海"互联网+"研究院等众多爱心机构的力量，开发上线运营"微助八桂"互联网+精准扶贫公益平台，为广大爱心人士向贫困群众提供双向互动、精准对接、快捷直达、全程透明的爱心微助搭建便捷渠道。2018年8月27日，正式挂牌成立中国社会扶贫网广西管理办公室，积极推动中国社会扶贫网在全区的推广使用，覆盖全区贫困群众，促进"互联网+"社会力量与精准扶贫的有效对接，提高平台公信力，助推脱贫攻坚工作。截至2019年12月，全区中国社会扶贫网注册人数达219万人。

二是积极开展"扶贫日"主题活动。自2014年首个全国扶贫日设立以来，自治区将每年10月份作为全区的"结对帮扶行动月"，全方位、多形式、多层次开展扶贫日系列活动，助力打赢脱贫攻坚战。例如，2016年开展主题为"扶贫济困，你我同行"的扶贫日活动，设置了"第一书记"扶贫农产品展示会，集中展售200个贫困村的1000多种优质扶贫产品，组织第一书记、合作社、种养基地与200家超市、100家餐饮企业对接，号召广大市民关注脱贫攻坚。2017年，自治区、市、县三级全面开展"结对帮扶行动月"活动、自愿扶贫捐赠活动、扶贫日集中宣传活动、专项特色扶贫活动，发送扶贫日公益宣传短信，发布《十八大以来广西脱贫攻坚十件大事》等。再如，2018年，围绕"加强作风建设，聚焦深度贫困"主题，自治区层面开展写一封致父老乡亲的信、"结对帮扶行动月"、自愿扶贫捐赠、粤桂扶贫协作大型募捐、"三方"见面、"党旗领航·电商扶贫"、贫困村特色农产品展示会、行业部门开展专项特色扶贫活动等8个方面活动。又如，2019年，开展300家在全区"万企帮万村"精准扶贫行动中表现突出的民营企业表彰评选，各级定点扶贫单位组织自愿捐款，粤桂民营企业消费扶贫对接暨广东民营企业扶贫项目考察活动，消费扶贫行动，精准帮扶"三方"见面，中国社会扶贫网募捐和推广活动，"扶贫日集中宣传周"活动，深化拓展社会扶贫效果。2019年，全区"扶贫日"募集帮扶资金达3.6亿元。

三是深入开展社会力量精准帮扶系列活动。充分发挥自治区扶贫开发工作领导小组成员单位作用，大力培训农村实用人才、农业职业经理人、青年农场主、新型职业农民等，举办"党旗领航·电商扶贫""我为家乡代言"等系列活动，实施乡村振兴"返乡人才创业"行动、"农村建档立卡贫困户家庭高校毕业生就业帮扶行动"，开展"啃下硬骨头·共同奔小康"扶贫故事走乡村巡演活动等，精心组织国有企业、民营企业、两新组织、民主党派、机关企事业单位和驻桂部队，以及劳模、技术能手、青年企业家、妇女和残疾人等参与脱贫攻坚工作，奏响八桂脱贫攻坚"大合唱"。同时，鼓励社会各界参与农村"三留守"和残疾人的关爱活动。

四是加大社会扶贫宣传力度，多措并举推动社会组织和个人参与脱贫攻坚。鼓励社会组织、慈善团体、扶贫志愿者等，通过实施扶贫项目、提供技术服务、组织医疗和灾害援助、开辟就业渠道、开展社会工作、提供志愿服务、爱心捐助等方式参与精准帮扶。据不完全统计，2016—2018年，全区开展扶贫志愿服务的团队有3062个、2.1万人，总服务时长约104万天，其中2018年开展扶贫志愿的团队有1083个、0.8万人，总服务时长约36.2万天。2019年，全区参与脱贫攻坚的社会组织有3万多个，共投入资金2.1亿元。

六 探索创新有效形式和载体，大力实施消费扶贫行动

消费扶贫是社会各界通过消费来自贫困地区和贫困人口的产品与服务，帮助贫困人口增收脱贫的一种扶贫方式，是社会力量参与脱贫攻坚的重要途径。广西在消费扶贫方面进行了大量探索实践。

一是建设全国首个"第一书记扶贫产业园"。2015年10月，在自治区党委组织部基层办和第一书记管理办公室的领导下，由自治区人大驻德保县"美丽广西"乡村建设（扶贫）工作队发起、广西铭旋兴投资有限公司投资建设、广西菜进万家供应链管理有限公司负责运营的广西第一书记扶贫产业园开工建设，首期投资8000多万元。该产业园依托广西扶贫创业产业发展联盟，以"农民脱贫、政府分忧、企业发展"为出发点，旨在建立一个全区扶贫产品集中流通和统一展示"第一书记"扶贫成果的巨大交易平台，重点解决全区6500个第一书记项目产品终端出口、消费者食品安全、农业物流、小微企业融资难和商家"最后一公里"配送等一系列难题，让全区各地的"第一书记"扶贫产品通过这个平台走

向全国，在全国范围内开创了社会力量参与脱贫攻坚的新模式。产业园区以社会民营力量为主，运营团队由20多个企业负责人组成，形成庞大的扶贫资源平台。该产业园在2015年10月开园初期就吸纳了广西自治区内外400多家爱心企业签约入驻。经过一年多的发展，产业园就已经建成扶贫农产品体验馆、扶贫培训院、扶贫书画院、"一县一厅"展厅、电商楼一条街等硬件设施，并着力打造包括科技扶贫、培训扶贫、产业项目扶贫、大商贸扶贫、金融扶贫等5项功能在内的典型亮点功能。针对一些扶贫农产品的滞销问题，产业园还多次组织参与"爱心救市"活动。到2016年底，报名入驻产业园区的爱心企业就已突破1000家，形成一个巨大的扶贫资源库，为5000个贫困村及在扶贫一线工作的数千名"第一书记"提供资源输出，助力脱贫攻坚。

二是创新推进"爱心公益超市"建设。"爱心公益超市"属公益性非营利商店，主要通过财政投入为其提供基础保障，由各县（市、区）积极发动帮扶单位、帮扶责任人、爱心企业及社会慈善人士捐款捐物，实行政府主导、社会支援、村级管理的运作模式。广西在推进这一超市的过程中，鼓励各县（市、区）制定符合当地特色的管理制度，切实解决"物资从何而来""怎么做好宣传""日常怎么管理""台账怎么做""以后怎么干"等问题。例如，崇左市出台《崇左市扶贫公益"爱心超市"长效管理运作工作方案》，截至2018年6月，就已经创建扶贫公益"爱心超市"330多家，实现"爱心超市"乡镇全覆盖，其中宁明县实现"爱心超市"覆盖所有村屯，累计收到社会各界捐赠850多万元，惠及"爱心超市"所在地群众达25.2万人。又如，融安县以东西部粤桂扶贫协作为契机，通过招商引资或鼓励当地能人在贫困村、易地搬迁小区创建一批"扶贫爱心超市"，截至2019年12月，创建爱心超市17个，帮助贫困群众销售农村产品，解决农产品销售难题，并创新积分方式，激发了建档立卡贫困群众脱贫内生动力。

三是深化开展消费扶贫行动。2019年7月，自治区政府办公厅下发《关于深入开展消费扶贫助力打赢脱贫攻坚战的实施意见》，明确提出要拓宽贫困地区农产品销售渠道，提升贫困地区农产品供应水平和质量，推动贫困地区休闲农业和乡村旅游加快发展，助力打赢脱贫攻坚战，推进实施乡村振兴战略。其一，组织机关和国有企事业单位开展消费扶贫行动，主要开展直供食堂活动、定向采购活动、优先选购活动，鼓励各级机关、国有企事业单位、金融机构、大专院校、城市医疗及养老服务机构等，每年认购贫困地区农产品数量不低于年消费农产品总量的20%，组织职工在同等条件下优先采购贫困地区产品，优先到贫困地区旅游等。其二，广泛动员社会各界参与消费扶贫行动，通过建立粤桂消费扶贫协作机制、鼓励民营企业参与消费扶贫、引导社会力量参与消费扶贫、掀起消费扶贫活动热潮等方式，推销和拓展贫困地区产品和服务。其三，全力拓展贫困地区流通渠道，建立产销对接机制，大力开展贫困地区农产品进高校、进企业、进机关、进园区、进社区、进商超、进电商、进电视、进深加工等"九进"行动；深入开展展销行动，多渠道推介贫困地区特色产品；深入推进电商扶贫优化升级，完善物流集散体系，促进贫困地区农产品销售降低物流成本、提高收益水平。其四，着力提升贫困地区产品供给水平，通过建立交易服务平台、提升农产品加工能力、培育新型农业经营主体、着力打造特色品牌、加快推进旅游扶贫等举措，拓宽贫困群众收入渠道，确保稳定增收。截至2019年12月，通过推进消费扶贫，全区累计销售贫困地区农副产品650多亿元，带动100多万贫困人口增收。着力打好产业生态牌、绿色牌，打造粤港澳大湾区的"米袋子""菜篮子""果园子"，2019年粤桂消费扶贫活动帮助采购、销售广西贫困县特色农产品196亿元，带动23.18万贫困人口增收，销售额和带贫数分别同比增长703%和616%。

第二节 广西推进社会扶贫的经验与启示

在推进脱贫攻坚与构建社会扶贫大格局的良性互动中，广西社会扶贫取得了显著成效，为推进全区脱贫攻坚工作发挥了积极作用。在全社会通力合作下，广西识贫扶贫脱贫精准度大力提高，脱贫攻坚力量更加充实，解决极度深度贫困问题的社会扶贫基础进一步筑牢，也为实施乡村振兴战略、2020年后解决相对贫困问题积累了工作经验。

一 重视解决社会各界参与扶贫开发积极性不高的问题

在较长一段时期内，有些地方把动员社会各界参与扶贫开发工作当作阶段性任务，工作随意性大，对扶贫开发工作的长期性、复杂性、艰巨性认识不足。由于"村企共建"的政策保障体系不完善、受国家宏观政策的影响等原因，一些发展比较好的企业对履行社会责任、参与扶贫开发也不够主动。相当一部分贫困群众受传统观念影响，脱贫意识低，依靠政府和社会扶持的"等、靠、要"思想仍然存在。针对这些问题，广西善于在总结经验中进行探索创新。一是加强监督检查。监督检查了"领导挂点、单位包村，干部包户"工作责任制的落实、区内对口帮扶的落实、村企共建工作的开展等情况，完善定点扶贫工作考核评价体系。二是加大宣传力度。注重加大社会扶贫成果宣传力度，及时总结社会扶贫工作的新举措、新机制、新经验和新成效，提高扶贫单位和扶贫对象对扶贫开发工作的认识，不断增强全社会关注脱贫攻坚、支持脱贫攻坚、参与脱贫攻坚的责任感和自觉性，并充分发挥贫困户的主体作用。三是加强同社会各界的沟通联系。积极加强与社会各界的广泛沟通和联系，主动做好各项服务和协调工作。四是完善村企共建政策体系。根据企业不同的帮扶模式，逐步建立健全符合贫困地区发展实际、体现扶贫开发特点、发挥企业扶贫优势的政策体系。同时对民营企业参与的建设项目，创造宽松的经营和融资环境，减少民营企业的投资风险，充分调动他们参与扶贫开发的积极性。

二 重视解决扶贫对象"精准性"与社会资源"盲目性"之间的矛盾

脱贫攻坚背景下精准识别贫困户，是开展精准扶贫与精准脱贫的必要前提，识别准确与否决定了整个扶贫工作是否有针对性和有效性，这表明扶贫对象须有"精准性"。而社会帮扶主体是多元的，所提供的帮扶资源也是多渠道、多元化的，在某种程度上意味着一定的无序性和"盲目性"，比如一些慈善组织都将资金、物资等投向同一个典型，造成了扶贫资源的浪费。针对这些问题，广西充分运用"互联网+"社会扶贫方式，通过"爱心帮扶""电商扶贫""扶贫众筹""扶贫展示""扶贫评价"等多个板块的应用，有效实现贫困户与爱心企业和爱心人士的对接。注重加强社会力量精准扶贫机制建设，不断完善社会资源与精准扶贫对接机制，确保各类资源衔接顺畅，最大限度地发挥资源综合效用。

三 重视解决贫困地区先天资源劣势"阻滞性"与社会资源流入要求"顺畅性"之间的矛盾

广西贫困地区普遍存在资金、技术、人力、组织等资源匮乏现象，迫切需要社会多渠道资源的帮扶。而一种社会资源要进入扶贫领域，首先会考虑流向地的先天禀赋，即使是救助式扶贫的最终目标也希望有效益的产出。社会资源参与脱贫攻坚，需要依托具有"顺畅性"的载体来维持其生存和流通，优化各类资源整合配置，才能实现资源效用的充分发挥，进而激发更多资源持续追加的动力，汇聚形成新的扶贫资源流。但是，有的贫困地区思想相对封闭，存在排外观念，生态环境非常脆弱，自然灾害频繁发生，甚至缺乏社会资源进入和扶贫项目落地的基本条件，其"阻滞性"特点与社会资源流入的"顺畅性"要求形成鲜明矛盾。针对这些问题，广西在原有政策的基础上，不断完善优惠政策措施，强化市场导向，持续优化营商环境，进一步加大企业参与脱贫攻坚的政策扶持力度。同时，加大投入力度，着力完善贫困地区的基础设施建设，建立健全相关工作机制，全方位加强宣传，消除干部群众的误解，为社会扶贫资源投入搭建多种渠道和平台。

四 重视解决脱贫摘帽任务"计划性"与社会扶贫形势"多变性"之间的矛盾

广西贫困人口基数大、范围广，要到2020年实现全面脱贫目标，每年都要稳步实现约100万人脱贫摘帽，必须科学制定精准脱贫摘帽攻坚计划，严格倒排任务。而社会扶贫形势是动态变化的，在推进的过程中会面临种种困难和问题。例如，2016年，广西计划脱贫摘帽8个贫困县（区、市），但受经济下行压力加大、产品市场行情变化、自然灾害禽畜疫情等多维因素的共同影响，最终只实现了4个贫困县脱贫摘帽。针对这些问题，广西结合建档立卡贫困户"回头看"，对包括社会扶贫在内的脱贫攻坚工作措施进行调整完善，根据脱贫攻坚形势变化，重点加大定点扶贫、粤桂扶贫协作、"千企扶千村"等方面的工作力度。例如，为了攻克极度深度贫困堡垒，广西不断深化定点扶贫工作，出台专项支持政策，除了每年额外安排每县5000万元、每村200万元，还特别增派1名以上驻村工作队员。

五 重视解决政府绩效评价目标"短期性"与社会扶贫目标"长期性"之间的矛盾

在脱贫攻坚过程中,广西强化设区市党委和政府扶贫开发工作成效的考核,通过"短期性"绩效目标的考核促进倒逼机制的形成,大部分地区是做得好的。这是总体的判断。但也要看到,一些地区迫于绩效考核压力和政绩目标驱使,存在弄虚作假、"数字脱贫"、"强行脱帽"等现象。事实上,贫困群众自我发展能力的塑造、扶贫脱贫效果的形成和巩固,都具有长期性;社会扶贫是社会资源与贫困资源相互结合的过程,其益贫作用的发挥也需要经历一段时间,短期行为容易造成返贫现象的出现。针对这些问题,广西加强前瞻性分析研判,注重总结前一阶段社会扶贫工作经验,在探索建立巩固脱贫攻坚成果长效机制中加强社会扶贫工作成效的评估,及时做好相关政策的调整完善,确保各项工作措施精准到位、推进有力、抓出实效。

第三节 持续动员社会力量参与解决相对贫困

实践证明,社会扶贫能够从政策、思想、资金、物资、技术、信息等方面给予扶持,更有利于完善扶贫资金筹集、人力资源支持、扶贫资源整合、扶贫机制创新等综合措施,破解贫困地区的发展瓶颈,对减贫事业作出了积极贡献。未来的社会扶贫将从传统转向多元化发展,更加注重整合多渠道的资源,所形成的强大扶贫合力也将助推相对贫困问题的解决。今后还要继续推进动员社会力量的工作创新,进一步挖掘社会扶贫资源的增量,加快凝聚起巩固脱贫攻坚成效的强大合力,进而推动乡村振兴战略的实施,更加有效地解决相对贫困问题。

一 完善社会动员机制,拓展凝聚社会力量的广度与深度

一是加强社会力量参与解决相对贫困问题的价值引导。做好新形势下中央、自治区关于"三农"工作的政策宣传阐释,倡导解决相对贫困

"人人皆愿为、人人皆可为、人人皆能为"的价值理念,夯实社会力量参与解决相对贫困问题的认同基础。大力培育和弘扬社会主义核心价值观,充分利用"扶贫日""中华慈善日"等机会,加强舆论引导,营造全民参与解决相对贫困的良好氛围,激发社会各界参与解决相对贫困的热情。

二是积极搭建广泛动员社会力量的渠道和平台。创新"互联网+"思路,进一步加强推广"中国社会扶贫网"试点经验,优化升级"微助八桂"互联网+精准扶贫公益平台。有效发挥政务微博、手机 App、QQ 群、微信等新媒体平台、广播电视台、报纸杂志以及自治区党委和政府各相关部门官网的作用,实现线上线下动员、新旧媒体动员的无缝衔接,拓展动员渠道和范围。

三是重视提升动员社会力量的工作效能。将解决相对贫困能力纳入干部培训范畴,尤其要加强社会扶贫方面的培训,培养一支具备较高社会动员素质和能力的人才队伍,充实动员社会力量参与解决相对贫困问题的工作力量。建立健全社会动员协作分工机制,调整政府的职能定位,明确各个主体在社会动员中的责任,防止出现推诿现象或腐败风险,保障社会动员的工作质量。

二 畅通资源整合渠道,提高社会帮扶资源的融合度

一是进一步深化细化东西部扶贫协作、定点扶贫,发挥其在动员社会力量中的示范引领作用。继续做好主动沟通服务,完善协作机制,推动粤桂扶贫协作框架协议的内容落实,加强项目对接的平台和载体建设,增强东西部扶贫协作资源传递的准确性、有效性。加强定点帮扶,引导各级定点帮扶部门完善自身职能,当好对口帮扶区域的参谋助手,创新扶贫资源筹集模式,拓展社会帮扶资源的来源。

二是充分运用互联网等现代科技,挖掘和整合企业、社会组织、个人的资源优势。依托建档立卡工作成果,加强数字化改造升级,进一步完善优化社会扶贫需求对接信息平台,重点丰富企业、社会组织、个人等社会扶贫资源的供给信息,促进各类资源的顺畅流通与有效衔接,避免资源投入的盲目性和随意性。继续推广"空中农贸市场"电商扶贫模式,建立贫困户与企业的利益联结机制,创新"公司+基地+农户""公司+合作社+农户"等合作模式,促进贫困资源、社会资源与市场资源

的有机整合。

三是完善社会扶贫资源配置机制，提高供需对接的精准化水平。建立困难地区的需求和资源供给调查制度，在摸清困难对象需求的基础上，做好各种社会资源的归类、分析和筛选，为急需帮扶的对象找准资源。特别要规范政府与社会组织的资源衔接，防止出现项目交叉或资源浪费等现象，充分发挥政府的引导作用和市场的资源配置作用，尽可能提高社会帮扶资源的配置效度。

三 完善统筹协调机制，强化社会扶贫工作的组织管理

一是建立政策规划协调对接机制。自治区层面加快制定2020年全面脱贫后广泛动员社会参与解决相对贫困问题工作规划，引导市、县两级结合本地实际制定配套措施，强化主管部门的总体规划和资源协调功能，实现与经济社会发展规划、相关专项规划等相衔接。妥善处理好上位规划与下位规划、长期规划与阶段性规划的关系，切实发挥规划的政策协调、统筹引领等作用，促进社会扶贫工作有序化开展。

二是建立领导决策和组织管理机制。明确职责，充分发挥扶贫工作领导小组的组织协调作用，强化其在工作推进过程中的领导决策权，同时压实各专责小组的工作责任，抓好社会帮扶工作的组织管理。探索完善纵深推进社会帮扶工作专责小组及其管理办法，规范帮扶程序，对社会各方面资源进行统一管理归口，提高工作推进的统筹性。

三是建立健全社会扶贫帮扶协调联动机制。进一步完善部门间协作机制，强化联席会议制度、例会研讨制度等，及时协同社会资源整合、配置等方面的不同意见，提出解决问题的办法。建立政府与企业、社会组织、合作社以及扶贫志愿者等的协调联动机制，加强政府与社会各界之间的信息沟通、资源共享，着力构建政府、社会、市场协调推进、组织有序、运行高效的社会扶贫工作新格局。

四 加强动态考核评估，增强社会力量助推解决相对贫困的工作实效

一是构建社会扶贫成效综合评价体系。探索完善东西部扶贫协作、定点扶贫、企业扶贫、社会组织扶贫、个人扶贫及其他类型社会扶贫的

资源投入考核指标体系，进一步完善和细化资金、人力、项目、技术、赈灾救济等指标。继续创新评价方式方法，综合评价社会扶贫的政治效益、经济效益、文化效益、社会效益和生态效益等，形成科学性评估报告，及时向社会公布，接受社会各界的监督。

二是完善政府社会扶贫工作绩效的监督与考核。建立健全专业化社会扶贫工作绩效评估小组及其运行规范，主要负责计量核准各部门上报的扶贫投入总量，监测社会扶贫资源动员、传递、整合情况以及目标群体受益情况，将评估结果纳入扶贫开发绩效考核范畴，形成社会扶贫责任倒逼机制，提高各级领导干部的重视程度。但也要注意处理好短期目标考核与中长期目标考核的关系，防止出现急功近利行为。

三是推进实施社会扶贫第三方监测评估。构建政府购买扶贫服务机制，进一步拓展社会力量参与巩固脱贫攻坚成效的政策完善、措施改进、项目实施、资金安排、绩效考核、脱贫验收等环节的渠道，厚植第三方监测评估的发展土壤。积极实施第三方监测评估，动态考核社会扶贫进展效果，构建政府监督、行业监督、社会监督相结合的监督体系，提高社会扶贫的公信力和影响力。

四是引导社会组织完善内部治理结构。社会组织已经发展成为推进社会扶贫工作的主力军，其规范化程度影响着社会扶贫工作的精准化水平。因此，要积极引导社会组织按照中央和自治区扶贫政策的相关规定，加快完善内部治理结构，定期进行自我评估和检查，不断提升对巩固脱贫攻坚成效、推动乡村振兴的服务质量。

第十三章

脱贫攻坚成效监测与评估

广西作为全国脱贫攻坚的主战场之一，与全国同步进入到啃硬骨头、攻坚拔寨的冲刺期和实现全面建成小康社会目标的关键期。为确保到2020年如期实现全面脱贫目标，广西必须有序化、精准化地推进贫困县、贫困村脱贫摘帽和贫困户销号退出，避免造成经济社会发展隐患和社会矛盾冲突。在这个过程中，只有科学有效地监测与评估，才能保障贫困县、贫困村和贫困户退出的合理性和公信力。因此，做好脱贫攻坚成效监测与评估，成为决战决胜脱贫攻坚的关键环节。为提高脱贫攻坚成效，广西在把握新时代脱贫攻坚新形势新要求的前提下，不断进行实践探索和创新，持续改进和完善脱贫攻坚成效监测与评估体系，确保了全区脱贫攻坚的工作质量，也为2020年全面脱贫之后解决相对贫困问题提供了诸多成功经验。

第一节 广西脱贫攻坚成效监测与评估的基本原则

党的十八大以来，随着精准扶贫精准脱贫方略的深入实施，全国扶贫开发进入了脱贫攻坚新阶段。打赢脱贫攻坚战，既不能搞"数字脱贫""被脱贫"，也要避免出现"不愿摘帽""争戴贫困帽"现象，否则就不是真扶贫、扶真贫。因此，建立健全脱贫攻坚成效监测与评估体系，是打赢打好脱贫攻坚战的必然要求，是及时反馈信息和动态调整扶贫战略的必要前提，是提高脱贫攻坚精准度和惠民率、确保如期脱贫的有力保障。广西在落实脱贫攻坚成效监测与评估过程中，始终坚持贫困状况监测与扶贫成效评估并重、统计监测与评估主体多元化、成效监测与评估指标体系化等基本原则和要求，确保成效监测与评估有序地推进。

一　坚持贫困状况监测与扶贫成效评估并重

《中国农村扶贫开发纲要（2011—2020年）》实施之初，各地扶贫统计监测的任务是调整、建立有代表性的农村贫困监测调查网点，对扶贫开发工作重点地区生产条件、资源禀赋、生活水平、收入来源及构成等进行动态监测，客观、准确、及时地掌握扶贫开发重点县贫困人口和不稳定脱贫人口生活质量情况。精准扶贫精准脱贫基本方略实施后，完善监测调查制度，加强对中央和自治区扶贫政策、扶贫资金落实情况和农户参与情况，以及扶贫项目实施效果的监测与评估，成为广西各地扶贫开发工作的关键环节。广西坚持在科学总结前两个阶段工作成果基础上，完善农村贫困监测数据质量评估制度，构建反映复杂贫困状况和扶贫开发成效的综合指标体系，将贫困户、贫困村、贫困县的基础数据、扶贫措施、扶贫项目、扶贫计划、扶贫资金等纳入监测与评估范围，做到贫困状况监测与扶贫成效评估并重，监测资料与扶贫成效公开透明。

二　扶贫统计监测与评估主体多元化

宏观层面看，脱贫攻坚是一项系统性工程，需要构建区域协作以及社会多方参与的"大扶贫"格局，全面提升脱贫攻坚的速度与效果。脱贫攻坚成效监测与评估作为这项系统工程的关键环节，也需要充分发挥社会各界在扶贫统计监测与评估中的作用，形成多方力量与多种模式有机结合、互为支撑的工作网络体系，切实提高扶贫成效监测与评估的公信力和权威性。随着脱贫攻坚的不断深入，扶贫政策红利不断释放，扶贫资金叠加效应不断增强，扶贫项目覆盖范围不断扩大，仅仅依靠传统考核方式已经难以实现对扶贫成效的全面性评估。在推进统计监测与评估过程中，广西坚持创新监测与评估方式，引进多元主体参与脱贫攻坚成效监测与评估，以适应扶贫统计监测与评估实现自身可持续发展的需要，满足脱贫攻坚决胜期提出的更高要求。

三 扶贫成效监测与评估指标体系化

作为一项系统性工程，脱贫攻坚涉及扶贫开发政策的方方面面，以及财税金融等相关领域，在兼顾各项改革系统设计、统筹试验、协同推进的前提下，争取更好的制度创新绩效，才能为脱贫攻坚提供更强劲的动力。从多维贫困视角分析建档立卡扶贫对象的致贫因素，广西因病、因残、因学、因老、因灾、因规制等致贫原因错综复杂。面对这种状况，广西坚持运用系统性思维来把握结构性贫困特征，并以此为基础实施分类指导、因户施策、精准帮扶。可以说，将系统性思维贯穿于精准扶贫与精准脱贫整个进程的始终，更有利于脱贫攻坚工作成效的提升。较之于以经济收入为单项指标的传统贫困衡量标准以及不够完善的扶贫成效监测与评估指标，脱贫攻坚形势下的多维动态复杂贫困状况，迫切要求脱贫攻坚工作由传统思维转向系统思维，全方位监测与评估贫困状况、扶贫成效。与之相适应，广西脱贫攻坚成效监测与评估指标也坚持体系化发展，实现了定性分析与定量分析相结合。

四 脱贫成效监测与评估动态化和差异化

脱贫攻坚成效监测与评估离不开贫困监测与评估，贫困监测与评估离不开贫困标准，其范围随着贫困标准变化而表现出动态性。关于贫困标准，国际有一个通用标准（称为极端贫困标准），由世界银行发布，旨在评估全球贫困状况及各国减贫进展，从而为全球减贫设定目标。当前，最新的国际扶贫标准是每人每天 1.9 美元。我国现行扶贫标准是 2010 年不变价年人均纯收入 2300 元，按照购买力平价换算为 2.2 美元，略高于国际扶贫标准，每年也将根据当年农村低收入居民生活消费价格指数进行调整。但是受经济下行压力影响，我国扶贫标准增幅减缓，2013 年是 2736 元，2014 年是 2800 元，2015 年是 2855 元，2016 年是 2952 元，2017 年是 2952 元，2018 年是 2995 元，2019 年是 3218 元，与同期全国农民人均纯收入增幅差距越拉越大。这就要求我们对脱贫攻坚成效监测与评估范围进行相应拓展，研究扶贫标准增长机制，根据经济社会发展趋势制定高于国家贫困标准的扶贫标准。广西坚持体现脱贫攻坚成效监测与评估范围的动态性和差异性，结合实际调整扶贫标准，从 2016 年开始调整贫困标准，2016年是3100元，2017年是3300元，2018年是3500元，2019年是3700元，形成了监测与评估标准动态化和差异化的长效机制。

总之，进入脱贫攻坚新时期，我国扶贫工作全面转向解决区域性贫困，扶贫统计监测范围大规模调整，贫困监测评估与扶贫成效监测评估关联性越来越强，两者结果一致能更加真实地反映出脱贫攻坚的综合效果。与此同时，广西贫困状况也变得更加复杂，单一的监测与评估方法已经不能适应脱贫攻坚工作要求，综合权衡贫困地区实际情况，择优选择科学可行的脱贫攻坚成效监测与评估体制机制成为现实抉择。

第二节　广西脱贫攻坚成效监测与评估的主要做法

广西结合脱贫攻坚新要求和地方特色，建立了较为完善的精准脱贫摘帽核查验收标准和认定程序，并不断结合脱贫形势进行微调，侧重考核脱贫指标完成情况，从过程与结果上反映脱贫攻坚工作成效。

一　建立健全精准识贫扶贫脱贫工作体系，力促全面从严到底

围绕习近平总书记提出的"扶持谁""谁来扶""怎么扶""如何退"的要求，广西严把贫困人口入口关、帮扶关和退出关、考核关，切实把精准贯穿于识贫、扶贫、脱贫及考核全过程，建立了相对科学可行的精准识贫扶贫脱贫机制，进一步增强了脱贫攻坚工作效能。

一是严把入口关，确保识别精准。先后在2012年、2014年进行了两次贫困户识别和建档立卡。2015年10月至2016年1月，进一步设计18类98项指标，组织25万人，采取"四合一识贫法"，对2000万农户进行了入户评估打分，按县划定贫困户分数线，实行"八个一票否决"，开展农户联合财产检索，最后识别出634万贫困人口、5000个贫困村、6.94万个自然村（屯）、2.46个移民搬迁村（屯）并建档立卡，有效解决了扶贫对象精准问题。此后，还根据实际情况做好建档立卡动态调整，有效防止"漏评""错退"现象。一方面，积极开展脱贫人口"回头看"。如，2019年，组织15万名干部进村入户，共排查出脱贫监测户

2.08万户8.58万人、边缘户3.37万户12.4万人,两类对象占全区贫困人口总数的3.31%。另一方面,做好动态管理。2019年,新识别贫困人口37户134人,人口自然变更减少1.46万人。核实核准建档立卡数据信息,修正数据1440.86万条。

二是严把帮扶关,提高扶贫效率。加强定点扶贫和驻村帮扶,实行"一帮一联",坚持因村因户因人施策,建立"一户一册一卡"模式,推进脱贫攻坚"八个一批""十大行动",广泛动员社会力量帮扶,真正扶到点上、扶到根上、扶出实效,提高了贫困群众的获得感。同时,紧密结合脱贫攻坚形势变化和要求,部署重点工作,集中力量攻克各种新矛盾新问题。例如,针对扶贫开发任务重的非贫困县、非贫困村、非贫困户中生活困难人员,专门出台帮扶方案,安排专项资金,创新开展"三非"支持工作,防止出现扶贫领域新的不公平问题。再如,为全面贯彻落实习近平总书记关于扶贫工作的重要论述和对广西工作的重要指示精神,着力破解影响实现"两不愁三保障"的突出问题,按照"核心是精准、关键在落实、确保可持续"要求,积极推进脱贫攻坚战三年行动,全面打响"四大战役",持续打好"五场硬仗",扎实开展"五大专项行动",取得了显著的脱贫攻坚新成效。

三是严把退出关,保障脱贫质量。严格贫困退出标准,对国家"两不愁三保障"标准进行量化细化,转换成群众看得见、摸得着又可衡量、能考核的指标,形成具有广西特色的贫困户"八有一超"、贫困村"十一有一低于"、贫困县"九有一低于"脱贫摘帽指标体系,每个指标都有具体内容、量化目标及验收标准,体现了中央从严从稳、高质量脱贫的内在要求。同时,明确贫困户、贫困村、贫困县退出程序,建立县自查、市复查、自治区核查的贫困退出认定工作机制,层层审核把关。其中,贫困户脱贫实行"双认定",即由乡镇组织由乡村干部、第一书记、驻村工作队及帮扶联系人组成的验收工作组,按照自治区统一设计认定流程,对照"八有一超"标准,逐户入户核查,逐个指标验收,填写"双认定"验收表,贫困户户主和验收工作队员、帮扶联系人在验收表上签字确认,既确保退出标准及程序统一规范,又让脱贫成效得到群众认可,经得起历史和实践检验,做到脱真贫、真脱贫。

四是严把考核关,做到赏罚分明。完善出台设区市、贫困县、非贫困县扶贫开发成效考核办法,设计了一整套考核指标,突出考核脱贫成效,注重平时成绩,进行综合评价,防止突击迎考,客观、全面地评价市、县扶贫工作。积极引入第三方机构,对设区市扶贫成效进行第三方评估,将评估结果作为综合评价的重要依据。

二 持续完善精准脱贫摘帽核查验收标准,确保科学有序退出

一是完善贫困户脱贫摘帽"八有一超"标准。"八有"指有稳定收入来源且吃穿不愁、有住房保障、有基本医疗保障、有义务教育保障、有安全饮水、有路通、有电用、有电视看;"一超"指年人均纯收入稳定超过国家扶贫标准(2010年2300元不变价,并结合实际调整当年自治区层面的最低扶贫标准)。具体脱贫指标下设相应验收标准,结合脱贫攻坚形势变化和要求进行相关标准的调整和完善,2016—2020年五年间均作了不同程度的调整。

二是完善贫困村脱贫摘帽"十一有一低于"标准。"十一有"指有特色产业、有住房保障、有基本医疗保障、有义务教育保障、有安全饮水、有路通村屯、有电用、有基本公共服务、有电视看、有村集体经济收入、有好的"两委"班子;"一低于"指贫困发生率低于3%。具体脱贫指标下设相应验收标准,结合脱贫攻坚形势变化和要求进行相关验收标准的调整和完善,2016—2020年五年间均作了不同程度的调整。

三是完善贫困县脱贫摘帽"九有一低于"标准。"九有"指有特色产业、有住房保障、有基本医疗保障、有义务教育保障、有安全饮水、有路通村屯、有电用、有基本公共服务、有社会保障;"一低于"指农村贫困发生率低于3%。脱贫指标下设相应验收标准,结合脱贫攻坚形势变化和要求进行相关验收标准调整,2016—2020年五年间均作了不同程度的调整。

总体看来,广西贫困户、贫困村、贫困县脱贫摘帽标准是正相对应的,以县为单位整体推进精准扶贫,31项脱贫摘帽指标可以整合归纳为15项(即有稳定收入来源且吃穿不愁、有特色产业、有住房保障、有基本医疗保障、有义务教育保障、有安全饮水、有路通村屯、有电用、有电视看、有基本公共服务、有村集体经济收入、有社会保障、有好的"两委"班子、年人均纯收入稳定超过国家扶贫标准、贫困发生率低于

3%），具有较强的科学性、可行性、可操作性。

三 全面落实脱贫攻坚责任倒逼机制，强化工作责任落实

一是落实督查制度。自治区成立两个脱贫攻坚督查组，每周一至周四，以随机暗访方式，不打招呼，直接进村入户开展督查暗访。督察组每周五结束督查工作之后，及时将督查暗访情况形成督查专报。2019年，广西还首次采取了以交叉方式，开展脱贫攻坚大督查和年终市县扶贫成效考核。暗访组每周不打招呼、不设路线开展暗访。

二是实行协调制度。按照"问题不过周"原则，县级事权范围内无法解决的问题上报市级协调，市级无法解决的上报自治区协调，自治区、市、县（市、区）扶贫开发领导小组每周组织研究和协调解决下级报送的脱贫攻坚问题并行文答复。

三是实行"红黑榜"通报制度。用"红头"简报通报表扬好的做法和经验；用"黑头"简报通报批评，责令市、县整改，并适时回访。对多次上"黑榜"或回访发现问题不整改、整改不到位的，通过媒体曝光，启动问责机制。

四 严格扶贫开发绩效考核机制，保障脱贫整体质量

2016年，根据脱贫攻坚工作实际，结合国家新部署、新要求，广西修订完善了《广西壮族自治区设区市党委和政府扶贫开发工作成效考核办法》《广西壮族自治区县级党委和政府扶贫开发工作成效考核办法》等办法，进一步科学设置考核指标，综合评定市县扶贫成效，切实将行业扶贫、定点扶贫及打好脱贫攻坚"五场硬仗"内容纳入了绩效考核，传导压力，推动工作开展。从2017年开始，为深入贯彻落实习近平总书记关于实行最严扶贫考核评估的重要指示精神，按照国务院扶贫开发领导小组关于开展扶贫领域作风问题专项治理的通知和2017年省级党委和政府扶贫开发工作成效考核实施方案的要求，广西将设区市、贫困县、非贫困县扶贫成效考核及扶贫对象脱贫核验四合为一、同步进行，减轻基层迎检负担，一把尺子量到底，统一时间、统一标准、统一程序，以最严要求开展实地核查，倒逼脱贫攻坚责任、政策及工作落实，防止考核走过场，严查扶贫领域形式主义问题。

五 探索建立巩固脱贫攻坚成果长效机制，谋求可持续发展

广西积极创造条件加强前瞻性研究，统筹抓好短期任务与长期稳定发展。一方面，落实兜底保障措施。如，2019年将符合条件的138万贫困人口纳入农村低保，年人均补助标准4480元；提高重度残疾人护理补贴、困难残疾人生活补贴标准，两项标准均提高至每人每月80元。另一方面，制定广西巩固脱贫成果精准防贫实施办法，实行线下线上排查，落实专人监测，发现风险及时预警、动态帮扶，着力防止返贫致贫。同时，积极鼓励全区各地结合实际完善精准扶贫脱贫措施，探索建立防止返贫致贫预警长效机制，为全区乃至全国提高脱贫攻坚质量提供有效的实践经验。如，2019年贺州市平桂区按照"规范流程、清单处置、预警干预、长效管理"的工作模式，积极开展"返（致）贫预警对象评估处置"工作，厘清扶贫过程中的各方责权利，明确监控干预的办法，有效规避了贫困户和生活困难非贫困户的认定问题，并针对家庭贫困的实际情况制定反贫困政策。经过近两个月的努力，平桂区脱贫攻坚各项考核指标从贺州市靠后上升到市第一位。

第三节 广西脱贫攻坚成效监测与评估的宝贵经验

精准扶贫与精准脱贫深入实施之后，广西精准识贫扶贫脱贫的整体效果大大提升。2016年6—7月，在国务院扶贫开发领导小组组织的对中西部22个省（区、市）精准扶贫成效第三方评估中，广西综合得分、贫困人口识别准确率均居全国第一位，贫困人口退出准确率、帮扶工作群众满意度分别位列全国第二、三位；2016—2018年，连续三年在省级党委和政府脱贫攻坚成效考核中获得"综合评价好"的等次。这是对广西脱贫攻坚工作整体部署和落实成效的高度认可，也是对脱贫攻坚成效监测与评估方法科学有效性的一种检验。可见，广西脱贫攻坚成效监测与评估的经验做法值得继续坚持，亦可提供借鉴。

一 完善符合本地实际的扶贫成效监测与评估指标体系

我国地区经济发展水平不均衡,自然条件环境差异很大,社会发展各不相同,只能按照各地的具体情况,根据可持续发展的原则和要求,合理设置符合本地区实际情况的扶贫成效监测与评估指标体系。广西在建立扶贫成效监测与评估体系的过程中,对于评估指标的设立都考虑到了本地区的实际情况。广西的贫困状况与其他省份既存在共性,也存在差异性,其贫困人口在致贫原因、家庭结构、贫困状况、生产生活条件、收入水平、发展需求与其他省份都不一样,必须根据实际情况实施差异化的帮扶措施。广西在设置扶贫成效监测与评估指标体系时,充分考虑各项指标是否能反映本地区脱贫攻坚的真实状况,而不是生搬硬套其他省份的指标体系,因而确保了脱贫质量。

二 重视对扶贫"效益外溢"的评估和扶贫绩效的沟通管理

扶贫"效益外溢"主要是指扶贫资金或扶贫项目所产生的效益没有全部落实在贫困线以下的真正的贫困人口身上,其中一部分被贫困线以上的非贫困人口所享受。对于"效益外溢",必须设置严格的容忍度。这个度,至少包括每个扶贫项目的选择、每笔扶贫资金的投入必须是与扶贫直接相关的,扶贫的受益人也必须绝大多数是贫困线以下的贫困群众及贫困线附近徘徊的低收入人群。广西把家庭当年人均纯收入的变化作为首要考核指标,这是注重扶贫政策带来的经济绩效的做法。同时,也注意考量扶贫资源对改善公共基础设施(如安全饮水、安全用电、安全住房、入户道路硬化等)和提升公共服务(如就业技能培训、基本医疗保障、义务教育保障、住房安全保障等)等方面的成效,实现了对扶贫"效益外溢"的评估和对扶贫绩效的沟通管理。

三 尽可能提高扶贫成效监测与评估结果的准确性、可应用性

扶贫成效监测与评估结果是衡量脱贫攻坚成败的重要参考,必须注重结果的准确性和可用性。2016年2月,中办、国办印发的《省级党委和政府扶贫开发工作成效考核办法》,要求考核工作从2016年到2020年,每年开展一次,对中西部22个省份党委和政府扶贫开发工作成效进行考

核，评估指标的数据来源主要是扶贫开发信息系统、全国农村贫困监测等官方数据。由于监测评估工作的复杂性和专业性，广西参照其他省份的做法，在扶贫成效评估方面引入了第三方评估，评估机构由扶贫开发领导小组委托有关科研单位和社会组织构成，负责评估考核的工作人员，全面地进行一系列的考核标准、考核办法、考核信息收集、考核结果反馈、评估以及综合运用等方面的专门培训，在考评方式上采取专项调查、抽样调查和实地核查多种方式对相关考核指标进行评估，使评估结果公正、客观、规范，得到的脱贫指标数据更可靠、信息更真实，最终把评估结果应用于后续扶贫资源的调配及干部的选拔任用当中。这种做法取得了很好的实践效果。

四　构建利于及时处理反馈信息和动态调整扶贫措施的体制机制

广西对国家"两不愁三保障"标准进行量化细化，形成具有广西特色的贫困户"八有一超"、贫困村"十一有一低于"、贫困县"九有一低于"脱贫摘帽指标体系。而这些脱贫指标完成情况要得到真实反映，还需依托科学的动态监测与评估机制。在脱贫攻坚实际中，扶贫政策及项目的实施需要一定周期，并且实施的效果和影响也并非在短时间内显现，针对这一情况，广西不断改进和完善脱贫攻坚成效监测与评估体系，及时发现政策执行及项目实施过程中存在的问题和困难，并形成有效的信息反馈机制，为动态调整精准帮扶措施、巩固提升扶贫脱贫成效提供数据支持和科学依据。广西还针对帮扶对象考核及退出实施连续监测、动态管理的措施，使扶贫监管和开发部门能够及时了解群众脱贫和返贫的最新情况，有针对性地调整帮扶计划，取得了显著的扶贫脱贫成效。总之，广西在深入推进精准扶贫与精准脱贫的实践当中，不断完善利于及时处理反馈信息和动态调整扶贫措施的体制机制，有效提高了精准扶贫效率与精准脱贫质量。

第四节　完善脱贫成效监测与评估长效机制

自脱贫攻坚战打响以来，广西贫困人口数量大幅减少，贫困群众生产生活条件明显改善，困难群众持续发展机会大大增加，全区到2020年如期实现全面建成小康目标指日可待。但是，从长远来看，"贫困退出"并不表明永远地消除了贫困，相对贫困问题仍需持续深入探索解决。解决相对贫困问题、实施乡村振兴战略仍然是我国后小康时代农村工作的重要内容。因此，广西今后还要探索完善巩固脱贫成果长效机制，建立困难群众定期排查、监测预警机制以及相对贫困对象识别、返贫认定、退出认定和动态管理机制，拓展巩固脱贫成效，推进扶贫领域治理体系和治理能力现代化。

一 完善巩固脱贫成效监测与评估的框架设计

（一）完善巩固脱贫成效监测与评估的瞄准机制

对于整个巩固脱贫成效监测与评估体系而言，科学可行的框架设计，可以为其相关体制机制的建立和完善提供规范性指导。最简单的框架，至少包括指标体系和与之相适应、相配合的评估方式方法体系，而这两者的建立必须以精确的瞄准机制为基础，最关键的因素就是贫困线识别标准。一是尽快调整贫困线识别标准。考虑到建档立卡以及精准帮扶是一项庞大、复杂的工程，成本较高，建议尽快将识别标准调至更高水平。二是研究建立扶贫标准增长机制。从多维、动态角度看，我国的贫困标准是单维度、静态的，解决的只是贫困地区、贫困人口面临的"贫"的方面，而未能真正全面、系统地反映贫困地区、贫困人口的"困"的方面。要继续创造条件加强相关前瞻性研究，在科学监测与评估脱贫成效的基础上，综合国内外理论与实践经验，提前做好相对贫困及其政策优化的预测与评估，提高脱贫攻坚可持续性水平。三是着眼于脱贫攻坚工作实际和未来发展，改进基层贫困监测，探索建立适应新形势的贫困监测指标体系，为完善巩固脱贫成效多维动态监测与评估指标体系提供参考，加快形成动态准确的相对扶贫目标识别和瞄准机制，提高监测与评估工作效率。

（二）完善巩固脱贫成效多维动态监测与评估指标体系

广西原有贫困人口的地域分布相对集中，这些地区生存环境恶劣、常规自然资源和经济资源匮乏、基础设施相对薄弱、发展要素缺乏、群众自我发展能力低。因此，要建立健全覆盖农户、村、县的微观、中观、宏观三个层面的相对扶贫成效监测与评估体系，提升统计监测指标的深度和广度，拓展巩固脱贫成效监测的内容和范围，完成全面脱贫后相对贫困人口规模与分布、贫困程度的测量、区域性贫困与发展的评估等任务。一是完善低收入农户指标追踪、致贫因素缓解状况、扶贫项目及政策落实情况，实现巩固脱贫攻坚成效监测精细化管理。二是完善低收入农户集中村的教育和医疗负担、致贫因素、生产资源、劳动力等相关指标，为有针对性地开展结对帮扶和项目帮扶提供依据。三是完善相对贫困县贫困类型、特征、相对贫困人口流动等相关指标，为开展区域性相对贫困解决工作做好前期服务。除了从宏观层面对县级巩固脱贫攻坚成效监测与评估指标体系之外，还需结合相对贫困解决的工作实践进行检验和改进、完善，各指标赋值及规范化处理，建议各县结合本地实际进行大胆创新。

(三) 创新巩固脱贫成效动态监测与评估的方式方法

一是继续贯彻落实源头数据现场采集制度，把好数据入口关。建立健全数据质量监控机制，实现从源头数据到汇总数据全过程质量控制，不断提升监测统计数据的准确性和权威性。二是推广使用月回忆记账等统计监测方法，提高统计监测与评估效率。在统计方法上，年末会议记账太过粗陋，日记账成本过高、工作量大，权衡之下，建议采用月回忆记账的监测方法，易于操作又不失准确性。同时，在对农户增收等情况进行调查与监测时，要做好感情沟通，尽可能减少虚报收入现象。三是通过课题招标等形式做好数据深度分析，提高监测与评估结果的科学性。积极搭建专家参与平台，发挥"智慧众筹"优势，充分利用监测调查获取的基础数据资料，开展数据分析研究和咨询工作，为政府改进帮扶措施、巩固脱贫成效提供决策参考。四是建立巩固脱贫成效监测与评估的大数据支持机制，增强数据的高维计量性以及可分析性。运用信息共享平台，提高同点到达、同步动态监测与评估的效率，实现巩固脱贫攻坚成效监测与评估的智能化管理。

二 完善巩固脱贫成效监测与评估目标管理机制

(一) 完善以识别低收入农户为核心的监测与评估机制

有效的巩固脱贫成效监测与评估，应以低收入农户为首要管理目标，与其相关的监测与评估机制也需结合实际进行完善和改进。一是进一步推进低收入人口识别和建档立卡工作。建立和完善低收入农户的动态监测信息系统，准确把握这类群体发展意愿变化，明晰区域发展要素资源禀赋差异，清晰测度已有生产发展资源利用效率，找准"贫"根，寻对"困"源，在此基础上进行精确目标监测及其收入状况动态评估，提高监测与评估的有效性。二是建立健全针对特殊困难对象的扶贫成效监测与评估机制。尤其要重视对老弱病残等弱势群体帮扶效果的监测与评估，为实现低保线与扶贫线"两线合一"、低保制度与扶贫制度的有效衔接提供最真实的数据支持和事实支撑，充分发挥"低保政策兜底一批"的重要作用，全面提高巩固脱贫成效的效果。三是建立以贫困动态监测为基础的风险预警机制。重点监测生产生活条件脆弱性较高的对象，根据有效监测与评估得出的收入水平、受灾返贫概率等因素评定风险等级，构建针对性较强的自然灾害监测、评估、预警和应对机制，最大限度地降低受灾风险和返贫风险。设置有效防控返贫风险方面的相关指标及系数，纳入巩固脱贫成效的考核范围，形成风险监测与成效评估相互约束机制。

（二）优化精准扶贫项目的跟踪监测与评估机制

扶贫项目的进展情况及实际效益直接反映出脱贫成效的高低，是巩固脱贫成效监测与评估的重点目标。要通过优化扶贫项目的跟踪监测与评估机制，不断完善广西巩固脱贫成效监测与评估的目标管理。一是建立健全扶贫项目监测与评估管理制度。扶贫项目监测与评估水平的提高，有赖于政策制度的完善。因此，要进一步完善广西脱贫攻坚扶贫项目监测与评估管理办法，从管理主体、责任主体、管理程序等方面，规范扶贫项目监测与评估管理。二是完善扶贫项目过程性监测与评估机制。重视扶贫项目前期论证、评估和审批，以及扶贫项目实施进度、质量、资金到位情况和规范使用情况等跟踪监测，确保扶贫项目顺利实施并取得预期效益或倍增效益。三是规范扶贫项目验收制度。特别要强化扶贫项目结项后的跟踪监测机制，使得扶贫项目的效果评估更具可持续性、更加客观合理。要从自治区级、市级、县级、乡镇级四个层面，设置专业独立的扶贫项目监测与评估机构，形成既统一又有特色的扶贫项目监测与评估制度、方法和功能，推动扶贫项目绩效监测评估体系化和乡村振兴网络化建设。

（三）完善涉农资金分配使用管理的监测与评估机制

扶贫资金分配使用方向对贫困人口和贫困地区的瞄准精度，在很大程度上影响了扶贫资金的使用效率，直接影响着精准扶贫和精准脱贫的实际效果。脱贫攻坚任务艰巨繁重，所需资金规模比以往任何一个扶贫阶段都要大，新阶段面临各种现实或潜在问题，都要求各类扶贫资金精准配置到最需要的地方上去，实现效益最大化。脱贫攻坚阶段，中央和自治区先后出台相关新政策，支持贫困县开展统筹整合使用财政涉农资金试点，从制度上为财政涉农资金统筹整合松绑，同时也要求相关监测与评估机制及时补位。可以说，无论是以往的扶贫开发、当前的脱贫攻坚还是今后的乡村振兴，对涉农资金整合效率、使用效率、投入产出效益等监测与评估，必然成为今后我国"三农"工作发展的一个重要经验，对今后如何整合涉农资金来集中解决瓶颈制约问题、如何准确评估资金整合使用成效，提供了有益的探索和先进的经验。下一步还需要多途径完善配套体制机制，不断改进专项扶贫资金及其他涉农资金使用成效监测与评估的有效性和精准度。一是建立健全符合广西发展实际的财政扶贫资金管理监测信息系统，不断完善自治区级、市级、县级财政扶贫资金管理与监测机制。二是完善扶贫资金专项监测与评估程序，形成规范化、制度化的资金监察机制，避免在资金统筹整合、分配使用管理过程中出现扶贫资金"漏出"。三是完善涉农资金管理监测系统预警和反馈机制，与脱贫攻坚数据大平台实现无缝对接，及时反馈财政扶贫资金投向情况、使用情况以及对应扶贫项目实施情况，形成科学性评估报告，既要提高巩固脱贫成效监测与评估的及时有效性、公开透明性，又要督促涉农各相关部门合理规范使用各类涉农资金，创新举措提高涉农资金的使用效率，大力推动农村农业发展项目的顺利实施，提高乡村振兴发展成效。

（四）强化党委和政府扶贫开发绩效的考核与评价机制

进入脱贫攻坚决胜期，如何实现精准扶贫与科学扶贫、内源扶贫的有机结合，如何提高扶贫资金配置效率和使用效益，引导和放大扶贫资源，推动贫困人口和贫困地区减贫脱贫，成为政府、社会、群众等共同面对的难题。而如何做好脱贫攻坚成效监测与评估，也成为必须解决的问题。我国扶贫开发工作历经救济式扶贫、开发式扶贫、综合式扶贫和攻坚式扶贫等阶段，极大地促进了减贫效果。在任何一个扶贫开发阶段，党委和政府都起到不可替代的引导作用，其取得的扶贫开发绩效历来是评估扶贫整体成效的重要内容。尤其在决胜脱贫攻坚的新阶段，党委和政府扶贫开发绩效的高低，直接影响着脱贫攻坚战的成败。为确保全国共同打赢脱贫攻坚战，中共中央办公厅、国务院办公厅出台了《关于省级党委和政府扶贫开发工作成效考核办法》（厅字〔2016〕6号），加强对省级党委和政府扶贫开发工作成效的考核。以此为参照，广西也结合本地实际印发了《广西壮族自治区设区市党委和政府扶贫开发工作成效考核办法（试行)》（桂办发〔2016〕36号），把扶贫成效作为首要考核内容，相关考核指标设置较为科学合理，可操作性强。这些都为当前和今后巩固脱贫攻坚成效，解决相对贫困问题奠定了扎实基础。建议继续以强化党委和政府扶贫开发绩效的考核与评估机制为基础，进一步完善干部考核与脱贫成效评估互补机制。一是强化和完善考核体制建设。把解决相对贫困成效纳入地方经济社会发展考核体系，同时也纳入有关行业部门和职能部门的考核体系，建立各地区、各部门、各行业都来参与和关心扶贫的制度化、长效化机制。二是完善考核体系和考核指标。建立和完善考核机制中的目标动态调整机制，根据贫困形势的发展变化，适时调整各类考核指标，但也要注意考虑基层的实际能力。三是进一步完善考核方法和程序。将上级组织对下级组织考核与下级对上级的评价紧密结合起来，通过第三方评估提升考核机制实施效果的真实性和认知度。

三 完善巩固脱贫成效监测与评估工作推进机制

（一）建立巩固脱贫成效定期调查与研讨机制

广西完善巩固脱贫成效监测与评估体系，需从完善工作推进机制入手，从抓好定期调查组织机制、联席会议制度和研讨会议制度方面下功夫。一是在开展巩固脱贫成效监测与评估工作当中，配套建设动态的调查和研讨制度，使监测与评估中出现的新问题、新办法等通过研讨的方式得到及时解决和推广，从而促进巩固脱贫成效监测与评估工作效率的及时提升。二是建立巩固脱贫成效监测与评估联席会议制度。整合分散统计、调查总队、扶贫、发改、财政、农林、水利、交通、教育、卫生、医疗等各个部门资源，定期研究巩固脱贫成效监测与评估中的重大问题，各负其责、各计其攻，优势互补、形成合力，打好监测与评估"组合拳"，推动解决相对贫困问题工作合力的形成。

（二）构建巩固脱贫成效监测与评估的信息反馈机制

信息不对等、沟通反馈失灵，容易导致目标瞄准失败、瞄准成本与资源传递成本过高、项目可持续性受限等问题，从而影响工作成效。没有运行良好的信息反馈机制，巩固脱贫成效监测与评估工作也难以推进，其精准度也很难得到保障。因此，要把构建巩固脱贫成效监测与评估的信息反馈机制，作为改进工作的重点内容。一是整合原有扶贫信息系统。加快推进扶贫大数据平台建设，对原有的贫困地区、贫困人口进行全方位、全过程的动态监测，切实改善信息不公开、不透明、不准确状况，为巩固脱贫成效监测与评估提供最先进的技术支持。二是各市县应尽快完善贫困户信息网络系统。在建档立卡基础上，将扶贫对象的基本资料、动态情况录入系统并进行动态管理，贫困农户实行一户一本台账、一个脱贫计划、一套帮扶措施，确保真正实现精准监测与精准评估。三是搭建社会扶贫信息服务平台。定期发布困难地区、困难群众相关的权威数据及支持政策，促进地区的需求信息与社会各界的资源、帮扶意愿的有效对接，实现互联共享，引导社会资源在急需地区精准配置。四是完善困难地区信息传递系统。尽快调整和规范目前的贫困地区信息传递系统，特别重视基础设施、资源开发、特色产业、教育培训、医疗卫生、生态建设等监测与评估信息的动态发布，实现政府资源与社会资源的有效对接。

（三）健全巩固脱贫成效监测与评估结果的转化应用机制

脱贫成效监测与评估不是为了单一呈现绩效评估的结果，更重要的是通过监测和评估，巩固扶贫工作实施效率，进而助推解决相对贫困问题，因此要强化监测与评估结果的转化应用。一是完善脱贫成效监测与评估报告形成机制。通过形成脱贫成效监测与评估报告，对脱贫成效的评估结果进行阐述和表明，针对性提出改进意见。二是提高脱贫成效监测与评估结果的决策咨询效益。一方面，提高监测与评估报告形成过程的沟通效益，实现参与各级部门之间的信息传递和有效沟通，为解决相对贫困问题计划的制订提供重要参考依据和数据支撑。另一方面，提高监测与评估结论的表述直观性，使得扶贫工作管理者、决策者以及相关人员通过评估报告，掌握脱贫绩效水平，了解工作中的问题，进一步巩固实施效果。三是完善将巩固脱贫成效与地方政府绩效、扶贫资金分配、主要责任人职务升迁等挂钩的制度，建立相应的奖惩机制，鼓励各工作人员主动提高工作效率和服务质量。四是健全巩固脱贫成效监测与评估结果公告公示制度，落实群众参与权、知情权和监督权，不断提升政府公信力，从而有效激发干部群众和社会各界参与巩固脱贫成效的积极性，形成内源提升与外部助力的良性互动格局，进一步拓展监测与评估结果的价值。

（四）拓展多元主体参与巩固脱贫成效监测与评估的平台

充分发挥政府、各类企业、社会团体和个人的作用，形成集中力量和资源解决深层次贫困问题的合力，全力攻克深度极度贫困堡垒，并为解决相对贫困问题积累经验。加强对脱贫成效的监测与评估，有利于测度和反馈扶贫政策实施效果、扶贫资源使用效率以及投入瞄准精确度，从而形成巩固脱贫成效直观性评估报告，为及时调整发展战略、增强发展效果提供决策参考。一是完善巩固脱贫成效监测与评估多部门协作机制。加强统计、调查总队、扶贫、发改、交通、水利、教育、医疗、低保、农业、林业、旅游等各领域各部门的协作交流，形成合力攻坚克难，实现相互提高业务工作效率与加强各部门监测评估数据信息沟通的有效衔接，切实提高监测与评估结果的准确性、科学性。二是积极搭建社会参与的有效平台。鼓励各级政府创新购买社会扶贫服务，广泛动员社会组织和社会公众积极参与，积极引入第三方评估，充分发挥各自优势，全力提升巩固脱贫成效监测与评估的工作实效。三是拓展群众参与巩固脱贫成效监测与评估的渠道。充分保障广大群众的话语权、参与权、知情权和监督权，既能保障整个监测与评估过程的透明度和接地气，又能增加群众自我评价满意度与"第三方"调查产生的"群众满意度"之间的契合程度，尽可能提高巩固脱贫成效监测与评估的公信力和权威性。

四 探索建立相对贫困问题的动态监测与评估机制

巩固脱贫攻坚成效监测与评估体系与贫困退出机制一脉相承，贯穿于"三农"发展的各方面和全过程。只有科学有效的监测和评估，才能保证贫困退出机制的合理性和公信力；只有通过贫困退出机制推进扶贫对象有序退出，才能从真正意义上完成脱贫成效监测与评估的主要任务。关于建立贫困退出机制，中共中央办公厅、国务院办公厅已经出台《关于建立贫困退出机制的意见》，明确坚持正向激励，以脱贫实效为依据，以群众认可为标准，建立严格、规范、透明的贫困退出机制。广西脱贫攻坚任务繁重，工作措施落实相对有力，已经出台精准脱贫摘帽实施方案，并进行了修改和完善，多年来都在稳步推进实施。未来解决相对贫困问题还要在这几方面加大力度：一是适当拓展贫困动态监测与评估的深度和广度。结合实际，提前谋划好脱贫后相对贫困的监测评估，提升巩固脱贫成效监测与评估结果的可持续性参考价值。二是在有序推进贫困户、贫困村、贫困县退出过程中，重视分析贫困退出存在的不稳定性和脆弱性因素，加大对脆弱群体和潜在贫困群众的监测。三是实施脱贫成效长效性监测与评估。探索建立脱贫后续跟踪监测机制、返贫现象预警与评估机制、贫困户家庭经营市场风险分担机制以及返贫户紧急救助机制，切实将脱贫人口的后期发展扶持纳入脱贫成效监测与评估工作范畴，促进脱贫人口生计资源的精准配置，全面保障脱贫人口的可持续发展与脱贫成效的长期性巩固。

第十四章

决胜脱贫攻坚的思考与展望

如期打赢脱贫攻坚战是中华民族几千年历史发展中首次整体消除绝对贫困现象,是人类历史上最大规模作别绝对贫困的宣言和行动,也是中国特色社会主义政治优势和制度优势的充分彰显。党的十八大以来,党中央从全面建成小康社会要求出发,把扶贫开发工作纳入"五位一体"总体布局、"四个全面"战略布局,作为实现第一个百年奋斗目标的重点任务,作出一系列重大部署和安排,全面打响脱贫攻坚战。脱贫攻坚力度之大、规模之广、影响之深,前所未有。[①] 在以习近平同志为核心的党中央坚强领导下,全党全国人民迎难而上,砥砺奋进,全心全意打赢打好脱贫攻坚战,推动脱贫攻坚取得决定性进展。

黄沙百战穿金甲,不破楼兰终不还。作为全国脱贫攻坚的主战场之一,广西党委、政府团结带领全区干部群众,坚决贯彻党中央、国务院关于打赢脱贫攻坚战的决策部署,切实把脱贫攻坚作为首要政治任务和第一民生工程,咬定目标不放松,撸起袖子加油干。从脱贫时限看,2020年是打赢脱贫攻坚战、实现全面小康社会的收官之年,广西还剩下不到8万户24万贫困人口,660个贫困村和8个贫困县的脱贫摘帽任务,与全国同步进入决胜脱贫攻坚的最后决战;从脱贫形势看,广西坚持一手抓脱贫、一手抓巩固,一鼓作气、决战决胜,如期打赢脱贫攻坚战、实现与全国同步迈入全面小康社会目标可以预期。总的来说,面对打赢打好脱贫攻坚战这样一个政治大考,各级党员干部尽锐出战、冲锋在前,

---

[①] 黄承伟:《深刻认识打赢脱贫攻坚战的伟大意义》,《光明日报》2018年9月25日第15版。

全区各族人民凝心聚力、屡战屡捷，共同攻克深度极度贫困堡垒，谱写了中国减贫史上的广西篇章。

第一节 广西脱贫攻坚的基本经验

在决战决胜脱贫攻坚过程中，广西坚决贯彻党中央、国务院的决策部署，在各个领域进行创新探索和生动实践，积累了弥足珍贵的扶贫经验。

一 结合实际、守正创新，创造性落实精准扶贫精准脱贫基本方略

党的十八大以来，习近平总书记对扶贫工作作出一系列重要论述，创造性地提出精准扶贫精准脱贫基本方略，推动了我国扶贫减贫理论创新和实践创新。他指出："扶贫开发推进到今天这样的程度，贵在精准，重在精准，成败之举在于精准。""必须坚持精准扶贫、精准脱贫，坚持扶持对象精准、项目安排精准、资金使用精准、措施到户精准、因村派人精准、脱贫成效精准等'六个精准'，解决好扶持谁、谁来扶、怎么扶、如何退问题。""通过扶持生产和就业发展一批，通过易地搬迁安置一批，通过生态保护脱贫一批，通过低保政策兜底一批。"精准扶贫精准脱贫基本方略的确立，为打赢脱贫攻坚战指明了前进方向、工作目标、基本要求和科学方法。

在推进脱贫攻坚过程中，广西始终坚持精准扶贫精准脱贫基本方略，结合本地实际，坚持问题导向，积极探索，大胆创新，按照"核心是精准，关键在落实，确保可持续"的要求，从精准识别、精准帮扶到精准施策、精准退出等关键环节，创新设计出一套符合广西实际的政策措施和实践办法，推动脱贫攻坚取得决定性进展，确保脱贫效果真正获得群众认可、经得起实践和历史检验。

一是抓好精准识贫，有效解决"扶持谁"的问题。在 2012 年和 2014 年两次贫困户识别和建档立卡的基础上，广西推进新一轮精准识别工作机制创新，在全国首创"一进二看三算四比五议"入户调查评分和划定分数线的精准识别方法，开展"史上最严"精准识贫。结合广西实际，设计出一套涵盖农户人口、耕地、住房等 18 类 98 项内容的识别指标体系；组织 25 万名工作队员历时近 6 个月开展拉网式大规模识别和建档立卡工作，贫困村所有农户都入户调查识别，非贫困村对在册贫困户和新申请贫困户的农户入户调查识别。同时，全面采集 5000 个贫困村以及部分非贫困村自然村（屯）的基本情况和发展需求信息，并把全部数据合并整理到广西精准识别数据库和精准扶贫信息管理平台；建档立卡工作完成后，又在全国率先出台建档立卡扶贫对象动态管理办法，建立 1.7 万人的自治区、市、县、乡、村五级扶贫信息员队伍，并且重视开展建档立卡"回头看"，做好动态调整、应纳尽纳，提高了识贫的科学性、准确性和可操作性，保障脱贫攻坚工作的针对性和有效性。二是强化到村到户帮扶，有效解决"谁来扶"问题。全面落实"省负总责、市县落实、乡村实施"的脱贫攻坚责任制，各市、县（市、区）、乡（镇）党政主要领导作为本辖区脱贫攻坚工作第一责任人，各有关行业部门主要负责人作为行业扶贫第一责任人，实行"五级书记"一起抓，重点选准配强贫困村党支部书记，深入实施领导挂点、部门包村、干部联户、第一书记驻村的"挂包联驻"机制，构建起层层抓落实的责任链条和工作网络，确保帮扶力量。三是全力推进精准帮扶系列行动，着力破解"怎么扶"问题。坚持因地制宜、精准帮扶，在中央提出的"五个一批"工程的基础上，提出符合广西实际的"八个一批"脱贫路径，开展"十大行动"。坚持分类施策，聚焦解决"两不愁三保障"突出问题，全面推进义务教育、基本医疗、住房安全"三保障"和饮水安全"四大战役"，持续打好产业扶贫、易地扶贫搬迁、村级集体经济发展、基础设施建设和粤桂扶贫协作"五场硬仗"，扎实开展就业扶贫、生态扶贫、综合性保障扶贫、贫困残疾人脱贫、扶贫扶志"五大专项行动"，统筹资源力量，逐家逐户解决义务教育、基本医疗、住房安全保障和饮水安全，以及稳定增收问题；聚焦深度极度贫困地区脱贫的难点问题，全面落实"三个新增"要求，实施"八大工程"；针对"三非"，出台专项扶持政策，防止产生新的贫困人口。四是严格退出标准和程序，创新落实"如何退"问题。认真落实国家贫困退出机制，结合实际对贫困户、贫困村、贫困县退出标准进行细化量化，制定贫困户"八有一超"、贫困村"十一有一低于"、贫困县"九有一低于"脱贫摘帽标准，按照"两上两下一微调"程序制订年度减贫计划，明确退出程序，强化考核评估。贫困县、贫困村和贫困户脱贫摘帽后,继续落实摘帽不摘责任、不摘政策、不摘帮扶、不摘监管的要求,并积极开展"回头看""六看六巩固"活动,切实巩固脱贫攻坚成果。

广西坚持精准扶贫精准脱贫基本方略,深入把握精准要义,找准"穷根",对症下药,靶向治疗,真正扶到点上、扶到根上,并且能够与时俱进地深化脱贫攻坚工作,及时根据脱贫攻坚形势变化进行政策措施的调整和改进,确保脱贫攻坚每个阶段工作都朝着正确方向推进,不断取得突破性进展。进入"建设壮美广西、共圆复兴梦想"的关键时期,重视总结提升"精准"工作优势,将其贯穿乡村振兴、城乡融合发展等全过程,有助于推动解决相对贫困问题,实现全方位高质量发展。

二 整合资源、强化保障,突破性发挥集中力量办大事制度优势

习近平总书记指出:"我们最大的优势是我国社会主义制度能够集中力量办大事。这是我们成就事业的重要法宝。"[1] 新中国成立以来,无论是中国特色社会主义建设的辉煌历程,还是中国特色扶贫开发模式的具体实践,都充分彰显了我国国家制度和治理体系在调动各方面积极性、集中力量办大事方面的显著优势。特别是针对各种资源供给不足、体制机制障碍较多的贫困地区,集中时间、集中人财物力重点突破制约贫困地区和贫困人口生产生活发展的瓶颈问题,是我国扶贫开发模式的重要经验,广西在扶贫开发过程中率先探索的基础设施建设大会战模式正是这一经验的集中体现。

进入脱贫攻坚阶段,面对多年来反贫困积累的艰中之艰、难中之难,广西坚持集中力量保证重点、集中资源实现突破,在发挥集中力量办大事方面实现更大的突破,从而确保攻克深度极度贫困堡垒、实现脱贫攻坚战全面告捷。

一是把基础设施建设大会战经验进一步推向深入。基础设施建设大会战经验是广西在多年扶贫开发工作中摸索并首创的先进经验,体现了社会主义制度集中力量办大事的内核实质。脱贫攻坚战打响之后,广西更是积极发扬这一制度优势,在全区层面推动打赢脱贫攻坚战三年行动,

---

[1] 任平:《集中力量办大事 坚定制度自信》,《人民日报》2019年12月27日。

集中打响"四大战役",持续打好"五场硬仗",扎实开展"五大专项行动"。同时,把这一制度优势下沉到基层,鼓励和支持各县(市、区)根据当地实际采取更有针对性、更具突破性的集中行动,一些地方开始以县(市、区)为单位,启动县域基础设施建设大会战。如东兰县掀起"村屯道路建设大会战""住房建设大会战""饮水安全建设大会战",一举改善深度贫困村行路难、饮水难、住房保障难问题,并率先在全区实现村村通水泥硬化(柏油)路目标;融水苗族自治县推进贫困村屯水、电、路、房脱贫攻坚基础设施建设大会战,确保深度贫困地区脱贫"一个都不能少";三江侗族自治县启动了农村危房改造大会战,解决了多年困扰少数民族聚居区的民族村寨房屋改造问题;右江区启动了基础设施脱贫攻坚大会战,为精准攻克深度极度贫困堡垒夯实了基础。

二是加强涉农资金整合,发挥财政资金统筹使用倍增效应。习近平总书记指出:"要加强资金整合,理顺涉农资金管理体系,确保整合资金围绕脱贫攻坚项目精准使用,提高使用效率和效益。"广西脱贫任务重、时间紧、困难多,所需的资金规模前所未有,财政保障压力较大,更要求每一笔资金投入都必须使在关键点、用在刀刃上。为此,广西结合实际创新财政扶贫政策,构建起可操作性强、高效的财政政策体系,从资金筹措、统筹整合、日常监管、整改落实、机制创新等五方面发力,有序开展涉农资金统筹整合试点工作,通过明确整合主体范围及整合资金范围、改革涉农资金分配下达方式、改革资金绩效评价体系等途径,大力提升涉农资金的整体效益。据统计,2016—2019年,全区共落实自治区、市、县三级财政专项扶贫资金291.8亿元,整合财政涉农资金616.87亿元,有效解决了脱贫攻坚的资金缺口,还通过资金整合使用,解决了过去资金分散、撒胡椒面、使用效益不佳等问题。同时,完善扶贫资金监督管理,扶贫资金项目审批权限全部下放到县,加快扶贫资金支出力度,探索资金打包审计方式方法。探索实行资金监管分片包干责任制,开展全方位、持续性监督指导,加强扶贫领域违纪违规案件查处力度,确保扶贫资金安全、高效、阳光运行。

三是撬动金融资本、社会资本,形成多渠道、多样化扶贫资金集中叠加倍增效应。为打赢脱贫攻坚战,广西全区上下特别重视增加扶贫投入,即使在财政收入矛盾异常突出的情况下,仍然坚持把脱贫攻坚作为财政支出优先保障重点，并以此撬动金融资本、社会资本，充分释放多渠道、多样化扶贫资金集中叠加倍增效应。完善出台了《"十三五"全区脱贫攻坚财政投入稳定增长机制工作方案》，明确规定"自治区本级和百色、河池市及片区县、国家扶贫开发工作重点县按当年一般公共预算收入增量的20%以上，贺州、来宾、崇左市和自治区扶贫开发工作重点县按15%以上，其他县（市、区）按10%以上增列专项扶贫预算"，各行业、各部门资金及财政涉农资金重点向脱贫攻坚倾斜。同时，做好金融扶贫这篇文章。充分发挥财政投入的主导作用，加强财政政策和金融政策联动，有效撬动金融资金，吸引社会资本，形成多渠道、多样化扶贫资金集中叠加倍增效应，为打赢脱贫攻坚战提供更充足、更稳定的资金保障。

三　精心组织、层层发动，广泛性动员社会力量共同参与

"人心齐，泰山移。"习近平总书记指出："脱贫致富不仅仅是贫困地区的事，也是全社会的事。扶贫开发是全党全社会的共同责任，要动员和凝聚全社会力量广泛参与。""要坚持专项扶贫、行业扶贫、社会扶贫等多方力量、多种举措有机结合和互为支撑的'三位一体'大扶贫格局。"广泛动员和凝聚社会力量参与脱贫攻坚，是对我国扶贫事业成功经验的继承发展，也是党的政治优势和社会主义制度优势的充分彰显。

广西在打赢脱贫攻坚战的过程中，始终重视动员和凝聚社会力量，创新政策措施调动社会各界的积极性，汇聚形成全社会助推脱贫攻坚的强大合力，同时建立健全政府资源、市场资源、社会资源有效对接的机制，充分发挥各类资源和力量的联动集成效应，全面提升脱贫攻坚整体效能。一是完善社会扶贫激励政策措施。在全面落实党中央、国务院的工作部署基础上，自治区完善包括财政支持、税收优惠、扶贫项目建设用地、荣誉性奖励等方面的激励政策，鼓励企业、社会组织和个人通过多途径参与脱贫攻坚，并指导各市、县（市、区）优化符合本地实际的配套措施，形成了覆盖全区的社会扶贫政策链。二是建立一整套社会扶贫工作体系。构建由定点扶贫、东西部扶贫协作、企业扶贫、社会组织扶贫、个人扶贫等构成的社会扶贫工作体系，形成专项扶贫、行业扶贫、社会扶贫"三位一体"大扶贫格局。突出定点扶贫、粤桂扶贫协作的示

范引领作用，增强企业扶贫的辐射带动效应，形成有重点、有效果、有影响的社会扶贫工作新局面。三是创新社会扶贫的形式和载体。坚持线上线下共同发力，积极搭建社会参与渠道和平台，特别是注重"互联网+"思维，通过推广应用"微助八桂"、中国社会扶贫网，实现社会力量与精准扶贫的有效对接、即时互动。深化拓展参与式扶贫，探索"第一书记扶贫产业园"、"爱心公益超市"、消费扶贫等社会扶贫新实践，有效帮助贫困群众提高稳定增收水平。四是积极开展丰富多样的社会帮扶活动。善于结合日常开展的各类专项工作，鼓励社会各界参与"三农"领域的关爱活动。充分利用"扶贫日""中华慈善日"等契机，加大社会扶贫宣传力度，凝聚全社会参与脱贫攻坚的共识，深化社会扶贫行动。

得益于社会各界在政策、思想、资金、物资、技术、信息等方面给予的大力支持，广西决战决胜脱贫攻坚有了更大的底气和勇气。在全社会通力合作下，破解贫困地区发展瓶颈的效率更高、速率更快，脱贫攻坚工作成效更明显。今后开展巩固脱贫攻坚成果、实施乡村振兴、解决相对贫困等重点工作，坚持广泛动员和凝聚社会力量仍然是必须继承和发扬的宝贵经验。

四 破除障碍、转变作风，针对性开展脱贫攻坚政治生态建设

从严管党治党，是我们党最鲜明的品格。习近平总书记指出："社会主义是干出来的。脱贫攻坚是硬仗中的硬仗，必须付出百倍努力。""必须坚持把全面从严治党要求贯穿脱贫攻坚工作全过程和各环节，实施经常性的督查巡查和最严格的考核评估。"坚持把全面从严治党要求贯穿脱贫攻坚全过程和各环节，营造风清气正的政治生态，能够为脱贫攻坚提供坚强政治保证，确保帮扶工作扎实、脱贫成果真实。

在脱贫攻坚进程中，广西始终遵照全面从严治党要求，不断推动全面从严治党向纵深发展、向基层延伸，以作风建设推动脱贫攻坚责任落实，以制度建设保障脱贫攻坚工作效果。一是建立以严把入口关、帮扶关、退出关、考核关为重点的"四严"机制。明确将精准贯穿识贫、扶贫、脱贫及考核全过程，科学设定了工作目标、责任、程序、方法等，为深入开展脱贫攻坚提供了统一规范和根本遵循。二是健全脱贫攻坚责任倒逼机制。通过成立脱贫攻坚督查组、实行协调制度和"红黑榜"通

报制度等方式，强化工作责任落实。实施最严格的督查巡查和考核评估，对上一年度考核排名靠后的设区市、县党政主要领导同志进行约谈。暗访组每周不打招呼、不设路线进村入户开展暗访，发现问题用"黑榜"通报并视情况约谈。三是从严落实扶贫开发绩效考核办法。统筹落实国家脱贫攻坚成效考核、省际交叉考核、第三方评估、扶贫绩效评价和记者暗访，检查责任落实、政策落实和工作落实情况，以最严要求考察评估脱贫质量，确保评估识别准确率、退出准确率和群众满意度的科学性、真实性。四是严查扶贫领域形式主义、官僚主义问题。通过作风督查、专项巡视和巡视"回头看"、执纪审查等措施，切实强化扶贫领域监督检查工作，集中力量解决形式主义、官僚主义、弄虚作假突出问题，坚决查处扶贫领域腐败和作风问题，严肃政治纪律和政治规矩，多措并举推动全面从严治党向纵深发展。

广西一以贯之、坚定不移全面从严治党，持续营造风清气正的政治生态，为打赢脱贫攻坚战提供了强有力的保障。可见，在任何时候，良好的政治生态都是发展稳定的基础，营造良好的政治生态是不断推动经济社会发展的重要举措，也是加强和改善党的领导的内在要求。

五 智志双扶、多管齐下，赋能型扶贫模式增强"造血"功能

"扶贫先扶志""扶贫必扶智"是习近平总书记对新时期扶贫工作的新论断。2018年，国务院扶贫办、中央组织部等部门联合发布《关于开展扶贫扶志行动的意见》，就进一步加强扶贫扶志工作，激发贫困群众内生动力提出明确具体要求和措施。实践证明，越到攻坚冲刺阶段越要重视"精神扶贫""思想扶贫"和"能力扶贫"的作用，创新和培育脱贫攻坚的动力机制，提升贫困人口内生动力，才能提升扶贫脱贫的内在质量和水平。

广西坚持智志双扶、内源扶贫的发展理念和方向，针对贫困群众、帮扶干部、企业和致富带头人等多方主体，多管齐下，推进贫困治理由传统的救济式扶贫向参与式、赋能型扶贫转变。

一是处理好脱贫攻坚任务阶段性与扶志扶智长期性的关系。扶志与扶智涉及精神、智力、文化层面，是一项系统性、长期性的任务，需要长效的机制和长期的规划。广西注重引导基层在确保完成脱贫任务的基础上做好扶贫扶志的长期规划，确保贫困户能在短期内增加收入，达到脱贫目标，同时特别关注贫困户的精神贫困、思想贫困和科技文化水平、劳动技能的提高。二是重视教育扶贫，彻底斩断贫困代际传递。统筹财力向教育脱贫任务较重的地区和定点村倾斜，按照"一个都不能少"目标，落实"双线四包"责任制，强化控辍保学，打好教育脱贫歼灭战。加大对各部门培训资源整合力度，以贫困群众实际需求为导向，有效组织实用技术培训，既下到田间地头，也组织贫困群众"走出去"开阔眼界。三是强化扶贫对象在脱贫攻坚中的主体责任。"贫困群众既是脱贫攻坚的对象，更是脱贫致富的主体"，"脱贫致富终究要靠贫困群众用自己的辛勤劳动来实现"。改变过去政府大包大揽的给予式扶贫模式，将扶贫资金和项目的管理权、控制权和监督权下沉到贫困村和贫困群众，引导群众在扶贫项目建设中主动参与、管理和执行，在参与扶贫产业、项目实施过程中加强对扶贫对象信心信念的引导教育，让贫困群众在产业发展实践中磨志气、长见识、强本领，实现物质扶贫与扶志扶智相互促进、相互提升，提升贫困群众自我发展能力。四是推进乡风文明建设，强化"勤劳致富"理念。以村规民约为抓手，同时结合典型引领和带动，引导扶贫对象树立"自力更生、勤劳致富""宁愿苦干、不愿苦熬"的观念，推进移风易俗，塑造贫困农村良好道德风向，摒除"等靠要"思想，营造"劳动光荣、脱贫光荣"的舆论环境。

第二节　广西脱贫攻坚的经验启示

广西脱贫攻坚的成功实践和宝贵经验，同全国其他省区相比具有一定的共性，也有广西的亮点和特色，对其进行总结提炼并坚持拓展，不仅对巩固脱贫攻坚成效、进一步解决相对贫困问题并加快实施乡村振兴战略具有重要启示，而且对更好地推动广西经济社会建设、谱写壮美广西发展新篇章进而实现中华民族伟大复兴的中国梦具有深远影响。

一　坚持中国共产党的领导

中国特色社会主义最本质的特征是中国共产党的领导，中国特色社会主义制度的最大优势是中国共产党的领导。习近平总书记指出："坚持党的领导，发挥社会主义制度可以集中力量办大事的优势，这是我们的最大政治优势。""越是进行脱贫攻坚战，越是要加强和改善党的领导。"一直以来，我国扶贫开发工作持续深入推进并取得显著成效，这不是偶然产生的结果，必然与坚持党的领导密切相关。

广西脱贫攻坚取得辉煌成绩，最根本的原因是坚持中国共产党的领导和社会主义制度的政治优势，坚持走中国特色扶贫开发道路，并结合实际探索走出一条符合广西实际、具有广西特色的脱贫攻坚路子。一是全面贯彻落实党中央重大决策部署。全区上下始终紧密团结在以习近平同志为核心的党中央周围，坚定"四个自信"，增强"四个意识"，做到"两个维护"，坚持用习近平总书记关于扶贫工作的重要论述指导广西实践，贯彻落实党中央、国务院关于扶贫工作的重大决策部署，统一思想和行动。二是充分发挥领导干部"头雁"作用。自治区党委、政府以上率下，坚持把打赢打好脱贫攻坚战作为最大的政治责任和第一民生工程，多次召开学习会、研讨会、推进会，及时传达学习贯彻中央精神，研究解决各个阶段的具体问题；各级党委、政府领导带头多次深入贫困地区，察实情，听民意，指导抓实抓细具体工作，严格责任落实。三是充分发挥基层党组织战斗堡垒作用。大力开展抓党建促脱贫攻坚，深化"党旗领航＋"系列活动，选好配强乡村两级领导班子，精准选派第一书记和驻村工作队，加强农村基层组织建设和扶贫一线攻坚力量，打通脱贫攻坚"最后一公里"，坚持一张蓝图绘到底。四是充分发挥脱贫攻坚制度优势。加强和改善党对脱贫攻坚工作的全面领导，建立完善科学的脱贫攻坚"1＋20＋N"政策体系、有效的精准识贫扶贫脱贫工作格局和严格的考核评估、监督问责、目标责任、正向激励等体制机制，强化打赢脱贫攻坚战的制度保障。

广西脱贫攻坚取得的一切成就，都是在党中央的坚强领导下，自治区党委、政府保持战略定力，团结带领全区干部群众坚定必胜的信心和一鼓作气的决心，脚踏实地、真抓实干的成果。始终坚持中国共产党的领导，始终坚定不移走中国特色扶贫道路，是广西打赢脱贫攻坚战的根本前提，也是未来砥砺前行、实现跨越发展的根本保障。

二 坚持以人民为中心的发展思想

"得众则得国,失众则失国",人民是历史的创造者,是决定党和国家前途命运的根本力量。习近平总书记指出:"消除贫困、改善民生、逐步实现共同富裕,是社会主义的本质要求。""农村贫困人口如期脱贫、贫困县全部摘帽、解决区域性整体贫困,是全面建成小康社会的底线任务,是我们作出的庄严承诺。"坚持把党的群众路线贯穿到全部工作中,把人民对美好生活的向往作为奋斗目标,一切为了群众,充分相信群众,紧紧依靠群众,才能不断开创脱贫攻坚新局面。

广西各级党委、政府深刻认识到打赢脱贫攻坚战的重大意义,始终坚持以人民为中心的发展思想不动摇,积极顺应人民群众对美好生活的向往,维护好、实现好、发展好最广大人民的根本利益,把人民群众最关心的最直接最现实的利益和需求摆在脱贫攻坚工作的核心位置。一是着力改善贫困地区和贫困群众的生产生活条件。不断加大投入力度,加强基础设施建设,提升公共服务供给水平,培育县级"5+2"、村级"3+1"特色优势产业,加大生态保护和修复力度,全面改善贫困地区发展环境。着力解决影响实现"两不愁三保障"突出问题,统筹推进基础设施、义务教育、基本医疗、住房、增收等重点领域工作,并及时全面开展"四大战役",稳定实现贫困群众"两不愁三保障"。二是充分激发贫困群众脱贫的内生动力。坚持扶贫和扶志、扶智相结合,尊重贫困群众主体地位和首创精神,正确处理外部帮扶和内部努力关系,注重示范引领,加强宣传教育,消除贫困群众"等、靠、要"传统思想,变"要我脱贫"为"我要脱贫"。坚持开发式扶贫与保障性扶贫相结合,加强对劳动力贫困人口的技能培训,提升贫困地区和贫困群众的自我发展能力,变"输血式"扶贫为"造血式"扶贫;对丧失劳动能力、无业可扶的贫困人口,实行综合性保障兜底,增强脱贫信心。坚持农业农村改革与脱贫攻坚相结合,持续推进土地制度改革、集体产权制度改革等,促进土地适度规模经营,引导发展乡村旅游、家庭农场、农家乐等新型农业现代化经营模式,深入开展"千企扶千村"活动,实现村企共建、互利共赢,帮助群众拓宽增收渠道。三是切实将人民群众满意作为检验脱贫攻坚成效的"唯一标准"。坚持以惠及最广大贫困群众为出发点,制定和改进政策，下足"绣花"功夫，不摆"花架子"，做到"扶真贫""真扶贫"。开展监督、考核等工作过程中，充分尊重群众的知情权、参与权、监督权，防止"被脱贫""数字脱贫"现象，确保资金、各项机制、权力在阳光下运行。

正是在以人民为中心的发展思想指引下，广西脱贫攻坚屡战屡捷，人民呼声充分反映，人民力量有效凝聚，人民福祉切实增进，全区各族人民的获得感、幸福感和安全感大力提升。前进道路上，要坚持以人民为中心的发展思想，巩固脱贫攻坚成果，推动乡村振兴战略与相对贫困治理相结合，让更多改革发展成果惠及更多人民群众，充分彰显中国共产党的领导和社会主义制度的政治优势。

三 坚持全国一盘棋的大局意识

思想是行动的先导，认识是行动的动力。无论是从党的历史使命和"两个一百年"建设目标，还是从反贫困工作发展的现实需要来看，打赢脱贫攻坚战都是非常必要且时机合宜的，它不仅是我国扶贫工作发展到实现全面小康社会时间节点的底线目标，也是2020年后我国扶贫工作转型与发展的必然要求。广西各级党委、政府深入学习习近平总书记关于脱贫攻坚重要性的深刻阐述，充分认识打赢脱贫攻坚战的伟大意义和广西所肩负的历史责任，坚持全国一盘棋的大局意识，紧跟发展形势，强化使命担当，增强打赢脱贫攻坚战的信心决心和工作主动性，确保高质量打赢脱贫攻坚战，确保如期实现与全国同步迈入全面小康社会任务。

一是认清发展阶段，与全国同步进入决战贫困、决胜小康冲刺期。广西党委、政府准确把握攻坚形势和要求，面对最难啃的"硬骨头"，带领广大干部群众牢固树立起"打赢脱贫攻坚战"的决胜态度和坚定信念，尽锐出战，尽心竭力，用最强力量、最实作风、最严考核啃下最硬的骨头。二是紧跟中心大局，确保到2020年贫困地区群众与全国同步迈入全面小康社会。习近平总书记多次强调，"全面建成小康社会，一个民族都不能少"，这不仅是对建成小康社会的目标要求，也是对民族地区少数民族群众的庄严承诺。广西各级党委、政府始终牢固树立大局意识、底线思维，切实把到2020年现行标准下全面脱贫作为制订脱贫攻坚工作计划和步骤的指针，大胆改革阻碍目标实现的体制机制，大胆摒弃不利于大局发展的方式方法，坚决以全国脱贫攻坚大局和"一个民族都不能少"的全面建成小康社会大局为重，把脱贫攻坚作为最大的政治任务、最大的民生工程，牢牢把握脱贫时限和脱贫质量，绝不拖全面建成小康社会的后腿。三是严格脱贫标准，紧紧围绕"两不愁三保障一过线"。2015年，中共中央、国务院《关于打赢脱贫攻坚战的决定》就已经明确把"两不愁三保障一过线"①作为脱贫攻坚的现行标准，作为脱贫攻坚工作的总遵循。根据这一标准，广西从2015年起制定了贫困户"八有一超"、贫困村"十一有一低于"、贫困县"九有一低于"的脱贫标准体系，指导广西脱贫攻坚取得良好成效。同时，针对深度贫困地区情况复杂、差异性大的特点，及时对识贫、脱贫标准体系进行科学研判和动态调整，在确保符合"两不愁三保障一过线"核心要义的条件下，聚焦靶心，保持焦点不散、方向不偏，及时扭转层层加码、拔高标准、抬高脱贫成本趋向，确保脱贫攻坚战始终在正确道路和方向行进。四是抓住重点对象，聚焦深度贫困地区和特殊困难群体。"入之愈深，其进愈难"。在脱贫攻坚决胜期，广西紧紧抓住主要矛盾、主要问题和关键环节实现突破。一方面，聚焦深度贫困地区，集中扶贫资源重点向深度贫困地区倾斜，实施扶贫资源的差异化投放；另一方面，聚焦特殊困难群体，特别是加大对"三无"困难人员的政策保障力度，确保特殊困难群体病有所医、残有所助、弱有所扶，基本生活有保障。五是坚持综合施策，构建开发式扶贫和保障性扶贫统筹机制。脱贫攻坚战进入最后冲刺阶段，剩下的贫困人口很大一部分是完全或部分丧失劳动能力，到2018年，广西因病、因残致贫比例都超过了55%。广西及时调整攻坚打法，建立开发式和保障性扶贫统筹推进的机制，强化分类施策，按有劳动能力、部分或全部丧失劳动能力区分，进行有针对性、差异化扶持。同时，通过建立以社会福利制度、社会保险、社会救助为主体，以慈善帮扶、社工助力为辅助的综合保障体系，实现保障性扶贫脱贫。

---

① "两不愁三保障一过线"：衡量贫困人口是不是脱贫的标准是实现不愁吃、不愁穿，义务教育、基本医疗、住房安全有保障，年人均纯收入超过国家规定标准线。

第三节 后小康时代的展望

从广西乃至全国脱贫攻坚形势来看，2020年打赢脱贫攻坚战的预期任务可以实现。但是，随着工作的不断深入，对脱贫攻坚战的认识已从"打赢"向"打好"转变，这就意味着不但要实现"一个民族不能少、一个人不能掉队"的全面脱贫任务，还要保证脱贫质量是符合要求的，是经得起时间和历史检验的。并且，还必须认识到，2020年消除绝对贫困之后，我国的相对贫困问题还将长期存在，构建解决相对贫困问题的长效机制，缓解相对贫困，仍是一项具有长期性、艰巨性和复杂性的任务。

一 我国相对贫困问题仍将长期存在

（一）长期性

我国提出2020年现行标准下实现脱贫攻坚的目标，其中的现行标准指的是按2010年农民人均年纯收入2300元（2010年不变价）以下，同时，从收入贫困标准扩展到了"两不愁三保障"的多维贫困标准。从任何一个维度来看，这都只是一个保障人的基本生存和发展需要的标准。2015年世界银行把国际极端贫困标准提高到1.9美元/天，同时还提出3.1美元/天的中度贫困线标准，高收入国家的贫困线标准在每人每天10美元以上。其中，中度贫困线标准是所有发展中国家的平均标准，是稳定温饱水平的一个高贫困标准。对标国际贫困标准，有的学者认为如按照世行价格上的换算方法，中国2010年的2300元贫困标准仅相当于每天1.6美元，如果综合考虑"三保障"条件，中国农村现行贫困标准的生活水平相当于国际标准每天2美元的"稳定温饱"水平；[1] 也有的学者认为我国目前的贫困线相当于每人每天2.29美元（2011年的PPP），只比世界银行每人每天1.9美元的极端贫困标准高20.5%，比3.1美元的中度贫困线低26.1%。[2] 可见，无论是按照哪一种换算方法，我国的贫困线标

---

[1] 王萍萍：《贫困标准问题研究》，载国家统计局住户调查办公室编《2015中国农村贫困监测报告》，中国统计出版社2015年版。

[2] 汪三贵、曾小溪：《后2020年贫困问题初探》，《河海大学学报》2018年第4期。

准都低于每人每天消费3.1美元的中度贫困线标准。中国已成为世界第二大经济体，进入中上收入水平且正向高收入水平国家行列跨越，如果按每人每天消费3.1美元标准计算，预测2015年中国贫困人口约有1.07亿。[1] 因此，随着我国综合国力和经济实力的不断提高，贫困线标准也会随之发生改变，发展的成果将更多惠及低收入群体，相对贫困的问题将会长期存在。

(二) 艰巨性

党的十九大报告提出，中国特色社会主义进入新时代，我国社会主要矛盾已经转化为人民日益增长的美好生活需要和不平衡不充分的发展之间的矛盾。这是党中央对中国特色社会主义进入新时代作出的重大判断。2017年，《关于支持深度贫困地区脱贫攻坚的实施意见》明确，西藏自治区，青海、四川、甘肃、云南四省藏区，南疆的和田地区、阿克苏地区、喀什地区、克孜勒苏柯尔克孜自治州等四地州和四川凉山州、云南怒江州、甘肃临夏州等"三区三州"为深度贫困地区，以及全国贫困发生率超过18%的110个深度贫困县和贫困发生率超过20%的16000多个贫困村，都属于深度贫困地区。就广西而言，有20个深度贫困县（包括4个极度贫困县）、30个深度贫困乡镇、1490个深度贫困村（包括100个极度贫困村）、10000户以上的极度贫困户。这些地区自然条件差、经济基础弱、贫困程度深，是打赢脱贫攻坚战三年行动计划需要重点攻克的坚中之坚、难中之难。同时，这也是我国区域发展不平衡不充分的具体表现。在这些深度贫困地区，即使完成了2020年打赢脱贫攻坚战的任务，如何保证脱贫质量以及解决未来的相对贫困问题都将非常突出。而且，随着我国人民的生活从贫困时代到温饱时代、从基本小康迈向全面小康，追求更高水平的发展、更加美好的生活成为人民群众的新期待，追求优质教育、住房、医疗等资源的需求将会更加强烈，人民群众对美好生活需要日益广泛。[2] 在城乡之间、区域之间、群体之间发展落差和不

---

[1] 王小林、张晓颖：《迈向2030：中国减贫与全球贫困治理》，社会科学文献出版社2017年版，第46页。

[2] 周文彰、蒋元涛：《十九大关于我国社会主要矛盾新论断的依据和意义》，《先锋》2017年第12期。

平衡仍将长期存在的现实条件下，解决相对贫困问题的艰巨性不言而喻。

（三）复杂性

我国幅员辽阔，自然条件差异大，地区发展差距大，长期以来，贫困地区与少数民族聚居区、边疆地区、革命老区、生态脆弱区、水库移民区等地区具有空间分布的高度重合，致贫因素多元，贫困状况复杂，制约瓶颈叠加。据《2016年中国农村贫困监测报告》显示，2015年民族自治地方贫困人口占全国贫困人口的1/3左右，其贫困发生率高于全国水平的一倍还多；在全国14个集中连片特困地区中，民族自治地方贫困人口占全部片区贫困人口的47.2%；"三区三州"深度贫困地区作为当前脱贫攻坚最难攻克的堡垒，也都属于民族自治地方。即使是在2020年实现现有标准下脱贫摘帽之后，这些后发展欠发达地区仍然会呈现出多元贫困的复杂图景，需要根据各地的实际情况采取有针对性的反贫困措施，来解决可能存在的返贫风险和相对贫困问题。广西集老、少、边、山、库于一体，具有典型代表意义，相对贫困问题也会更加复杂。同时，随着绝对贫困的消除，解决城市贫困、失能人群、独居老人、留守儿童、农村妇女发展等相对贫困问题也会显得更加突出、更加复杂。

二 后小康时代的扶贫模式和策略

2020年后广西乃至全国的相对贫困问题仍然多元且复杂。基于对上述相对贫困问题和形势的研判，我国后小康时代减贫模式及工作重点将发生重大转变，广西在后小康时代的减贫策略也应随之调整和提前规划。

（一）从打赢脱贫攻坚战到做好"历史交汇期"的扶贫模式衔接

打赢打好脱贫攻坚战是我国反贫困模式实现顺利转变的必要前提，是2020年后解决农村相对贫困问题和乡村振兴战略顺利推进的基础。从党的十九大到党的二十大，即2017—2022年，是我国"两个一百年"奋斗目标的历史交汇期，也是从精准扶贫、精准脱贫方略到后小康时代新的扶贫模式过渡期，如何做好这一时期的战略措施、政策思路的有效对接和平稳过渡，是亟待研究和解决的问题。这一时期的主要任务，一是要确保打赢打好脱贫攻坚战，为未来解决相对贫困问题积累经验，为探索建立一套新的切合实际、可持续的扶贫体制机制做准备。二是认真研判、分析和预测2020年后相对贫困状况和问题，研究制定新的扶贫方略和模式，并根据地区差别进行制度适应性的政策试点和实证研究，提升时代性、科学性、延续性和可操作性。在"历史交汇期"节点上，加强对 2020 年后广西乃至全国相对贫困问题及扶贫模式研究和实践，完全符合并及时回应我国扶贫工作的迫切需要和实践要求。

在这个"历史交汇期"，广西要进一步加强形势分析预测，谋划长远发展，统筹脱贫攻坚与乡村振兴协同推进。在保证优先完成脱贫任务的前提下，通过推进与乡村振兴战略的有效衔接，谋划贫困地区未来发展蓝图，抓好脱贫攻坚和乡村振兴战略协同推进的主要着力点。一是抓好产业扶贫，助力产业兴旺。通过发展生产脱贫一批，强调产业的特色化、多元化、组织化、股权化、规模化、市场化，为乡村振兴筑牢产业基础。二是完善生态补偿，推进生态宜居。进一步提高贫困群众生态补偿收益水平，对处于生态脆弱区或者限制开发区的深度贫困村，制定不同的补偿标准，提高深度贫困地区森林生态效益补偿标准，解决生态增效与农民增收的矛盾问题，建设生态宜居环境。三是着力激发贫困人口内生动力，促进乡风文明。摒除"等靠要""争当贫困户"等观念，通过深化移民易俗、教育扶贫等，营造勤劳致富、脱贫光荣的文明乡风，为乡村振兴提供人才建设和智力支撑。四是创新发展村集体经济，夯实治理有效。发展壮大村集体经济是实现和加强党的领导、稳固农村基层政权的重要基础，是提高农村基层党组织凝聚力和战斗力的有力保障，是完善乡村治理的现实要求。要着重破解现有基础薄弱、观念弱化以及资源、人才、市场的现实困境。五是如期打赢脱贫攻坚战实现脱贫奔小康，追求生活富裕。聚焦深度极度贫困地区，在重点领域和关键环节上下足功夫，着力实现高质量脱贫，如期实现全面小康社会目标，夯实乡村生活富裕的基础。

（二）从政府主导型扶贫开发为主转向差异化反贫困模式

政府主导型的扶贫开发模式是社会主义制度优越性的充分发挥，体现了集中力量办大事的制度优势，助推贫困地区面貌发生了翻天覆地的变化，带动贫困群众实现脱贫致富奔小康。这是中国为世界反贫困发展贡献的中国经验、中国方案、中国智慧。然而，政府主导型的扶贫开发模式有其阶段性特征，在许多条件改善较快、发展相对较好的贫困地区，这种模式的边际效应已经加速递减，收效甚微；在一些地区、一些领域甚至造成了道德风险，加剧贫困群体以"等靠要"思想为主要特征的精神贫困，并从个体向局部蔓延，给"勤劳致富"的文明乡风带来负面影响，亟须转型改变；而在一些深度极度贫困地区、少数民族聚居区，基础设施仍然落后，产业基础依然薄弱，仍然面临着种种外在和内在条件的制约，政府主导型的扶贫开发模式依然适用，且需要加大力度，通过加强基础设施建设、劳动力技能培训、激励企业和能人带动、市场信息供给、鼓励合作组织建设、技术服务及其他政府主导型的帮扶，帮助其发展。因此，针对我国发展不平衡不充分的现实条件，后小康时代我国的扶贫模式应该坚持差异化原则，对条件相对较好的后发展地区、相对贫困地区可选择以完善社会公共服务和社会保障水平为主的保障性扶助反贫困模式，不再进行大规模的开发式扶贫；对于发展相对滞后的深度贫困地区，仍然要坚持以政府主导型的开发式扶贫和保障性扶助相结合的模式，帮助深度极度贫困地区改善生产生活条件，筑牢脱贫和发展的根基。

从脱贫现状来看，广西贫困地区虽然可以告别绝对贫困，但是一些深度贫困地区的可持续发展仍然需要以政府主导型的扶贫资源规模投入，加快补齐发展短板。一是加快补齐基础设施短板。持续推进"四好农村路"建设，确保具备条件的乡镇和建制村全部通客车，特别是要加快改造提升贫困地区通乡公路。加大农村电网改造升级投资力度，加快实施网络拓宽覆盖、农村电商扶贫等工程。二是补产业就业增收的短板。着力构建多元丰富的产业体系，促进深加工转化率，实现一二三产业融合发展，提升产业化、规模化、品牌化发展水平，把脱贫增收与可持续发展有机结合。设立深度贫困地区重点产业扶持财政专项基金，以撬动更多的社会资金。建立深度贫困村就业服务站，推动就业服务重心进一步下沉至村到户。深化村企定点合作，定制"订单就业"帮扶方案，提高贫困群众外出务工的组织化程度。鼓励更多致富能人返乡创业、带贫就业。三是补偏远农村教育的短板。提高农村义务教育阶段生活补助费标准。建立政府、社会共管的教育帮扶机制。建立农村义务教育阶段就学辍学跟踪和责任机制。实施教育质量提升工程。加大对贫困地区义务教育的校舍、师资、教学设备等投入力度，提升义务教育办学质量，保障农村中小学校和教学点音体美教育，拓展"互联网+线上线下"双师教学，进一步开拓利用优秀教学资源，提升素质教育水平，夯实贫困学生接受后续教育的基础水平。提高乡村教师的生活待遇。四是补医疗保障的短板。进一步提升贫困地区特别是深度极度贫困地区基本医疗公共服务保障水平。加强以乡镇医院为重点的农村卫生基础设施建设，夯实农村三级卫生服务网的建设基础。完善基本医疗保险、关爱医疗保险、大病保险、医疗救助、商业健康保险等保障机制。加强农村保险意识宣传，提高城乡居民基本医疗保险参保率，简化农合报销手续，提升报销工作便利化程度。

（三）从重点关注农村贫困人口转向重点关注城乡低收入人群

我国城乡二元结构的问题由来已久，是经济社会长期发展过程中多种因素叠加的结果。既有两千多年小农经济的历史和传统因素影响，也有经济发展战略侧重优先发展城市，实行农村支持城市、农业支持工业的"剪刀差"问题，还有计划经济体制遗留的户籍制度樊篱以及依附在户籍之上的教育、社保、医疗等社会福利差异的问题，最终导致我国"城乡二元结构"的分治格局。一直以来，我国的反贫困模式也相应表现为城乡二元分治、各自为政的局面，相对于农村扶贫开发模式的高强度、综合性、多样化，城市反贫困模式主要是以城市居民最低生活保障制度为主，明显模式单一、力度不够。随着工业化、城市化、市场化的发展，越来越多的农村人口到城市打工、生活，再加上老龄化、少子化社会的到来，城市低收入人群逐渐增多，流动人口所带来的贫困问题也相对突出，城市贫困致贫因素和贫困状况越来越复杂，城市反贫困需要关注和解决的问题越来越多。因此，2020年之后，我国相对贫困主要群体将表现为城市与农村低收入人口并存，反贫困的重点对象也应该从重点关注农村贫困人口转向重点关注城乡低收入人群，在反贫困资源的供给和投入上要充分考虑城乡统筹与融合发展。

针对这一趋势，广西要加快推进和完善开发式扶贫与保障性扶贫统筹衔接、城乡民生保障制度统筹衔接，这既是决胜期完成脱贫攻坚任务的必要途径和方法，也是实施乡村振兴战略的客观要求，是一项管长远的措施。一是精准定位开发式扶贫与保障性扶贫功能。开发式扶贫的有效性是以贫困户具有对接这些特惠机会的能力为前提，既要有劳动力，也要有劳动积极性；而农村低保制度主要是针对缺少劳动能力，无法对接开发式扶贫带来的特惠机会并因此陷入绝对贫困的无差异救助,只是保底的最低生活保障。两项制度的扶持对象、功能定位要特别精准明晰,未来解决相对贫困问题,更要重点加强两项制度的政策衔接、对象衔接、标准衔接、管理衔接。二是完善贫困地区综合保障体系建设。继续完善农村低保制度与扶贫开发政策有效衔接,重点针对完全或部分丧失劳动能力,且无法依靠产业就业帮扶脱贫的贫困人口,建立以社会保险、社会救助、社会福利制度为主体,以慈善帮扶、社工助力为辅助的综合保障体系。加强养老保障,深入实施健康扶贫工程,保障住房安全,保障义务教育。通过这些综合措施来实现必要的兜底保障。三是提升对两项制度衔接的城乡统筹和协调能力。促进两项制度衔接常态化、机制化,确保形成政策合力。严格按照相关规定,始终做到按户保障、差额补助、重点救助、应保尽保、应退尽退。通过加强制度化、科学化、规范化,解决农村低保评议公示不规范、保障类别不准确等问题。四是坚持和完善统筹城乡的民生保障制度。促进农村低保和城市居民最低生活保障制度的衔接、融通。健全有利于更充分更高质量就业的促进机制,实施就业优先政策,建立就业目标导向优先机制,强化以就业为底线的区间调控;完善城乡均等的公共就业服务体系;完善覆盖城乡居民的社会保障体系等。

(四) 从阶段性大扶贫格局转向构建法制化、常态化大扶贫格局

习近平总书记指出,"扶贫开发是全党全社会的共同责任,要动员和凝聚全社会力量广泛参与","要坚持专项扶贫、行业扶贫、社会扶贫等多方力量、多种举措有机结合和互为支撑的'三位一体'大扶贫格局"。从脱贫攻坚战的实践来看,充分调动全社会力量,营造全社会参与的大扶贫格局是打赢脱贫攻坚战的有效保障,我国脱贫攻坚战成效的取得离不开各行各业各部门的积极参与和大力支持。从世界反贫困发展的经验来看,构建大扶贫格局不仅是消除绝对贫困,也是解决相对贫困问题的关键着力点和重要环节。

然而,我国当前构建的大扶贫格局仍然只是一种阶段性、过渡性的安排,社会各界对大扶贫格局的认识还存在许多误区,一些行业部门认为扶贫只是这几年的事,只要配合扶贫部门完成阶段性的脱贫攻坚任务就万事大吉,一些人认为脱贫攻坚任务完成之后就没有贫困,就可以高

枕无忧了。特别是扶贫任务没有纳入各行业部门特别是省级以上行业部门的工作绩效考核，各行业部门在把扶贫与自己的工作职责有机结合方面做得不够，大扶贫格局还缺乏制度化、法律化的保障，难以保证在后小康时代实现常态化、长效化。如何把扶贫工作要求作为一种制度安排和法律要求纳入各行各业，特别是融入教育、医疗、社保、交通、水利等行业部门的部门职责和日常工作，是未来扶贫模式需要重点考虑解决的问题。尤其是要从法律和制度上明确各部门的职责和要求，促使各行业部门根据各自的部门职责完成对低收入群体的支持和扶助，社会扶贫要根据相关政策和《中华人民共和国慈善法》等相关法律要求来参与扶贫工作，最终营造常态化、制度化的大扶贫格局。

广西在脱贫攻坚阶段已初步构建起专项扶贫、行业扶贫、社会扶贫等多方力量、多种举措有机结合和互为支撑的"三位一体"大扶贫格局，其合作机制、运行模式经过脱贫攻坚的洗礼和考验，形成打赢脱贫攻坚战的磅礴力量，也形成扶贫工作中的重要经验。迈进后小康时代，面对解决相对贫困的新任务，广西仍然要弘扬和发展大扶贫的先进经验。一是推进"三位一体"大扶贫格局的制度化、常态化、长效化。作为民族自治区广西可充分运用民族区域自治的地方立法权，率先出台《扶贫法》，通过立法确保扶贫政策实施，从而固化大扶贫格局，广泛调动社会各界参与扶贫的积极性，强化扶危济困的社会责任。二是努力培育多元扶贫主体，增强扶贫的社会责任感。彻底改变扶贫工作中"扶贫部门一头热、其他部门被动参与"以及"政府热、社会弱、市场冷""干部干、群众看"的局面，推动政府、市场、社会共同发力，在全社会形成"人人皆能为、人人皆愿为、人人皆可为"的大扶贫氛围。三是搭建各类社会扶贫平台，优化社会扶贫资源配置。积极开辟扶贫新的资金渠道，增加金融资本对扶贫开发的投放，吸引社会资金参与扶贫，多渠道增加扶贫资金。四是建立和完善社会扶贫激励体系，大力弘扬扶危济困、乐善好施的传统美德，让各类扶贫主体在社会上受尊重、事业上有发展、道德上得颂扬。

（五）从重点关注国内贫困转向基于人类命运共同体的国内与国际减贫合作并重

党的十九大报告提出了"推动构建人类命运共同体"目标，减贫作为世界性难题，是中国和广大发展中国家共同面临的历史任务，积极开展减贫合作是"构建人类命运共同体"的重要途径之一。中国作为世界上人口最多的国家，一直是减贫事业的积极倡导者和有力推动者。40 年前，伴随改革开放的步伐，我国也开启了人类历史上规模最大、最为波澜壮阔的减贫进程。多年来，我国减贫成效的取得不仅得益于改革开放带来的经济增长，也得益于我国政府持之以恒的减贫努力，得益于汇聚大量扶贫资源集中投入的制度优势，走出了一条具有中国特色的反贫困道路，为全球减贫事业作出了重大贡献。党的十八大以来，随着习近平总书记提出"构建人类命运共同体"的愿景，中国政府从致力于国内减贫到更加注重加强与广大发展中国家和国际组织的减贫合作，积极通过举办论坛、政策对话、能力建设、人员交流、合作研究、技术援助等多种方式，进一步促进国际减贫经验的交流与共享，举办了中国—东盟社会发展与减贫论坛、中非合作论坛—减贫与发展会议、中国扶贫国际论坛，推进与老挝、柬埔寨、缅甸、菲律宾、坦桑尼亚等国家的国际合作，共同建设村级减贫合作试点项目，加强与世界银行、联合国等国际组织的合作，分享与交流各国减贫经验，加强减贫工作者的能力建设。对于贫困问题比较突出的发展中国家来说，中国与其有着相似的经历和基础，中国探索和贡献的反贫困经验相较于发达国家更具有借鉴意义和可操作性。与发展中国家建立更多基于反贫困的对话交流渠道，及时向国际社会通报中国脱贫攻坚的进展情况，同时加强梳理中国扶贫经验，并向国际社会进行推介，共同推进全球减贫进程，是中国政府在消除绝对贫困之后义不容辞的责任担当、全球视野和世界胸怀。

广西作为中国减贫方案地方实践的典型样本，可以发挥与东盟山水相连、人文相亲等方面的优势，加强中国贫困治理方案对东盟发展中国家如柬埔寨、老挝、缅甸、越南等的适宜性、适用性分析研究，明确中国—东盟减贫合作的发展方向、聚焦重点和推进路径，进而以广西与东盟减贫经验国际交流务实合作促进东盟国家减贫成效，推动中国—东盟战略伙伴关系的提质升级。近年来，广西按照国家战略部署，在国内较早与东盟各国开展减贫交流合作，取得了丰硕成果。2007 年以来，广西先后举办了 17 期国际减贫经验研修班，来自 70 多个国家的 400 多名扶贫官员参加了学习交流；先后组织实施了中国—老挝合作社区减贫示范项目、东亚减贫示范合作技术援助项目等。当前，广西正努力筹建中国—东盟减贫中心，并计划以此为平台，继续深化与东盟国家的减贫合作。这些都表明广西在深度融入"一带一路"、开展中国—东盟减贫合作方面，具备很好的现实条件和工作基础，发展前景十分广阔。

在加快建设壮美广西、共圆复兴梦想的重要时期，积极争取中央的大力支持，深入拓展广西与柬埔寨、老挝、缅甸、越南、菲律宾等东盟国家的减贫合作，推动中国贫困治理方案的深度完善，对于推进国家周边外交战略的实施，优化广西与东盟各国的战略伙伴关系，构建新时代西部大开发新格局，进一步巩固民族团结、边疆稳定具有重要意义。同时，在帮助东盟国家开展有效减贫的过程中，加强经验总结提升，进一步把握贫困治理的规律和特点，转化运用于解决中国相对贫困问题，也可以达到巩固脱贫攻坚成果、优化相对贫困治理的良好效果，促进形成中国与东盟各国实现高质量发展的多赢局面。后小康时代，加强广西与东盟减贫国际交流合作是提升广西发展优势和竞争力、深化拓展中国—东盟合作交流成果、携手建设"中国—东盟命运共同体"的有效路径，必将在"一带一路"合作中备受瞩目、大放异彩，实现双方的共赢发展。

参考文献

一 著作类

[1] 崔占峰:《农业剩余劳动力转移就业问题研究》,经济科学出版社 2008 年版。

[2] 程湛恒:《中国农村劳动力城市转移就业》,经济科学出版社 2012 年版。

[3] 陈平主编:《凝聚广西 中国共产党广西党建工作的历史考察与经验研究》,广西人民出版社 2013 年版。

[4] 广西壮族自治区地方志编纂委员会编:《广西通志·医疗卫生志》,广西人民出版社 1999 年版。

[5] 广西医科大学人文管理学院编:《2010 年广西蓝皮书·广西人文医学发展报告》,广西人民出版社 2010 年版。

[6] 国家发展改革委就业和收入分配司:《中国农村劳动力转移就业发展研究》,中国市场出版社 2015 年版。

[7] 国企党建丛书编写组编著:《国有企业党建工作手册》,广西人民出版社 2017 年版。

[8] 《广西卫生和计划生育年鉴》编辑委员会编:《广西卫生和计划生育年鉴》,广西科学技术出版社 2018 年版。

[9] 黄铮等主编:《广西改革开放 20 年》,广西人民出版社 1998 年版。

[10] 黄德举:《广西扶贫之路》,广西人民出版社 2005 年版。

[11] 蓝芳馨主编:《广西卫生四十年》,广西卫生厅,1989 年。

[12] 《广西卫生年鉴》编辑委员会:《广西卫生年鉴 2012》,广西科学技术出版社 2013 年版。

[13] 刘爱华:《中国农村劳动力转移问题研究》,东北大学出版社 2017

年版。

[14] 孙璐：《扶贫项目绩效评估研究——基于精准扶贫的视角》，社会科学文献出版社 2018 年版。

[15] 司树杰等主编：《中国教育扶贫报告（2016）》，社会科学文献出版社 2016 年版。

[16]《习近平谈治国理政》第 1 卷，外文出版社 2014 年版。

[17]《习近平谈治国理政》第 2 卷，外文出版社 2017 年版。

[18] 习近平：《决胜全面建成小康社会　夺取新时代中国特色社会主义伟大胜利——在中国共产党第十九次全国代表大会上的报告》，人民出版社 2017 年版。

[19] 姚兵主编：《广西社会科学年鉴 2014》，广西人民出版社 2014 年版。

[20] 杨道田：《新时期我国精准扶贫机制创新路径》，经济管理出版社 2017 年版。

[21] 中共广西壮族自治区委员会党史研究室编：《中国新时期农村的变革·广西卷》，中共党史出版社 1999 年版。

[22] 中共中央党史和文献研究院：《习近平扶贫论述摘编》，中央文献出版社 2018 年版。

[23] 中共中央组织部组织二局组织编写：《抓党建促脱贫攻坚案例选》，党建读物出版社 2019 年版。

[24] 中共广西区委执政纪事编委会编纂：《中共广西区委执政纪事》，广西人民出版社 2019 年版。

二　论文类

[1] 柏振忠、徐艺华：《广西深度贫困山区脱贫攻坚模式及机制构建——基于德保县的实证分析》，《贵州民族研究》2019 年第 12 期。

[2] 郭广军等：《加快推进职业教育精准扶贫脱贫对策研究》，《教育与职业》2017 年第 10 期。

[3] 国务院扶贫办：《人类历史上波澜壮阔的减贫篇章——新中国成立 70 年来扶贫成就与经验》，《旗帜》2019 年第 12 期。

[4] 黄德举、王健、詹浩勇：《东西部扶贫协作是加快中西部贫困地区脱贫步伐的有效途径——关于两广扶贫协作的回顾与思考》，《中国贫

困地区》1998年第12期。

[5] 韩广富、刘心蕊:《习近平精准扶贫精准脱贫方略的时代蕴意》,《理论月刊》2017年第12期。

[6] 黄承伟:《习近平扶贫思想论纲》,《福建论坛》(人文社会科学版)2018年第1期。

[7] 黄承伟:《新中国扶贫70年:战略演变、伟大成就与基本经验》,《南京农业大学学报》(社会科学版)2019年第6期。

[8] 黄承伟:《脱贫攻坚的实践总结与前沿思考》,《新华书目报》2019年8月1日。

[9] 韩喜平:《中国农村扶贫开发70年的历程、经验与展望》,《学术交流》2019年第10期。

[10] 何阳、娄成武:《后扶贫时代贫困问题治理:一项预判性分析》,《青海社会科学》2020年第1期。

[11] 康春鹏、汪向东:《沙集电子商务现状与"沙集模式2.0"探析》,《徐州工程学院学报》(社会科学版)2013年第3期。

[12] 李章梅等:《农村电子商务扶贫探索》,《商场现代化》2015年第2期。

[13] 卢迎春等:《电子商务扶贫的障碍分析》,《农业网络信息》2015年第2期。

[14] 李晶玲、张双英、谢瑞芬:《电商扶贫调查》,《中国金融》2015年第22期。

[15] 刘永富:《认真贯彻习近平扶贫思想 坚决打赢脱贫攻坚战》,《行政管理改革》2018年第7期。

[16] 刘永富:《习近平扶贫思想的形成过程、科学内涵及历史贡献》,《行政管理改革》2018年第9期。

[17] 刘永富:《以习近平总书记扶贫重要论述为指导 坚决打赢脱贫攻坚战》,《行政管理改革》2019年第5期。

[18] 梁艳鸿、覃娟:《精准扶贫与精准脱贫的财政政策研究——以广西为例》,《西部发展研究》2018年第1期。

[19] 刘传熙、赵泓锋、韦柳霞:《广西村级精准扶贫绩效评价指标体系实证研究》,《林业经济》2018年第10期。

[20] 李小云、于乐荣、唐丽霞：《新中国成立后 70 年的反贫困历程及减贫机制》，《中国农村经济》2019 年第 10 期。

[21] 李建良：《具有广西特色反贫困道路的创新实践》，《广西日报》2019 年 8 月 8 日第 9 版。

[22] 马晓燕：《关于实现我国教育资源合理配置与教育供求均衡的思考》，《上海教育科研》2001 年第 1 期。

[23] 蒙汉明：《改革开放时期广西扶贫开发工作回顾》，《广西教育学院学报》2015 年第 5 期。

[24] 蒙志献：《开创独具特色易地扶贫搬迁"广西经验"》，《当代广西》2020 年第 2 期。

[25] 倪良新、江观伙：《新中国 70 年扶贫考核评估的发展脉络与演进逻辑》，《安徽行政学院学报》2019 年第 5 期。

[26] 覃娟、梁艳鸿：《广西脱贫攻坚发展报告》，《新西部》2018 年第 Z1 期。

[27] 覃娟、梁艳鸿、王红梅：《广西决胜脱贫攻坚的困难及对策研究》，《新西部》2019 年第 Z1 期。

[28] 覃娟、潘文献、梁艳鸿：《广西深度贫困地区脱贫攻坚困境及路径优化》，《改革与战略》2019 年第 9 期。

[29] 《商务部等 19 部门出台关于加快发展农村电子商务的意见》，《农业工程技术》2015 年第 26 期。

[30] 孙群力、朱良华：《精准扶贫背景下财政专项扶贫资金的使用效率评价——基于广西 54 个贫困县的实证分析》，《经济研究参考》2017 年第 41 期。

[31] 宋才发：《教育扶贫是巩固民族地区精准脱贫效果的重大举措》，《南宁师范大学学报》（哲学社会科学版）2019 年第 5 期。

[32] 沈俊、赵珊：《精准扶贫绩效审计经验与启示——以广西壮族自治区为例》，《财会通讯》2019 年第 34 期。

[33] 唐任伍：《习近平精准扶贫思想阐释》，《人民论坛》2015 年第 30 期。

[34] 谭清华：《中国减贫 70 年：历程、经验与意义》，《理论导刊》2019 年第 11 期。

［35］汪向东、张才明：《互联网时代我国农村减贫扶贫新思路——"沙集模式"的启示》，《信息化建设》2011年第2期。

［36］魏延安：《农村电商发展亟须应对的七个现实问题》，《中国乡村发现》2015年第1期。

［37］汪向东、王昕天：《电子商务与信息扶贫：互联网时代扶贫工作的新特点》，《西北农林科技大学学报》（社会科学版）2015年第4期。

［38］汪三贵、刘未：《"六个精准"是精准扶贫的本质要求——习近平精准扶贫系列论述探析》，《毛泽东邓小平理论研究》2016年第1期。

［39］汪三贵、曾小溪：《有条件现金转移支付减贫的国际经验》，《学习时报》2016年第3期。

［40］汪三贵、曾小溪、殷浩栋：《中国扶贫开发绩效第三方评估简论——基于中国人民大学反贫困问题研究中心的实践》，《湖南农业大学学报》（社会科学版）2016年第3期。

［41］汪三贵：《习近平精准扶贫思想的关键内涵》，《人民论坛》2017年第30期。

［42］汪三贵：《中国扶贫绩效与精准扶贫》，《政治经济学评论》2020年第1期。

［43］吴霓、王学男：《教育扶贫政策体系的政策研究》，《清华大学教育研究》2017年第3期。

［44］王造兰：《广西精准脱贫第三方评估现状、问题及对策研究》，《桂海论丛》2018年第4期。

［45］魏有兴：《中国教育扶贫70年：历程、经验和走向》，《深圳大学学报》（人文社会科学版）2019年第9期。

［46］吴培豪：《"万企帮万村"精准帮扶见成效》，《当代广西》2019年第16期。

［47］温锐松：《互联网助力解决相对贫困的路径研究》，《电子政务》2020年第2期。

［48］王维、向德平：《从"嵌入"到"融入"：精准扶贫驻村帮扶工作机制研究》，《南京农业大学学报》（社会科学版）2020年第1期。

［49］王海波：《小康路上"粤"来越好——2019年粤桂扶贫协作综述》，

《当代广西》2020年第1期。
[50] 徐曼：《打好"后扶贫时代"脱贫攻坚战》，《人民论坛》2019年第9期。
[51] 杨柳：《旧貌换新颜——广西"九五"扶贫开发回顾》，《老区建设》2001年第10期。
[52] 张琦、陈伟伟：《连片特困地区扶贫开发成效多维动态评价分析研究——基于灰色关联分析法角度》，《云南民族大学学报》（哲学社会科学版）2015年第1期。
[53] 张梦、起建凌：《对农村电子商务扶贫的探索与研究》，《商场现代化》2015年第19期。
[54] 朱家瑞、起建凌：《农村电子商务扶贫模式构建研究》，《农业网络信息》2015年第1期。
[55] 万国威：《新时代我国扶贫开发常态化机制的展望》，《人民论坛》2020年第2期。
[56] 广西壮族自治区扶贫办：《五年来，广西年均减贫120多万人》，《广西日报》2017年10月16日第3版。
[57] 赵会：《改革开放以来广西农村扶贫研究》，硕士学位论文，华南理工大学，2019年。
[58] 吴辉军：《精准扶贫的广西实践》，《广西地方志》2019年第1期。
[59] 张琦、史志乐：《我国教育扶贫政策创新及实践研究》，《贵州社会科学》2019年第4期。